晋阳古城研究

太原市文物考古研究所
冯 钢 著

科学出版社
北 京

内 容 简 介

晋阳古城是春秋—唐五代时期我国北方重要的城市之一，特别是中古时期的东魏北齐—唐五代阶段，晋阳古城更是以"别都""北都""北京"等面貌出现，此时的晋阳古城有了更加广泛的知名度。北宋初年，宋太宗赵光义灭北汉后，"火焚水灌"晋阳古城，古城故地变成一片废墟，再经一千余年的风雨沧桑，晋阳古城逐渐被掩埋于地下。瞬间毁灭，使得晋阳古城的文献严重散佚，仅存的记载又很混乱，晋阳古城的历史面貌也成为谜团，困扰当今的中外学术界。本书通过对东周—唐五代时期晋阳历史的梳理；对现阶段太原地区东周—唐五代时期考古资料的研究，力图尽可能还原晋阳古城的历史面貌。

本书适合历史学、考古学等相关专业人员参考阅读。

图书在版编目（CIP）数据

晋阳古城研究/太原市文物考古研究所冯钢著.—北京：科学出版社，2018.8

ISBN 978-7-03-058711-4

Ⅰ.①晋… Ⅱ.①冯… Ⅲ.①古城-介绍-太原 Ⅳ.①K928.5

中国版本图书馆CIP数据核字（2018）第205929号

责任编辑：赵　越　曹　伟／责任校对：邹慧卿
责任印制：张　伟／封面设计：陈　敬

科学出版社 出版
北京东黄城根北街16号
邮政编码：100717
http://www.sciencep.com

北京教图印刷有限公司　印刷
科学出版社发行　各地新华书店经销

*

2018年8月第　一　版　开本：787×1092 1/16
2018年8月第一次印刷　印张：11 1/4
字数：260 000

定价：168.00元
（如有印装质量问题，我社负责调换）

前　　言

　　城市考古是中国考古学研究的重要课题之一。近100年来，在诸多考古工作者的不懈努力之下，我国各类城市遗存的考古工作都取得了重大进展，城市考古学的成果层出不穷。上述研究成果对推动我国城市考古学研究起到了很大的作用。但是不得不承认的是，我国的城市考古学研究仍然处在研究的初级阶段，很多系统性的研究工作仍未展开，与"庞贝古城"已进行了一个多世纪的发掘与研究情况相比，我们城市考古学的研究水平差距更大，我们在城市考古研究方面，还有很长的一段路要走。

　　山西自古就是人类文明的摇篮，从原始社会早期开始，就不断聚集着越来越多的人口，孕育发展出古代聚落，并为山西早期城市的兴起奠定了扎实基础。山西地区各个时期城市遗址皆有发现。汾河下游的夏商文化遗址，如东下冯城址、陶寺遗址、垣曲商城等城址的发现为论证夏商文化在三晋地区的发展情况提供了重要资料；而翼城天马、曲沃曲村、洪洞永凝堡遗址等城址的发现则揭示了西周时期山西地区的城市面貌。进入东周时期，随着人口的不断增加，生产力的进一步提高，山西地区逐渐形成大大小小的诸多城市，新的城邑不断涌现。作为列国中较为强大的晋国，在不断的兼并与扩张过程中，逐渐成为黄河流域的强国，并且较早地实现了郡县的设置。这些郡县的治所，逐步发展成为地方政权的中心。《左传·昭公五年》就记载"韩赋七邑，皆成县也……"，"十家九县，长毂九百，其余四十县，遗守四千……"，这也从另一个侧面说明春秋晚期的山西境内至少已经有数十座城市级的居住空间。而在这些城市级居住空间当中，晋阳古城无疑是其中的佼佼者。

　　晋阳古城在中国古代城市中具有较为重要的地位，特别是中古时期的东魏北齐—唐五代阶段，晋阳城更是以"别都""北都""北京"等面貌出现，晋阳城有了更加广泛的知名度。北宋初年，宋太宗赵光义平灭北汉后，"火焚水灌"晋阳城，晋阳城故地变成一片废墟。历经一千余年的风雨沧桑，晋阳城逐渐被掩埋于地下。瞬间毁灭，使得晋阳城的文献散佚严重，仅存的记载杂而乱，晋阳城的历史面貌逐渐成为谜团，困扰着中外学术界。

　　笔者很早就关注着自己居住的城市，随着21世纪初叶在晋阳古城遗址考古调查的一线奔波、夜思日为、铲释天书，笔者对晋阳古城有了更深入的了解和强烈的挑战情怀。近20年来，笔者不间断地搜集与晋阳古城相关的史料、研究成果，收集太原市域内的考古工作成果，笔者对晋阳古城的历史面貌又有了全新的理解，如本书对董安于所建城址的理解、西汉时期晋阳城位置的推测、北朝晋阳城周边城址的研究、唐晋阳城"中城""东城"的大小、结构等推测都突破了原有的苑囿；本书整理的东周—唐五代时期晋阳史料、收集的同时期考古资料，则是进一步把握晋阳古城整体面貌的基础资料，可以说本书是晋阳古城研究的阶段性成果。值此太原市文物考古研究所成立20周年之际，笔者奉献此小书，既是对近20年晋阳古城遗址大规模考古调查工作的纪念，也是对下阶段考古调查工作成果的期许。适逢其时，笔者勉力为之，希冀以此书的出版为契机，再次掀起晋阳古城研究的新高潮，为最终揭示晋阳古城整体面貌贡献绵薄之力。

冯　钢

2018年5月21日

目 录

第一章 东周时期的晋阳及晋阳城 (1)
  第一节 东周时期的晋阳钩沉 (1)
    一、赵氏家族的兴起与晋阳 (1)
    二、战国时期晋阳地位的变化 (5)
  第二节 东周时期晋阳城探微 (9)
    一、史料中的东周时期晋阳城 (9)
    二、考古资料中的东周时期晋阳文化遗存 (13)
    三、东周时期晋阳城研究 (19)

第二章 秦汉时期的晋阳及晋阳城 (26)
  第一节 秦汉之际晋阳政治沿革 (26)
  第二节 秦汉时期晋阳城探微 (30)
    一、史料中的秦汉时期晋阳城 (30)
    二、考古资料中的秦汉时期晋阳文化遗存 (31)
    三、秦汉时期晋阳城研究 (37)

第三章 魏晋南北朝时期的晋阳及晋阳城 (47)
  第一节 魏晋南北朝时期晋阳相关史实 (47)
    一、袁绍集团与高幹 (47)
    二、曹魏政权时期梁习等人对并州的治理 (49)
    三、曹魏后期与西晋时期民族矛盾对并州的冲击 (51)
    四、刘琨治并 (53)
    五、五胡十六国时期的并州与晋阳 (56)
    六、北魏时期的晋阳 (58)
    七、东魏北齐时期的晋阳 (58)
  第二节 魏晋南北朝时期晋阳城探微 (60)
    一、史料中的魏晋南北朝时期晋阳城 (60)
    二、考古资料中的魏晋南北朝时期文化遗存 (63)

三、魏晋南北朝时期晋阳城研究……………………………………………（71）

第四章　隋唐五代时期的晋阳及晋阳城…………………………………（83）
　第一节　隋唐五代时期晋阳相关史实………………………………………（83）
　　一、隋初太原政治格局的演变………………………………………………（83）
　　二、隋末唐初李渊集团对晋阳的经营………………………………………（88）
　　三、唐代晋阳的相关史实……………………………………………………（89）
　　四、唐末五代时期的晋阳……………………………………………………（91）
　第二节　隋唐五代时期晋阳城探微…………………………………………（94）
　　一、史料中的隋唐五代时期晋阳城…………………………………………（94）
　　二、考古资料中的隋唐五代时期文化遗存…………………………………（99）
　　三、隋唐五代时期晋阳城研究………………………………………………（108）

第五章　结语………………………………………………………………（118）

附录……………………………………………………………………………（120）
　附录一　北魏至东魏时期并州刺史略考……………………………………（120）
　附录二　太原地区北齐墓葬分布特征及晋阳至邺城等地迁葬现象研究………（133）
　附录三　僖墓墓志研究………………………………………………………（141）
　附录四　刘贵墓志研究………………………………………………………（151）
　附录五　《唐尺研究》之再研究………………………………………………（157）
　附录六　晋阳古城遗址考古勘探工具、考古勘探方法概述………………（161）
　附录七　晋阳古城相关论著初步统计………………………………………（167）

后记……………………………………………………………………………（173）

第一章　东周时期的晋阳及晋阳城

第一节　东周时期的晋阳钩沉

一、赵氏家族的兴起与晋阳

春秋时期晋阳城的肇建，对晋国形势的改变和整个战国时期中国历史的走向产生了非常重要的影响。《春秋》《战国策》《史记》等历史文献都记载有与晋阳相关的史事。晋阳之名最早见于史书，是《春秋·定公十三年》："晋赵鞅入于晋阳以叛……。"这表明，至少在鲁定公十三年（公元前497年），晋阳城已经是一座可以提供防御的重要城池。

春秋时期，晋国由于尊王攘夷、协助平王东迁，获得了巨大的政治资本，在解决内部公族争斗后，逐步走上一条兼并扩张的历史道路。晋厉公即位后，由于晋国公族势力强大，晋厉公的权力受到较大程度的限制，晋厉公欲"去群大夫而立诸姬兄弟……"[①]，结果在除掉三郤之后，引发"国人"不满，"国人不蠲，遂弑诸翼……。"[②]晋厉公的改革行动被遏制之后，后任历代晋公均无法抑制晋国卿族势力，晋国的政治统治权逐渐落入晋国卿族手中。《史记·晋世家》："十二年，晋之宗家祁傒孙，叔向子，相恶于君。六卿欲弱公室，乃遂以法尽灭其族。而分其邑为十县，各令其子为大夫。晋益弱，六卿皆大……。"晋国政事遂由六卿协同处理，晋君基本丧失了政治职权。晋国的卿族政治和其他诸侯国有所不同，譬如鲁、齐二国，尽管也是卿族执政，但是鲁国卿族属于公族出身，齐国则是公族与异姓卿族共同执政。晋国卿族，属于异姓卿族。这和晋国春秋时期公族内部争斗有很大的关系。公元前745年，晋昭侯封其叔父成师于曲沃，史称"曲沃桓叔"，桓叔在曲沃不断发展壮大，城市规模和政治经济势力甚至超过了晋都翼城。最终桓叔为了取得晋国的统治权，开始向晋侯发起攻击。曲沃桓叔发起的夺权运动前后持续60余年，历经曲沃桓叔、曲沃庄伯、曲沃武公三代人，终于在鲁庄公十六年（公元前678年）灭掉晋公室，史称"曲沃代翼"，"曲沃武公灭

[①]《史记·晋世家》。
[②]《国语·晋语六》。

晋侯愍，以宝献周，周命武公为晋君，并其地……"①，曲沃武公获得周釐王的册封，即晋武公。晋武公在位仅二年即去世，鲁庄公十八年（公元前676年），其子诡诸即位，是为晋献公。晋献公即位之际晋国的政治局势十分复杂。曲沃一支历经三代发展，除了武公这一宗族，还有曲沃桓叔、庄伯的支族、庶族，这些族众在曲沃武公获封以后，不断要求获得更多的政治权力，由此限制了晋献公的权力发挥。"晋桓庄之族偪，献公患之……。"②由于晋国公室内部的权力斗争阻碍了晋献公个人政治意图的实现，晋献公不得不考虑如何抑制曲沃公族的政治势力。晋国异姓卿族就是在这一时期开始逐步走上政治舞台，作为晋国异姓卿族之一的士蒍在晋献公决定剪除曲沃公族的过程中就发挥了重要作用。

士蒍，字子舆，范姓。范姓起源很早，后来的范宣子在追溯其范氏世系时甚至追到所谓的陶唐氏，"昔匄之祖，自虞以上为陶唐氏，在夏为御龙氏，在商为豕韦氏，在周为唐杜氏……。"③事实上，晋国范氏真正可以追溯的先祖是西周宣王时期的杜伯，周宣王杀杜伯，杜伯之子隰叔奔晋，为士师，并以官为氏，称士氏。士蒍就是隰叔之子④。士蒍在晋献公考虑抑制公族势力过程中提出了：①除掉"富子""游氏二子"；②筑造绛城将群公子聚而诛之等关键性的方案，诱导晋献公诛灭曲沃公族。在晋献公诛灭群公子以后，晋国的政治力量构成发生了变化，即由过去的公族集团执政转化成异姓卿族与公室共同执政的局面，之后，又逐渐转化成异姓卿族完全控制晋国的局势。

晋献公去世后，晋惠公、晋文公相继继位。异姓卿族在晋文公的争霸事业中崭露头角，文公为了便于管理，建立了六卿制度。所谓六卿最初指的是晋国军队中的六位将佐，又称为六正。晋文公时期，已经有三军，分为上中下军，递相统属。每军各设一将一佐，六卿之下还设有司马、司空、舆师、侯正、亚旅分典军政，总称"五吏"。三军以中军为尊，中军将为元帅，即正卿。中军佐为副帅，也称为次卿；上军次之，上军将、佐居六卿中的第三、四位；下军将、佐居六卿中的第五、六位。晋文公时期，六卿分别是中军将先轸、中军佐郤溱、上军将狐毛、上军佐狐偃、下军将栾枝、下军佐胥臣。后来晋文公又成立三行，三行设将，分别是中行将荀林父、右行将屠击、左行将先蔑。这一时期，郤、狐、栾、先四氏实力较大。晋文公八年（公元前629年），晋国大蒐于清原，废三行，作五军，皆置将、佐，是为五军十卿。赵衰任新上军将，赵氏家族初步登上晋国历史舞台。

---

① 《史记·十二诸侯年表第二》。
② 《左传·庄公二十三年》。
③ 《左传·襄公二十四年》。
④ 士蒍后世大宗世代称士氏，士蒍有二子，长子士缺、次子士縠。士缺又有二子，幼子名士会，是为范武子，士会后累迁至晋国正卿，封于随邑，为随氏之祖，又封于范邑，立范氏，为范氏始祖。

赵衰任卿期间，赵氏领地日益扩大，逐步据有原、屏、楼、赵城、皋狼、耿等地，在晋国诸卿中势力突出①。赵衰在晋襄公时期去世，其子赵盾袭爵，并被任命为中军佐。但是此时赵氏力量已经非常强大，与赵氏关系非常密切的阳处父建议晋襄公任命赵盾为中军将，"宣子于是乎始为国政……。"②这也是晋国"六卿"制度正式确立的标志性事件之一③。赵盾主政晋国期间，"制事典，正法罪，辟刑狱，董逋逃，由质要，治旧洿，本秩礼，续常职，出滞淹，既成，以授大傅阳子，与大师贾佗，使行诸晋国，以为常法……。"④他颁布了一系列法规政策，试图继续振兴晋国。赵盾主政期间，在"立君"和"争中军帅"等问题上和狐氏发生争执，导致狐、赵失和，引发狐氏外逃、"五大夫叛乱"等一系列后续事件。此外，随着晋灵公年龄的增长，晋灵公对权力的控制欲越来越强，这就不可避免地与赵盾产生矛盾，最终导致"赵盾弑君"事件的发生。赵氏家族也不可避免地引起晋国公室和其他异姓卿族的警惕。赵盾去世后，其子赵朔袭爵，任下军佐。晋景公十二年冬："晋始作六军，韩厥，巩朔，赵括，荀骓，赵穿，赵旃，皆为卿……。"⑤一门三卿，赵氏势力成为晋国强大的卿族力量。由于未能处理好与其他卿族的关系，赵括、赵同等被主政的郤、栾二族予以族灭。"十七年，诛赵同、赵括，族灭之。韩厥曰：'赵衰、赵盾之功岂可忘乎？奈何绝祀！'乃复令赵庶子武为赵后，复与之邑……。"⑥赵氏家族在发展过程中遭到重创。

晋厉公在除掉三郤之后，被栾、荀卿族势力反扑杀死。栾、荀等卿族迎立襄公曾孙周为晋君，是为晋悼公。在荀偃与范匄去世之后，赵武再次代表赵氏家族执政晋国。赵武执政期间，对外采取与诸侯国和平相处的外交策略，对内不触犯公室及异姓卿族的利益，实现了赵氏家族的平稳恢复。此时的晋国，公室愈卑，卿族势力不断壮大，在赵武、赵成执政时期，基本上形成了韩、赵、魏、范、知、中行六卿固定任职的局面，"政在家门"，公室基本上丧失了对晋国政权的掌握能力。正如叔向所言：

"虽吾公室，亦季世也。戎马不驾，卿无军行，公乘无人，卒列无长；庶民罢獘，宫室滋侈，道殣相望，而女富溢尤；民闻公命，如逃寇雠；栾郤、胥原、狐续、庆伯，降在皂隶；政在家门，民无所依，而君日不悛，以乐慆忧；

---

① 沈长云：《赵国史稿》，中华书局，2000年，第58页。
② 《左传·文公六年》。
③ 董林亭：《论赵盾》，《燕山大学学报》2009年第3期。
④ 《左传·文公六年》。
⑤ 《史记·晋世家》。
⑥ 《史记·晋世家》。

公室之卑，其何日之有！"①

赵武死，其子赵成袭爵，继承赵氏宗主地位，并任中军佐。赵成死后，其子赵简子鞅继为赵氏宗主。赵鞅，又称赵孟。晋定公十五年被任命为正卿。赵鞅袭爵之际，晋国主政的先后有范宣子、韩宣子、魏献子、范献子等。此时的晋国形势，已经由异姓卿族与晋国公室之间的矛盾转化为六卿间彼此兼并的矛盾。而在这场持续数十年的六卿争夺战中，赵鞅不断成长，日益发挥着他的政治军事才能，从而保存并壮大了赵氏家族，为后来的三家分晋奠定充分的政治、经济基础。晋顷公七年（公元前519年），周室内乱，周景王庶子子朝逐杀子悼而自立，晋立子悼弟子匄为王，是为周敬王，但由于王子朝实力较强，敬王被迫居于狄泉。晋顷公九年（公元前517年），赵鞅奉命与鲁、宋、郑、卫、曹、邾、滕、薛、小邾等国盟于黄父（今山西沁水西北），"赵简子令诸侯之大夫输王粟，具戍人，曰：'明年将纳王'……。"②晋顷公十年（公元前516年），简子与知跞率晋军护送敬王返于成周，平息了王子朝之乱，并留驻军队戍守王室。周敬王嘉其勤王之功，封其为"命卿"。晋顷公十二年（公元前514年），"晋灭祈盈及杨食我……""分其邑为十县，六卿各令其族为之大夫……"。祁氏、羊舌氏俱为晋国公族，至此晋国公族彻底退出历史舞台。晋顷公十三年（公元前513年）冬，"晋赵鞅、荀寅帅师城汝滨，遂赋晋国一鼓铁，以铸刑鼎，著范宣子所为刑书矣……。"③由于晋国公室丧失地位，卿族之间又互相倾轧，晋国进入一种无序状态，令出多门。"庶民疲敝"，铸刑鼎是士鞅等人为了重新确立晋国秩序而进行的法制化努力，然而尽管如此，却依然无法阻挡六卿间彼此兼并的进程。晋定公十五年（公元前497年），赵鞅命邯郸赵午将卫国进贡的五百户民众迁至晋阳，赵午不肯，赵鞅杀赵午，由此引发赵午之子赵稷的反抗。由于赵午是中行文子（即荀寅）之甥，荀寅又与范吉射为姻亲，因此此次赵稷与赵鞅的斗争迅速演变为中行氏、范氏联合针对赵氏的卿族战争。赵鞅不得不退保晋阳。由于晋国之法规定"始祸者死"，此次斗争由赵鞅挑起，故史称"晋赵鞅入于晋阳以叛……。"④在这次斗争中，晋阳城充分发挥了军事堡垒的作用，有力地抵御了中行、范二氏的进攻。同时，赵鞅积极联合韩简子、魏襄子以及知氏，成功扭转战局。随着中行、范二氏不能获得晋君名义上的支持，转而围攻晋国公室，继而引发其他卿族的集体反对，赵氏的不利局面获得改观，利用这一机会，赵鞅迅速联合其他卿族对中行氏、范氏展开反攻，成功将荀寅与

---

① 《晏子春秋·内篇》。
② 《左传·昭公二十五年》。
③ 《左传·昭公二十九年》。
④ 《春秋·定公十三年》。

范吉射驱往朝歌。赵鞅重新返回晋都继任执政。此后数年，赵鞅作为执政，继续对中行氏、范氏进行征讨，先后破朝歌、邯郸、柏人，极大地壮大了赵氏的力量。

二、战国时期晋阳地位的变化

公元前497年，晋国六卿之间爆发了一场由赵简子引发的战争，赵氏家族联合韩、知、魏等家族经过七年的争斗，终于战胜范氏和中行氏，至此晋国卿族只剩下韩、赵、魏、知四家。但是，晋国各卿族之间的斗争并未停止，而是更为激烈。三十多年以后，四卿间的矛盾再一次爆发，最终奠定了战国时代的政治格局。

在公元前5世纪中叶的晋国，知氏家族的发展规模已经超越韩、赵、魏三家，在很多方面，知氏的宗主知瑶表现得尤为盛气凌人。实际上，知氏和赵氏早有矛盾。晋定公十三年，知氏宗主知文子就欲以"始祸者死"的晋国传统制度来制裁赵简子，只是因为韩、魏两家的反对而作罢。但是赵简子也不得不牺牲家臣董安于来谋求与知氏的妥协，"知伯从赵氏盟，而后赵氏定……。"① 公元前493年，中行氏、范氏借助郑国和齐国的力量进攻赵氏，被赵氏击败。"晋赵鞅帅师及郑罕达帅师战于铁，郑师败绩……。"② "郑师大败，获齐粟千车，赵孟喜曰，可矣……。"③ 但是赵简子的家臣傅傁告诫简子："虽克郑，犹有知在，忧未艾也……。"④ 由此可见，赵氏和知氏家族矛盾之深。

晋出公十二年（公元前464年），知伯和赵襄子参与伐郑之役。在指挥过程中，两人之间的矛盾再次爆发："知伯入南里，斗于桔柣之门。郑人俘酅魁垒，赂之以知政，闭其口而死。将斗，知伯谓赵孟曰：'入之。'对曰：'主在此。'知伯曰：'恶而无子，何以为子？'对曰：'以能忍耻，庶无害赵宗乎？'知伯不悛，赵襄子由是惎知伯……。"⑤ 这段话表明，此时知、赵两家的矛盾已经由过去的暗地争斗转向公开化，这也意味着两族之间的冲突将不可避免。

公元前455年，知伯欲进一步扩大家族势力，直接向韩、赵、魏三卿索要土地。韩康子、魏桓子迫于知伯威势，不得不"使使者致万家之邑一于知伯……。"⑥ "万家之邑"在当时来讲，已经属于较大规模的城市，四卿所实际控制的这类城市数量应当不多，但韩、魏二氏迫于知伯强大的政治军事实力，选择了妥协。在向韩、魏二氏

---

① 《左传·定公十四年》。
② 《春秋·哀公二年》。
③ 《左传·哀公二年》。
④ 《左传·哀公二年》。
⑤ 《左传·哀公二十七年》。
⑥ 《战国策·赵策一》。

索要土地的同时，知伯也向赵襄子发出了索地的要求。"又使人至赵，请蔺、皋狼之地，赵襄子弗予……。"①蔺与皋狼，是赵氏家族的核心控制区之一，皋狼，即"昝郎"②。根据山西大学考古系傅淑敏先生研究③，皋狼故址在今山西离石区东北，今离石区南村古城遗址就是皋狼城。皋狼城有内外城之分，其中内城东200米，西127米，南526米，北约300米，总长在1153米左右。考古发现的皋狼城恐怕很难达到"万邑"规模，所以知伯还向赵襄子索取蔺地④。蔺与皋狼相距不远。《战国策·西周策》："攻赵，取蔺、离石、祁者皆白起……。"蔺地是赵国的旧地，十分重要，出土赵国文物有"三年蔺令戈"、"九年蔺令戈"、"蔺"平首尖足布、方足布、圜钱等。根据山西大学考古系傅淑敏先生的调查⑤，蔺地的城市规模要大于皋狼。蔺地旧址即今山西临县曜头古城址，城址呈不规则形状，大城东630米，西1800米，南1250米，北1300米；小城东170米，西915米，南975米，北820米。这种城市建制在战国之际已经属于中等城市规模，再加上皋狼，基本上达到"万家之邑"的水平。

但是以赵襄子为宗主的赵氏家族，拒绝了知伯的索地要求。因为赵襄子明白即使将本族的发源地和主要城市交出去，知伯仍然会继续打击压榨。应当说，从公元前455年开始，赵氏家族就已经着手进行与知氏家族"必有一战"的准备工作。此时的赵襄子意识到危机的存在，遂考虑离开晋都，出奔封邑。《国语·晋语九》记载了赵襄子选择与知伯对抗城市的战略考虑：

"晋阳之围，张谈曰：'先主为重器也，为国家之难也。盍姑无爱宝于诸侯乎？'襄子曰：'吾无使也。'张谈曰：'地也可。'襄子曰：'吾不幸有疾，不夷于先子，不德而贿。夫地也求饮吾饮，是养吾疾而干吾禄也。吾不与皆毙。'襄子出，曰：'吾何走乎？'从者曰：'长子近，且城厚完。'襄子曰：'民罢力以完之，又毙死以守之，其谁与我？'从者曰：'邯郸之仓库实。'襄子曰：'浚民之膏泽以实之，又因而杀之，其谁与我？其晋阳乎？先主之所属也。尹铎之所宽也，民必和矣。'乃走晋阳……。"

---

① 《战国策·赵策一》。
② 李家浩：《战国官印考释（二篇）》，《文物研究》（第七辑），黄山书社，1991年，第346~348页。
③ 傅淑敏：《南单于庭、汉左国都车发现记》，《中国文物报》1993年5月9日。
④ 《战国策》作"蔡"，沈长云等疑为"蔺"之讹。见沈长云：《赵国史稿》，中华书局，2000年，第117页。
⑤ 傅淑敏：《临县曜头古城址》，《中国考古学年鉴》（1994），文物出版社，1997年，第143页。

此时赵氏家族已经拥有晋西、晋东南、晋北、冀南等多处封邑，尽管疆域广泛，但是知氏家族的势力更为强大。史料对于知氏家族的势力范围和拥有的人口语焉不详，但是从当时的文献中可以看出一些线索。《墨子·非攻中》："昔者晋有六将军，而智伯莫为强焉。记其土地之搏，人徒之众，欲以抗诸侯，以为英名。攻战之速，故差论其爪牙之士，皆列其舟车之众，以攻中行氏而有之。以其谋为既已足矣，又攻兹范氏而大败之，并三家以为一家，而不止，又围赵襄子于晋阳……。"《战国策·齐策五》："昔智伯瑶攻范、中行氏，杀其君，灭其国，又西围晋阳，吞兼二国，而忧一主，此用兵之盛也……。"这些都表明，知氏势力范围和军事实力都在韩、赵、魏三卿之上。而面对知氏强大势力逼迫的局势，赵襄子选择以晋阳为中心，进行抵抗。对于抵抗根据地的选择，如《国语》中所言，赵襄子也是进行了一番审慎的抉择：在与知伯决裂之前，赵襄子当居晋都新田主持国政，距离新田较近、城市规模较大的赵氏族邑有长子，但是赵襄子认为长子是赵氏家族征发民众力度较大的一座城市，恐怕民心不能用；同样，此时在赵氏家族据有的冀南地区中，虽然邯郸是赵氏家族在冀南的重要基地，但是赵襄子依旧没有选择邯郸，因为如果选择邯郸，那就意味着赵氏家族位于今山西地区的大部分族邑恐怕要落入知伯之手，赵氏就会走当年范氏、中行氏的老路，是以不到迫不得已，赵襄子不会选择邯郸作为根据地。最终，赵襄子"'先主之所属也。尹铎之所宽也，民必和矣'。乃走晋阳……。"① 此时的晋阳，已经四十余年没有战事，城市建筑进一步修缮，民众凝聚力较强，于是赵襄子决定回到晋阳，与知伯进行最终的较量。

实际上，赵氏家族在不断扩大附属领地的过程中，由一开始的接受晋君赏赐，到后来与其他五卿争夺晋国城市，貌似与其他卿族一样贪婪，但在具体执行过程中，赵氏家族的宗主避开其他各卿的锋芒，逐渐形成了颇具特色的扩张战略路线。大概在赵简子时代，赵氏家族就已经有了既定的"北进战略"②。赵氏家族的宗邑也先后由耿至温，再至晋阳。为了贯彻落实"北进战略"，赵襄子更是将大本营设置在晋阳。所以晋阳的政治军事准备应当说是非常充足的，这也是赵襄子决心依托晋阳对抗知伯的根本原因之所在。

知伯联合韩、魏两家围攻晋阳，历时三年"决晋水以灌晋阳，城不沉者三板耳……"③"城中巢居而处，悬釜而炊，财食将尽，士大夫羸病……。"④ 战斗持续时间非常长，而晋阳城没有陷落，说明晋阳城防工事的坚固及赵氏家族军事力量具有相

---

① 《国语·晋语九》。
② 白国红：《春秋晋国赵氏研究》，中华书局，2007年，第133页。
③ 《战国策·秦四》。
④ 《韩非子·十过》。

当强的抵抗性。在战役持续进行的过程中，韩、魏二卿对战争结果产生了焦虑。"赵氏朝亡，我夕从之，赵氏夕亡，我朝从之……。"①赵襄子也趁机对韩、魏二卿展开游说工作，最后韩、赵、魏三家联合攻击知伯，知伯战败，"赵襄子、韩康子、魏桓子共杀知伯，尽并其地……"②，"（知伯）军败晋阳，身死高梁之东，遂卒被分，漆其首以为溲器……。"③知氏家族由此从历史上消失。可以说，晋阳保卫战的结束，也是晋国卿族政治时代的结束。

晋阳保卫战结束以后，韩、赵、魏三卿对势力范围进行重新分配，由于韩、魏二卿势力较弱，其宗主也没有过于强烈的扩张欲望，所以三卿之间保持着相对友好的局面。灭掉知氏之后，赵氏家族继续执行"北进战略"，向北发展，魏氏则向西发展，韩氏则主要向东发展。公元前403年，周威烈王正式承认韩处、赵籍、魏斯为诸侯，《史记·周本纪》："威烈王二十三年，九鼎震，命韩、赵、魏为诸侯……。"史称"三家分晋"。三家分晋之后，晋国名义上继续存在数十年，但是已经名存实亡。

赵国建立以后，晋阳的地位很快就发生变化，这缘于赵氏家族内部斗争和当时列国形势发生了重大变化。晋哀懿公十一年（公元前435年④），赵襄子卒，传位于其兄伯鲁子代成君之子赵浣，即赵献侯。赵献侯继位仅一年，即为赵襄子弟赵桓子所逐。《史记·赵世家》："襄子为伯鲁之不立也，不肯立子，且必欲传位于伯鲁代成君，成君先死，乃取成君子浣立为太子。襄子立三十三年卒，浣立，是为献侯。献侯少继位，治中牟。襄子弟桓子逐献侯，自立于代，一年卒。国人曰桓子立非襄子意，乃共杀其子而复迎立献侯……。"根据史记的这段记载，在赵襄子死后，赵氏家族的都治似乎就已经不在晋阳，而是转移至中牟。

中牟的地望曾经有很多争议，《史记正义》："荡阴县西五十里，有牟山，盖中牟邑在此山侧也……。"中华人民共和国成立以后，根据考古工作者的长期调查，基本上可以确认，位于今西太行山余脉牟山东南侧的故县鹿楼冶铁遗址和牟山西侧的林州城峪城遗址就是战国初期中牟遗址的一部分⑤。中牟春秋时期即为晋国所有，是晋国位于中原地区的重要战略城市，后为赵氏所有。此时赵国的疆域，已经十分广大，"自今陕西省的东北部，过黄河至今山西省的中部，更延伸向东北部、东南部，兼有今河北省的东南部，并涉及今山东省西边的一角和今河南省的北

---

① 《墨子·非攻中》。
② 《史记·晋世家》。
③ 《韩非子·喻老》。
④ 冯时：《侯马、温县盟书年代考》，《考古》2002年第8期。
⑤ 张新斌：《河南鹤壁鹿楼古城为赵都中牟说》，《文物春秋》1993年第4期。

端……。"① 位于今山西境内的赵氏领土在晋阳保卫战以后,基本上都得到巩固,而赵氏家族在今河北地区的领土却由于中原地区诸侯争夺而迫切需要保护。通过对《史记·赵世家》等史料的分析,我们似乎可以推测,在赵襄子去世后的赵氏内部,对赵氏家族的发展方略,也存在着重大分歧。以襄子弟赵桓子为代表的一派坚持继续执行简子、襄子两代人既定的"北进战略",而新继位的年轻献侯,在谋臣们的建议下,面对复杂的国际形势,毅然决定改变"北进战略",转向"中原突围"。这就使得两派矛盾变得越发尖锐起来,终于导致内部冲突的爆发。"桓子逐献侯",历代史料俱语焉不详,而"桓子居代"则表明,桓子继续向北发展。但是随着桓子的病逝,赵氏已经不肯再执行"北进战略",赵国国都再一次回归中牟,并最终选择邯郸作为赵国的都城。这样的战略选择对于晋阳而言,意味着其由过去赵国的政治核心,转化成为赵国的重要战略城市。

在赵氏家族将都治转移到中牟以后,整个战国时期,晋阳都是以赵国最重要城市之一的地位存在于赵国的版图之中。迄今为止,我们很难对东周时期晋阳的面貌进行全面研究。目前,有关东周时期晋阳城址及墓葬的相关研究工作还不够充分,需要进一步展开考古工作。

第二节　东周时期晋阳城探微

一、史料中的东周时期晋阳城

春秋时期,太原盆地属于诸戎群狄的势力范围。《春秋公羊传·昭公元年》有"晋荀吴师师败狄于大原,此大卤也……"的记载,《春秋左传·昭公元年》则有"晋中行穆子败无终及群狄于大原,崇卒也……"的记述。唐李吉甫在《元和郡县图志》中明确指出"大卤,即太原晋阳县也。中国曰太原,夷狄曰大卤。按太原、大卤、大夏、夏墟、平阳、晋阳六名,其实一也……。"由上可知,"大卤""大原"等泛指太原地区,而非有明确意义的城址。

众所周知,我国建城的历史可追溯到仰韶后期到龙山时期的铜石并用时代②,到了春秋战国时期"城市以前所未有的速度和规模大量涌现……。"③ 史料中"晋荀吴伪

---

① 杨宽:《战国史》,上海人民出版社,2003年,第26页。
② 严文明:《略论中国文明的起源》,《文物》1992年第1期。
③ 许宏:《先秦城市考古学研究》,北京燕山出版社,2000年,第127页。

会齐师者，假道于鲜虞，遂入昔阳。秋八月壬午，灭肥，以肥子绵皋归……"①；"晋之取鼓也，既献，而反鼓子焉，又叛于鲜虞……"②等关于晋国势力进入太原盆地后先后平灭肥国、鼓国的记载，也间接佐证了春秋时期的群狄是建有城址的③。因此，昭公元年（公元前541年），原名为"大卤"的太原地区建有城址是可以肯定的。但是原"大卤"地区的城址是否建在现晋阳古城遗址所在地的晋源区古城营村一带，待考。由于"晋阳"这个概念是迟至公元前497年方见于史料，因此即便群狄在今晋源区古城营村一带建有城址，此城址也并不是真正意义的古晋阳城，故其不在本书探讨范围。同样，晋国势力进入太原盆地，取得太原盆地控制权的前后，晋国军队可能在太原盆地建有军事堡垒，此类军事堡垒亦不在本书探讨之列。

晋阳何时纳入赵氏采邑，史料中并没有明确记载。起初，赵氏的采邑并未到达这一地区。赵氏始祖叔带在周幽王时"去周如晋"，采食于赵城（即今洪洞一带），但并未获得比较固定的采邑④。直到叔带的五世孙赵夙随晋献公伐霍、魏、耿有军功，晋献公将耿地（今山西河津市一带）赐予赵氏，赵氏才在晋国有了初步的地位。随后赵衰随重耳出亡，重耳回国后重用赵衰，赵氏先后获得原邑（河南济源一带）、屏邑（不详）、楼邑（山西永济市一带）等地。赵氏在今天的晋南、豫西一带初步奠定了生存基础。至赵武时期，温邑也属赵氏所有。赵简子灭中行氏、范氏之后，又控制了邯郸、柏人等太行山东麓平原地区。到这一时期，赵氏已控有晋东南、豫西、冀南、晋中、冀中等大片地区。

赵氏据有太原盆地的时间很有可能是在赵简子继位初期。如前文所述，晋国势力于晋平公十七年（公元前541年）进入太原盆地，经过多年的军事行动，至晋顷公六年（公元前520年），中行穆子奇袭灭掉鼓国⑤，此时，太原盆地并未被赵氏所控制。而《春秋·定公十三年》（公元前497年），明确记载"晋赵鞅入于晋阳以叛"，因此，赵氏据有太原盆地的年代当在公元前520～前497年。在这二十余年间，先后发生了：晋顷公十年（公元前516年），赵鞅率晋军护送敬王返于成周，平息了王子朝之乱；晋顷公十二年（公元前514年），"秋，晋韩宣子卒，**魏献子为政，分祁氏之田，以为七县，分羊舌氏之田，以为三县，司马弥牟为**邬大夫（今介休市邬城店），贾辛为祁大夫（今祁县古县镇），司马乌为平陵大夫

---

① 《左传·昭公十二年》。
② 《左传·昭公二十二年》。
③ 《中国文物地图集·山西分册·中》记载太原地区有东周时期娄烦城址；《史记·晋世家》载"晋西北有林胡、楼烦之戎"。
④ 吕文郁：《春秋时期晋国的采邑制度》，《山西师大学报（社会科学版）》1991年第2期。
⑤ 《左传·昭公十二年》。

（今文水县东北大陵村），魏戊为梗阳大夫（今清徐县清源镇，古晋阳城南侧），知徐吾为涂水大夫（今晋中市榆次区西南二十里），韩固为马首大夫（今山西寿阳县马首乡），孟丙为盂大夫（阳曲县北大盂镇），乐霄为铜鞮大夫，赵朝为平阳大夫，僚安为杨氏大夫……。"①晋顷公十三年（公元前513年）冬，"晋赵鞅、荀寅帅师城汝滨，遂赋晋国一鼓铁，以铸刑鼎，著范宣子所为刑书矣"②等事件；结合史料中关于董安于建晋阳城的记载，我们可以大胆地推测——赵鞅据有太原盆地的时间大致在晋顷公十二年（公元前514年）或晋顷公十三年（公元前513年）之后数年（晋国其他卿族势力退出晋阳地区之后）至公元前497年前数年（董安于建晋阳城时间当早于赵鞅入晋阳以叛的时间）。

晋阳之名，始见于《春秋·定公十三年》："晋赵鞅入于晋阳以叛……。"在中行穆子北伐无终之际，尚未得其名。《春秋谷梁传·昭公元年》："中国曰太原，夷狄曰大卤……。"说明这一时期，太原、大卤是晋阳这一地区的传统称谓。根据史料记载，在获得晋阳以后，赵氏家族就开始对这座城市进行营建，比较著名的，就是董安于和尹铎对晋阳城的营建和经营。

有关董安于对晋阳城的营建，主要见于韩非子的《十过》篇及后来的《战国策》等文献当中。《战国策·赵策》曰：

> "张孟谈曰：'夫董安于，简主之才臣也，世治晋阳，而尹铎循之。其余政教犹存，君其定居晋阳'。君曰'诺'。至，行城郭，案府库，视仓廪。召张孟谈而告知曰：'吾城郭之完，府库足用，仓廪实矣，无矢奈何？'张孟谈曰：'臣闻董子之治晋阳也，公宫之垣，皆以荻、蒿、楛、楚墙之，其高至丈余，君发而用之'。于是发而试之，其坚则菌蕗之劲不能过也。君曰'足矣，吾铜少若何？'张孟谈曰'臣闻董安于之治晋阳，公宫之室，皆炼铜为柱质，请发而用之，则有余铜也'……。"

这段话用近乎传说的视角回顾了董安于建设晋阳城的一些细节，比如城内宫墙是以竹木等坚固材料作为龙骨，公室建筑以铜为柱，等等。这段内容是否真实，已经无从稽考。但是董安于建设晋阳城的史实，却由此被史料保存下来。

尹铎继任后，继续对晋阳城进行修缮，"垒培""城厚以高"，不断加强晋阳城的防御功能，甚至一度引起赵简子的不满。《国语·晋语九》曰：

---

① 《左传·昭公二十八年》；刘纬毅：《山西周秦县考》，《中国地方志》2003年S1期。
② 《左传·昭公二十九年》。

"赵简子使尹铎为晋阳,曰:'必堕其垒培。吾将往焉,若见垒培,是见寅与吉射也。'尹铎往而增之。简子如晋阳,见垒,怒曰:'必杀铎也而后入。'大夫辞之,不可,曰:'是昭余雠也。'邮无正进,曰:'昔先主文子少衅于难,从姬氏于公宫,有孝德以出在公族,有恭德以升在位,有武德以羞为正卿,有温德以成其名誉,失赵氏之典刑,而去其师保,基于其身,以克复其所。及景子长于公宫,未及教训而嗣立矣,亦能纂修其身以受先业,无谤于国,顺德以学子,择言以教子,择师保以相子。今吾子嗣位,有文之典刑,有景之教训,重之以师保,加之以父兄,子皆疏之,以及此难。夫尹铎曰:'思乐而喜,思难而惧,人之道也。委土可以为师保,吾何为不增?'是以修之,庶曰可以鉴而鸠赵宗乎!若罚之,是罚善也。罚善必赏恶。臣何望矣!'简子说,曰:'微子,吾几不为人矣!'以免难之赏赏尹铎。初,伯乐与尹铎有怨,以其赏如伯乐氏,曰:'子免吾死,敢不归禄'。辞曰:'吾为主图,非为子也。怨若怨焉'……。"

尹铎为了增强赵氏家族在晋阳的政治影响,大力笼络人心,他在晋阳城内进行经济改革,废除井田制,推行田亩制和地税制。在当时各国、各卿族所采用的田亩制中,赵氏家族采用的田亩制步数最大,以二百四十步为一亩,远多于知氏的一百八十步为一亩,这种"让利于国人"的政策,使赵氏获得了巨大的政治基础。同时,尹铎还提倡"公无税焉",率先在晋阳实行不按亩征税。在征发徭役方面,尹铎也能够做到爱惜民力,体恤民艰,用"损其户数"之新法,轻徭薄赋。正是因为尹铎的经营,才有了"晋国有难,而无以尹铎为少,无以晋阳为远,必以为归……"[①]的记载。

晋阳在董安于、尹铎的先后治理下,城市日益发展,生产力得到解放,国人生活有了改善,晋阳初步实现了"少税而民优",达到了政治上的稳定和经济上的初步繁荣;赵氏也获得当地地方势力和新兴农民的有力支持,伴随着赵襄子的"北进战略",古晋阳城自然而然地成为赵国初期都城。

关于董安于所建晋阳城的规模,史料上有零星线索。唐李吉甫所著的《元和郡县图志》载:"府城,故老传晋并州刺史刘琨筑。今按城高四丈,周回二十七里。城中又有三城,其一曰大明城,即古晋阳城也,《左传》言董安于所筑。《史记》云:'智伯攻襄子于晋阳,引汾水灌其城,城不浸者三版。'《春秋后语》云:'智伯攻晋阳,决晋水灌之,城中悬釜而炊。'今按城东有汾水南流,城西又有晋水入城,而《史记》云引汾水,《春秋后语》云决晋水,二家不同,未详孰是。高齐后帝于此置大明宫,因名大明城。姚

---

① 《资治通鉴·周纪》。

最《序行记》曰'晋阳宫西南有小城，内有殿，号大明宫'，即此也。城高四丈，周回四里……。"此外，《元和郡县图志》还有故唐城、三角城、捍胡城等城址的记载。

二、考古资料中的东周时期晋阳文化遗存

史料对晋阳古城的记载比较杂乱，对晋阳古城源头（故唐城）的记载更是争议不断。郦道元《水经注》认为，"（太原）县，故唐国也……。"《史记正义》引《括地志》云："'故唐城在并州晋阳县北二里。'《城记》云：'尧筑也'。徐才《宗国都城记》云'唐叔虞立子燮父徙居晋水旁，今并理故唐城，唐者，即燮父所徙之处，其城南半入州城，中削为坊，城墙北半见在'……。"①此后的文献很多沿袭此说。《元和郡县图志》云："晋阳县，故唐城在县北二里，尧所筑……。"明清时期，这一说法得到进一步沿袭②。《永乐大典·太原志》引《方志图》云："古唐城，陶唐氏居之，其存者五百步……。"《读史方舆纪要》："太原故城……古唐国也，相传帝尧始都此，又夏禹之都，亦尝都焉……。"因此，探究晋阳城的历史风貌更要重视考古资料的整理与研究。

事实上，考古学者很早就开始对东周时期晋阳城的调查研究。自 20 世纪 20 年代，日本学者水野清一、日比野丈夫等对晋阳古城展开调查以来；宿白先生在 20 世纪 50～60 年代对晋阳古城遗迹展开了调查；20 世纪 60 年代谢元璐、张颔二先生试图寻找到东周时期的晋阳城。他们根据文献记载找到晋源区"南城角"村，并在南城角村发现城墙的西南角，在此基础上顺势对这段城墙走向及遗存展开调查，分别向东及向北进行勘探。调查结果发现，该处城墙的走势和夯土的夯打方法、土色、质地等特征，初步符合东周时期晋阳城的特征。因此，谢元璐、张颔二先生将调查发现的平面呈矩形，东西长 4500 米，南北宽 2700 米，方向 18° 的城址定为东周时期晋阳城③。

自谢元璐、张颔等先生进行过初步调查之后，晋阳古城的全面性考古工作一直处于停滞状态。21 世纪开始以来，随着经济水平的不断发展，综合国力的不断提高，为

---

① 《史记·晋世家》"晋唐叔虞者"条目中，有"……《史记正义》引《括地志》：'故唐城在绛州翼城县西二十里，即尧裔子所封'……"的记载。实际上，唐张守节在编著《史记正义》时，虽然引用唐李泰主编的《括地志》，但是《史记正义》引用《括地志》时，就存在着"删节不当、过于省略或者夹引他书"的情况；之后的史料，在引用"《史记正义》引《括地志》"词条时，同样存在着"删节不当、过于省略或夹引他书的情况"。此外，长期的传写翻刻以及可能出于某种考量的有意为之，就产生了故唐城"晋阳说"和"翼城说"的争论。
② 部分清代学者对"晋阳说"进行了质疑。顾炎武在《肇域记》中提出："穆侯时，晋境不得至介休……。"在《日知录》中进一步提出"平公用荀吴败狄于太原，于是晋之北境至于洞涡、洛阴之间……。"
③ 谢元璐、张颔：《晋阳古城勘察记》，《文物》1962 年第 4、5 期合刊。

了进一步做好晋阳古城遗址的保护工作，从2000年开始，太原市文物考古研究所和山西省考古研究所合作，共同对晋阳古城遗址展开考古勘探和发掘，取得部分考古资料，包括东周时期晋阳古城遗址研究初露端倪（图一）。

（一）晋阳城范围内东周时期文化遗存的考古资料

晋阳古城西城墙位于晋源区古城营村西1000余米处，迄今地表尚有残存近600米的城墙，残存城墙距地表高6米，宽11.8米，墙体被一现代厂房分为两段，其中北段174米，南段373米。城墙有明显夯层。通过勘探，我们发现，西城墙南北总长共3750米，东西宽18～20米，深0.4～2.85米，方向18°。多埋藏在地表下0.5～1.5米处①。

通过试掘，我们在晋阳古城遗址西城墙及城墙东部发现数处东周时期文化遗存，综述如下。

1. 夯土遗存

夯土遗存发现于"西城墙第二豁口发掘点"。"西城墙第二豁口发掘点"位于大同—运城高速公路东侧南北向乡路东侧、距古城营村1500米（此数值为发掘点距古城营村中部南北向水泥路的最短距离，下同。——笔者注）、地表残存近600米城墙的豁口，坐标为东经112°28′10″；北纬37°44′22″（地表残存城墙南北长近600米，第二豁口发掘点距离残存城墙北端约450米。——笔者补）。"考古发掘从2005年至2009年，断断续续，历时4年。通过对此发掘点西城墙的解剖和发掘，发现了城墙两次大的营建过程和历代修补痕迹。第一次营建，位于城墙东侧，墙体残宽7.9米，夯层厚0.12～0.2米。时代当东周……。"②

此外，在"西城墙第二豁口发掘点"南约1400米"康培苗圃发掘点"的考古发掘中，晋阳古城考古队通过解剖，"发现此段城墙由7块夯土组成，其中，早期夯土是汉晋时期城墙……。"③根据晋阳古城"西城墙第二豁口发掘点"发现的东周时期夯土遗存、"康培苗圃发掘点"的考古发掘成果以及"晋阳宫"位置研究，晋阳古城考古队推断，"东周城墙在两段夯土解剖之间向东拐走……。"④

但是，笔者以为，仅凭"西城墙第二豁口发掘点"发掘探沟内一段残宽7.9米的夯土，并不足以证明此夯土就是东周晋阳城城墙的一部分⑤。在现有的考古资料中：侯马晋都宫城外侧有"可能属于晋都新田宗庙建筑遗存的夯土建筑基址……。"凤翔

---

① 太原市文物考古研究所：《晋阳古城遗址2002～2010年考古工作简报》，《文物世界》2014年第5期。
② 太原市文物考古研究所：《晋阳古城遗址2002～2010年考古工作简报》，《文物世界》2014年第5期。
③ 晋阳古城考古队：《晋阳古城遗址考古新发现（2011～2014年）》，《文物世界》2014年第5期。
④ 晋阳古城考古队：《晋阳古城遗址考古新发现（2011～2014年）》，《文物世界》2014年第5期。
⑤ 按照"两点构成直线"数学原理，一个发掘点某时期的夯土遗存并不能构成该时期的一面城墙。

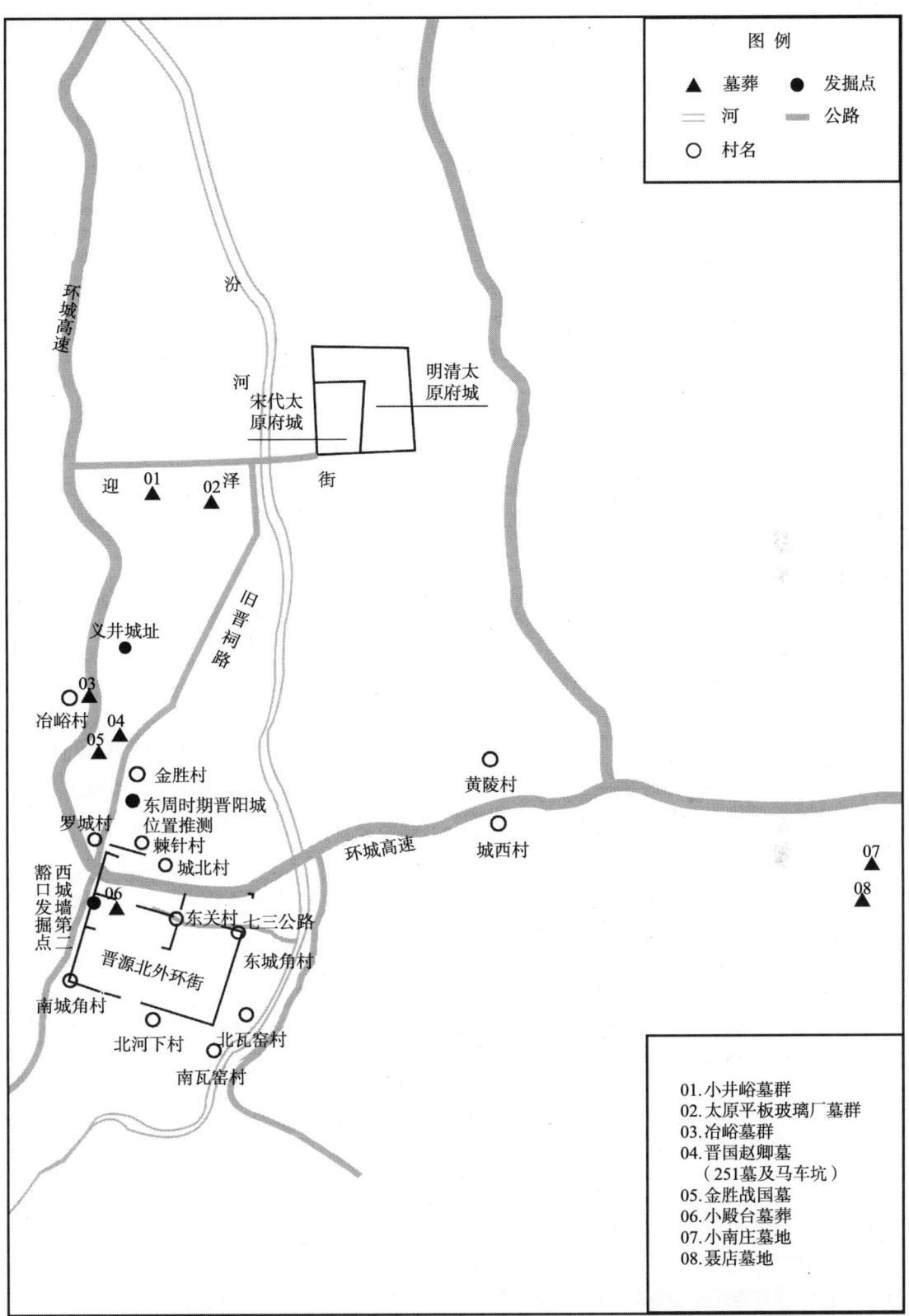

图一 东周时期晋阳文化遗存及晋阳城位置示意图

秦都雍城近郊四周的高地上，"大都分布着与城址同时期的夯土建筑基址，可能属离宫别馆或祭祀场所……。"此外，"西城墙第二豁口发掘点"夯土遗存还有可能是"烽燧""垒培"等文化遗存。因此，如果要证明此夯土确实是东周时期晋阳城城墙的一部分，还需要进一步的考古工作。

2. 地层遗存

东周时期地层遗存发现于"西城墙第二豁口发掘点"东侧，"在西城墙东侧布设探沟，进行城内地层的发掘，探沟东西长 30 米，南北宽 5 米。共清理地层 7 层（未发掘到生土）。其中第 6、7 层为东周时期地层，发现灰坑 20 多个，墓葬 6 座。其中 5 层下 07H7 战国灰坑的发掘，为地层断代提供了重要依据……。"①

3. 墓葬遗存

墓葬遗存发现于晋阳古城范围内"小殿台遗址"。"小殿台遗址"位于古城营村西约 600 米、西城墙东约 900 米。2013 年通过试掘，"发现金元时期街道一条以及多座保存完好的东周墓葬和多个灰坑……。"②

（二）晋阳古城周边东周时期文化遗存的考古资料

目前，晋阳古城周边已知的东周时期文化遗存有：

1. 义井城址

位于晋源区义井街办义井村西南 1000 米，南距罗城高速收费站东侧城角（目前暂定为晋阳古城西北城角，下同）约 6 千米。俗称"古城屹梁"，也称"三角城"。地表现存土丘 1 座，面积约 6000 平方米，据早年调查，此处曾存残墙数段，残高 4~6 米，现已无存。明万历《太原府志》载"三角城在太原县西北二十里义井村，一名徒人城、又名捍胡城。赵襄子所筑，以处刑徒，虑其逃亡，内置却敌，外安龙尾。三面，故名。今其遗址尚存……。"③

2. 晋国赵卿墓（251 墓及车马坑）

位于晋源区金胜镇金胜村金胜墓群内，南距罗城高速收费站约 3 千米。1988 年发掘，为春秋时期积石积炭的大型木椁墓，土圹竖穴，墓圹四角置巨石，椁室四周石头和木炭各 1 层。椁室中央为墓主人套棺三重，周有殉葬人骨 4 具及随葬品。出土随葬品 3100 余件，铜器 1690 余件，分礼、乐、兵、工具、车马器、装饰品等。礼器有鼎、豆、壶、鉴、盘、灶、尊等 110 余件；乐器是 19 件一套的编钟镈；兵器有剑、戈、矛等 500 余件；工具有锛、斧、刀等 70 余件。该墓北 7.5 米处有陪葬车马坑 1

---

① 太原市文物考古研究所：《晋阳古城遗址 2002~2010 年考古工作简报》，《文物世界》2014 年第 5 期。
② 晋阳古城考古队：《晋阳古城遗址考古新发现（2011~2014 年）》，《文物世界》2014 年第 5 期。
③ 国家文物局：《中国文物地图集·山西分册·中》，中国地图出版社，2006 年，第 21 页。

座。平面呈曲尺形，有车 13 辆、马 46 匹[①]。

3. 金胜战国墓

位于晋源区金胜镇金胜村金胜墓群内，南距罗城高速收费站约 3 千米。均土坑竖穴墓，仰身直肢葬，有棺、椁痕迹。可分为大、中、小三型，小型墓仅随葬几件陶器及 1 件铜带钩，中、大型墓多随葬几套仿铜陶礼器。出土有陶豆、鼎、壶以及铜剑、铃、带钩和玉器等[②]。

4. 冶峪墓群

位于金胜镇冶峪村，南距罗城高速收费站约 4.5 千米。面积约 2500 平方米。1988 年发掘墓葬 180 余座，其中以东周墓为主，均土坑竖穴墓，仰身直肢葬，有木棺、椁痕迹。出土的陶器有鼎、豆、壶、罐、鬲，青铜器有剑、镞、鼎、带钩及空首布等[③]。

5. 小井峪墓群

位于小井峪乡小井峪村，南距罗城高速收费站约 7 千米、义井城址东北约 1 千米。面积不详。从 1956 年发现到 1984 年，曾多次发掘，墓葬总计 250 余座。春秋墓近百座，均土坑竖穴墓，葬具有棺、椁，出土有陶鬲、陶豆、陶壶、铜带钩，玉环等[④]。

6. 太原平板玻璃厂墓群

位于太原平板玻璃厂厂区，南距罗城高速收费站约 10 千米、义井城址东北约 2.5 千米。1995 年发掘[⑤]。

由于金胜战国墓、冶峪墓群、小井峪墓群、太原平板玻璃厂墓群的考古资料并未全部公布，上述墓群中东周时期墓葬的基本面貌并不是很清楚，但是山西省考古研究所等编著的《太原晋国赵卿墓》对金胜墓群做了一定程度的概述，引用如下：

"山西省文物工作委员会从上世纪 50 年代中期以来，在晋阳古城西侧沿吕梁山余脉西山畔、半山坡地带南北 20 千米的范围内，先后发掘 1 批东周、秦汉、魏、隋唐、北宋初期墓葬，数量众多，证明这里是晋阳古城地区的墓葬区。特别是 1978 年，山西省考古研究所曾在太原化肥厂发掘过 1 座东周时期车马坑；1988 年，太原第一热电厂工地发掘的东周墓群中的金胜村晋国赵卿墓（M251）及车马坑，1990 年太原市文物管理委员会在冶峪发掘的东周墓。所出遗物和春秋晋阳古城城址所出是完全相一致的。太原化肥厂到金胜村冶

---

① 国家文物局：《中国文物地图集·山西分册·中》，中国地图出版社，2006 年，第 22 页。
② 国家文物局：《中国文物地图集·山西分册·中》，中国地图出版社，2006 年，第 22 页。
③ 国家文物局：《中国文物地图集·山西分册·中》，中国地图出版社，2006 年，第 22 页。
④ 国家文物局：《中国文物地图集·山西分册·中》，中国地图出版社，2006 年，第 18 页。
⑤ 太原市文物考古研究所内部资料。

峪之间数千米的山坡地，有可能是春秋晚期的赵卿氏族乃至赵国初年的'公墓'墓地所在地。公元前425年赵襄子死，其孙浣立为赵侯由晋阳迁治河南中牟（今河南鹤壁西），政治中心开始向豫北冀南转移，考古发掘结果证实，上述地带除赵卿墓和化肥厂车马坑外，很少见同一时期的中、小型墓葬。大量存在的是中、小型墓葬，只有在赵卿贵族把此地不再作为他们专有墓地的情况下，大批平民和小贵族才有可能埋藏在这里。这也是与文献记载相吻合的……。"[1]

此外，由于后续章节中北朝—北宋时期晋阳城研究部分涉及黄陵城等城址，上述城址可能在今太原市小店区黄陵村、城西村；晋中市榆次区北砖井村一带，故本书将位于此区域周边的山西高校园区小南庄墓地、聂庄墓地等周代墓葬考古发掘情况摘要介绍，以期通过宏观视角为上述墓地的属性建立相应的时空坐标。由于这两个墓地距离晋中市榆次区并不远，本书不排除两个墓地周代墓葬属于春秋时期涂水县文化遗存，或者战国时期榆次县文化遗存。当然，就目前掌握的考古资料而言，春秋时期涂水县与两个墓地相距较远；战国时期榆次县墓葬遗存主要分布在榆次区猫儿岭[2]、锦轮厂[3]、东外环墓地[4]一带。

7. 小南庄墓地

位于山西晋中市榆次区高校园区山西中医学院校园内。发现战国墓葬29座，2011年发掘18座，2012年发掘9座。墓葬型制皆为长方形土坑竖穴墓，墓主人头向以北向为主，也有向东的，葬具有一椁两棺或一椁一棺。2011年出土器物157件，有青铜剑、玛瑙杯、铜带钩以及陶鼎、陶豆、陶壶等；2012年出土器物79件，器形有鼎、豆、壶等[5]。

8. 聂店墓地

位于山西晋中市榆次区高校园区山西传媒学院校园内。共发现周代墓葬166座。墓葬皆为长方形土坑竖穴墓，墓主人头向向北，都是仰身葬，多数直肢，少数屈肢，由于出土器物过少，没有典型器物，且在地层关系方面仅发现明清墓葬的打破关系，故靠考古学方法判断年代十分困难，发掘者根据聂庄墓地整齐成排排列、出土随葬品

---

[1] 山西省考古研究所、太原市文物管理委员会：《太原晋国赵卿墓》，文物出版社，1996年，第4页。
[2] 猫儿岭考古队：《1984年榆次猫儿岭战国墓葬发掘简报》，《三晋考古》（第一辑），山西人民出版社，1994年，第266~287页。
[3] 榆次市文物管所：《榆次市锦轮厂战国墓清理简报》，《文物季刊》1997年第3期。
[4] 榆次市文物管理所：《榆次市东外环战国墓发掘简报》，《山西省考古学会论文集》（第3集），山西古籍出版社，2000年，第51~58页。
[5] 侯侃：《山西榆次高校园区先秦墓葬人骨研究》，2017年吉林大学博士学位论文，第30~31页。

很少、均为单人葬，类似刘绪先生所称的"排墓——每墓一人，墓与墓集中成排排列"的特点，推测聂店墓地为周代墓葬，该墓的具体年代还需要 ^{14}C 测定[①]。

三、东周时期晋阳城研究

自公元前 500 年左右赵氏势力经营晋阳城，至公元前 246 年（赵孝成王二十年）蒙骜定晋阳，设太原郡[②]。200 余年期间，随着晋阳城地位的变化、城市规模的变迁，东周时期的晋阳城经历了由小到大的发展过程。为了行文方便，按照春秋时期晋阳城、战国时期晋阳城分别概述之。

（一）春秋时期晋阳城

本书所述的春秋时期晋阳城始于晋顷公十二年（公元前 514 年）或晋顷公十三年（公元前 513 年）之后数年，终于公元前 453 年赵襄子平灭知伯。这 50 余年间，晋阳城历经肇建期、发展期等阶段：肇建期的晋阳城当为董安于治晋阳时，营建的、以军堡、边城面貌出现的城址。如前文所述，春秋时期晋阳城的肇建期大致在晋顷公十二年（公元前 514 年）或晋顷公十三年（公元前 513 年）之后数年到公元前 497 年前数年这十余年；发展期的晋阳城是指尹铎治晋阳时，扩建晋阳城到赵襄子平灭知伯时期，大致是公元前 497 年至公元前 453 年这数十年间。

关于董安于对晋阳城的营建，主要见于韩非子的《十过》篇及后来的《战国策》等文献当中；而董安于所建晋阳城的位置和规模，唐李吉甫所著的《元和郡县图志》有如下记载："……府城，故老传晋并州刺史刘琨筑。今按城高四丈，周回二十七里。城中又有三城，其一曰大明城，即古晋阳城也，《左传》言董安于所筑……高齐后帝于此置大明宫，因名大明城。姚最《序行记》曰：'晋阳宫西南有小城，内有殿，号大明宫'，即此也。城高四丈，周回四里……。"

依据上述史料，我们仅仅可以推断，在唐代大明城的位置，有一座"城高四丈，周回四里"的前代城址，此城址可能是董安于所建的晋阳城。本书之所以用"可能是董安于所建晋阳城"是基于以下几方面因素：①依据该史料的上下文，可以理解为"故老传……大明城，即古晋阳城也……。"而故老相传信息的可靠度在现实中是要打很大的问号的；②"其一曰大明城，即古晋阳城也，《左传》言董安于所筑……。"此文仅能说明"（最早的）古晋阳城是董安于所筑……"；③即便位于唐代大明城位置、"城高四丈、周回四里"的城址是董安于时期所筑，那么该

---

① 侯侃：《山西榆次高校园区先秦墓葬人骨研究》，2017 年吉林大学博士学位论文，第 31~33 页。
② 《史记·秦本纪》。

城址保存如此完整，而其后期中行氏与范氏所建的"垒培"；尹铎"城厚以高"的晋阳城以及作为赵国初都、赵国北方重镇的晋阳城以及汉晋时期等"周回大于四里"的城址都未能保存？综上所述，这个"城高四丈、周回四里"的城址，很有可能是北齐或者之前汉晋某个时期的城址，也可能是前述时期某宫殿衙署所在地①。

既然《元和郡县图志》所载的史料不能作为董安于所建晋阳城的推断依据，那么，我们只能依据已知的考古资料推测春秋时期晋阳城的位置和规模。

结合已知的考古资料，我们可以对春秋时期晋阳城的位置进行初步推断：山西省考古研究所等编著的《太原晋国赵卿墓》明确指出："太原化肥厂到金胜村冶峪之间数千米的山坡地，有可能是春秋晚期的赵卿氏族乃至赵国初年的'公墓'墓地所在地……考古发掘结果证实，上述地带除赵卿墓和化肥厂车马坑外，很少见同一时期的中、小型墓葬……。"该书同时指出"太原化肥厂到金胜村冶峪之间数千米的山坡地，发现大量战国时期大批平民和小贵族（墓葬）……。"②一般而言，成片的墓葬应当在城外③；中、小型墓葬距离城址较近④；古代城址周围必定埋藏有同时期的古代墓葬⑤；而发现东周夯土遗存的"西城墙第二豁口"西侧的晋源果树场一带至今未发现战国时期中、小型墓葬。据此我们是否可以大胆推测"战国时期的晋阳城，或者战国时期晋阳城的一般居民区，可能就在太原化肥厂到金胜村、冶峪村之间数千米山坡地东侧区域？"

董安于修建、尹铎扩展的晋阳城在经过春秋末年"决晋水以灌晋阳，城不沉者三

---

① 《永乐大典》卷五二〇四《太原府志》引《寰宇记》曰："（大明城）在晋阳宫西南隅，城高四丈，周四里。本北齐所建，唐起义堂在东门之外。"
② 山西省考古研究所、太原市文物管理委员会：《太原晋国赵卿墓》，文物出版社，1996年，第4页。
③ 许宏先生在统计"洛阳东周王城、新郑郑韩故城、荆州郢都纪南城、曲阜鲁国故城、临淄齐国故城"等城址的"考古资料"时，发现"上述城址中皆有同时期墓葬"，并在此基础上得出"春秋时期诸侯的陵墓同前代一样，一般比较集中地置于城内，这应同实行按宗法关系和昭穆制度来集中埋藏诸侯的'公墓制'有关……"这样的结论。事实上，我们都知道，古人在很早以前就已经有意识地将墓葬埋藏在居住址外侧（特殊情况下，居住地内也"可能"埋藏有零星墓葬）。因此，东周时期城址内埋藏有同时期墓葬、特别是同时期诸侯墓葬是不可想象的！本书得出类似结论，首先是相关城址考古工作不深入，未能将同一座城址内春秋、战国时期或者秦汉时期城址的四至范围搞清楚；其次，作者未考虑到不同时期城址的变化规律，只是依据"简单的考古资料"单纯地进行简单统计。引文详见许宏：《先秦城市考古学研究》，北京燕山出版社，2000年，第126页。
④ "上述（侯马）遗址以南的浍河岸边，发现有分布广泛的手工业作坊遗址，规模最大的墓地为浍河南岸的上马墓地……年代由西周晚期到春秋战国之际。平望、台城古城以西及牛村古城南还发现有3处墓地，年代均为春秋晚期—战国中期。上述4处墓地均距城址较近，除上马墓地个别墓葬级别较高外，都以小型铜器墓和陶器墓为主，四处墓地可能均具'邦墓'的性质……"详见山西省考古研究所侯马工作站：《晋都新田》，山西人民出版社，1996年，第23～46页。
⑤ 张志忠：《秦汉代郡平邑城址初探》，《文物世界》2009年第1期。

板耳……"①的战争洗礼后,肯定受到一定程度的破坏。由于我们无法确定战国初期晋阳城及赵国北方重镇晋阳城是否在春秋时期晋阳城基础上进行修补、扩建。因此,我们同样无法确定董安于及尹铎时期晋阳城的位置。当然,我们也可以根据可能的"战国时期晋阳城的位置",推测前述城址"可能也在太原化肥厂到金胜村、冶峪村之间数千米山坡地东侧区域"。

近年来,晋阳古城考古队在位于晋阳古城西城墙东侧"小殿台遗址"发掘了多座东周时期墓葬②,上述墓葬为战国中期中、小型墓③。虽然限于发掘面积,目前还无法确定该墓地的规模,但是上述中、小型墓的属性必然引起我们无限的联想:如果该墓地规模较大,且"小殿台遗址"东周墓群最终判定为春秋晚期至赵国初年,则董安于所建的晋阳城极有可能在"小殿台遗址"附近(笔者更倾向春秋时期晋阳城的位置在"小殿台遗址"北侧罗城村附近④);如果该墓地规模较大,且"小殿台遗址"东周墓葬大多数为战国中晚期,则我们可以进一步确定战国时期晋阳城极有可能建在"小殿台遗址"北侧、太原化肥厂到金胜村、冶峪村之间数千米山坡地东侧区域;当然,如果该墓地不大,则确定董安于建造晋阳城的位置还需更多的考古资料。

关于春秋时期晋阳城的规模,除去《元和郡县图志》那条不太可靠的"周回四里"的记载外,史料再无相应记载,我们只能参照同时期城址的考古资料进行推断。选择参照城址需考虑以下几方面因素:①与可资对比城址的年代相近;②与可资对比

---

① 《战国策·秦四》。
② 晋阳古城考古队:《晋阳古城遗址考古新发现(2011~2014)》,《文物世界》2014年第5期。
③ 发掘者介绍。
④ 推测春秋时期晋阳在罗城村附近的理由:a.罗城村北侧的金胜村一带可能是"春秋晚期的赵卿氏族乃至赵国初年的'公墓'墓地所在地……";金胜村北侧的小井峪村发现春秋中、小型墓群(该墓群也许与义井城址有关);小殿台遗址处发现的中、小型墓葬如果是春秋晚期—战国初期大型墓地,则春秋时期晋阳城城址在罗城村附近似乎更合理;b.在罗城村东南侧、目前暂定为晋阳城西北城角北侧50米左右发现1000余米东西向夯土,该夯土方向与已知晋阳城北城墙方向108°有一定的偏差,在相临不远区域内存在方向不同的夯土遗存,说明罗城村周边有不同时期的数座城址;c.虽然罗城村东马地的解剖已证明该发掘点夯土(晋阳城西北城角北侧50米、东西向夯土,下同)年代不早于汉晋(根据单位内部资料),但是我们只能说该发掘点没有发现早期夯土,并不能由此确定此段夯土整体年代不早于汉晋;d.在目前已知北朝—唐五代晋阳城址内,我们也仅在"晋阳古城西城墙第二豁口"发掘点发现1处东周时期夯土遗存,按照前文推断,该夯土遗存是否为春秋晋阳城城墙的一部分还不能完全确认;e.虽然"故唐城在并州晋阳县北二里"说法可能有误,但是据"其南半入州城,中削为坊,城墙北半见在……"等史料分析,唐代州城北侧的今罗城村区域可能有早于唐代的城墙;f.据宿白先生考证,罗城村北侧的金胜村也叫金城村,说明现金胜村附近可能有城址。综上所述,根据晚期城址与早期城址有继承性的一般原理,在罗城村北侧区域可能有早于北朝时期的城址,但是,该城址与东周时期晋阳城城址的关系待考。

城址的地位相当；③可资对比的城市后期扰动相对较小；④相应的考古工作相对较深入[①]；⑤与晋阳城同属一个文化系列。

针对上述标准，我们选择春秋末年、战国初年晋阳城的参照城址为知伯向赵襄子索要"万家之邑"的蔺、皋狼城址，该城址满足前文选择参照城址的所有要求：

> "皋狼城有内外城之分，其中内城东 200 米，西 127 米，南 526 米，北约 300 米，总长在 1153 米左右。考古发现的皋狼城恐怕很难达到'万邑'规模；蔺地旧址即今山西临县曜头古城址，城址呈不规则形状，大城东 630 米，西 1800 米，南 1250 米，北 1300 米。小城东 170 米，西 915 米，南 975 米，北 820 米……。"[②]

此外，太原市域范围内保存有娄烦城址，该城址年代为战国，位于娄烦县马家庄乡张庄村东北约 1 千米、石坡爷山腰至山顶区域，后期扰动较小，亦可作为参照城址：

> "娄烦城址平面略呈长方形，长约 1000 米，南北宽约 700 米。现存北墙残段，残长约 55 米，墙基宽 2 米，残高约 4～6 米。墙体夯筑，夯层厚 0.11～0.15 米，有圆形柱洞遗迹。南、北、西三面有城壕，宽约 5 米，深约 3 米。城内采集有泥质灰陶绳纹罐及外饰绳纹内饰布纹的板瓦、筒瓦等残片。可能是战国时古楼烦的一座重要城址……。"[③]

据此，我们可以大致推测三家分晋时期（公元前 453 年左右）的晋阳城，其规模与山西临县曜头古城址相当或者略大，面积当在 1～5 平方千米（其规模在 3～5 平方千米的可能性较大）。

三家分晋时期晋阳城是在董安于肇建（公元前 497 年之前）、尹铎扩建（公元前 497 年之后）晋阳城基础上形成的。依据许宏先生《先秦城市考古学研究》："春秋战国时期城址目前已发现数百处……依其性质的不同，可将这些城址粗略地分为主要列国都城址、一般城市遗址和军事城堡三大类……"[④]；"一般城市：面积在 1 平方千

---

① 相对而言，较小的城址、位置相对偏僻的城址扰动较小；列国都城等重要城址考古研究工作相对较深入。
② 傅淑敏：《临县曜头古城址》，《中国考古学年鉴》（1994），文物出版社，1997 年，第 143 页。
③ 国家文物局：《中国文物地图集·山西分册·中》，中国地图出版社，2006 年，第 69 页。
④ 许宏：《先秦城市考古学研究》，北京燕山出版社，2000 年，第 84 页。

米~10平方千米之间，由较大的诸侯国的国都或临时性都城，春秋时期一般诸侯国都城，战国时期的重镇大邑（含郡、县治所）组成……"①；"（其他城址）：面积在100万平方米（1平方千米）之下，多为较小的诸侯国或附属国的国都以及列国的一般城邑，同时，军事堡垒在其中占有很大的比例……"；"这类城址201座，其中25万平方米之下的为124座……。"②考虑到董安于时期，赵氏据有晋阳地区的时间并不长、当时晋阳城的地位更类似于"边城"或者"军堡"，具有较强的军事色彩，我们可以大致推断，董安于所建晋阳城的面积当在25万~100万平方米，其中面积在25万平方米左右的可能性极大（也就是周回四里左右）。

关于尹铎时期的晋阳城，史料上隐约提到了"垒培"③"城厚以高"等线索。因此，尹铎时期晋阳城的规模当较董安于时期有所扩大，估计此时期的晋阳城可能在1~5平方千米。

（二）战国时期晋阳城

战国时期晋阳城是指赵襄子平灭知伯之后至公元前246年（赵孝成王二十年）蒙骜定晋阳、设太原郡，这二百余年间城址。战国时期的晋阳城，其郭城或者说其一般居民区（可能的手工业作坊区）应当在"太原化肥厂到金胜村、冶峪村之间数千米山坡地东侧区域"。

关于战国时期晋阳城的规模，可资对比的战国城址为秦都栎阳故城。从秦献公元年（公元前384年）"止从死，二年，城栎阳……。"④至秦孝公十二年（公元前350年）"作为咸阳，筑冀阙，秦徙都之……。"⑤秦国在栎阳建都城35年，此后，汉初刘邦还曾短时间内以其为都城。根据考古资料"栎阳故城范围内，共发现三座城址，其中，

---

① 许宏《先秦城市考古学研究》的研究成果是对已有"东周时期城址考古资料"的归纳和总结，并未考虑其所引用的部分考古资料结论的"匆忙性"，例如，该书参照的"东周时期晋阳城考古资料"，仅仅是20世纪60年代、数天田野调查的心得，由于晋阳城后期扰动频繁，据现有考古成果，原调查结果所提及晋阳城西城墙的主体是汉晋时期。因此，该书依据"东周时期晋阳城考古资料"得出的结论是有瑕疵的。再如，文中参考的齐临淄城、赵邯郸城等城址考古资料同样不能准确区分东周城址和秦汉城址。所以该书关于都城类、重镇大邑类城址规模的研究成果需要谨慎对待。但是该书关于小型的、后期扰动较小城址的研究成果还是可以充分借鉴的。引文详见许宏：《先秦城市考古学研究》，北京燕山出版社，2000年，第108页。
② 许宏：《先秦城市考古学研究》，北京燕山出版社，2000年，第116页。
③ 《国语·晋语九》曰："赵简子使尹铎为晋阳，曰：'必堕其垒培。吾将往焉，若见垒培，是见寅与吉射也。'尹铎往而增之。简子如晋阳，见垒，怒曰：'必杀铎也而后入'…简子悦曰：'微子，吾几不为人矣！'以免难之赏赏尹铎……。"
④ 《史记·秦本纪》。
⑤ 《史记·秦本纪》。

'一号古城'，南北约 2430 米，东西最少 1900 米，据发掘资料，为秦汉时期；'二号古城'，南北约 3800 米，东西长 3100 米，据发掘资料，'二号古城'不早于武帝时期、不晚于汉末新莽时期；'三号古城'的时代为战国中期到西汉前期。虽然文章中并未明确说明'三号古城'尺寸，但是根据文章推测，南北约 900 米，东西大于 520 米……。"① 考虑到战国—秦汉时期栎阳城使用的连续性，推测战国时期栎阳城面积约 5 平方千米（"一号古城"与"三号古城"面积之和），且为南北并列（根据文章推测）的"双城"。

此外，夏县魏都安邑亦可勉强列为参照的城址：因为考古资料明确指出"禹王城即古安邑，亦即春秋战国魏国都城，秦汉及晋的河东郡治……。"② 但是，该调查资料未能区分战国时期安邑城和秦汉河东郡治的四至范围③。不过，从城内各处均发现有战国时期的文化堆积和遗物，大城内庙后辛庄村北发现战国中晚期手工业作坊遗址④ 来看，战国中晚期的古安邑城址面积 ≤ 13 万平方千米。考虑到魏都安邑建都时间比晋阳城长，战国时期晋南地区的发展水平高于晋阳地区。因此，笔者推测战国时期晋阳城的面积可能小于魏都安邑城。

战国时期的城址一般具有城郭布局⑤，东周列国都城的城郭布局和空间格局大致可分为三类：①为"两城制"城郭布局：赵邯郸城、齐临淄城等城的宫城在西南、郭城在东北；郑韩故城宫城在西城、郭城在东城；燕下都东城为城、西城为郭；②"有郭无（内）城"城郭布局：楚郢都城中部偏南区域为"以宫为主体的行政区域"，其余区域为居住空间和市易空间；秦雍城西南为行政空间、东北为居住、市易空间；③"有（宫）城无郭"城郭布局：晋新田城有宫城、无郭城⑥。参照上述城市布局，推测战国时期晋阳城可能亦分为内城和郭城两部分：其中内城部分，当在"小殿台遗

---

① 中国社会科学院考古研究所、西安市文物保护考古研究院：《陕西西安秦汉栎阳城遗址考古取得重要收获》，《中国文物报》2018 年 2 月 23 日。
② 中国科学院考古研究所山西工作队：《山西夏县禹王城调查》，《考古》1963 年第 9 期。
③ 许多研究文章未能全面分析所引用考古资料的历史性和局限性，如在研究先秦至秦汉时期城址时，研究者总会提到夏县魏都安邑城址，并且根据其考古资料简单地得出魏国初都安邑"面积约为 13 平方千米"的结论。事实上，魏都安邑城址的调查成果也是 20 世纪 60 年代，数日的田野调查心得，其成果不很扎实。其文中同时还有"大城总面积约 13 平方千米。两汉时期遗存主要集中在中城和小城，中城总面积约 6 平方千米……小城总面积 0.75 平方千米……"等记载。
④ 山西省考古研究所、山西省夏县博物馆：《夏县禹王城庙后辛庄战国手工业作坊遗址调查简报》，《文物季刊》1993 年第 2 期。
⑤ 在许宏先生"至少到春秋中期，诸侯国都城已较为普遍地兴筑起外郭城了，进入春秋晚期以至战国，则普通城邑也多有城郭了……"基础上的归纳总结。引文详见许宏：《先秦城市考古学研究》，北京燕山出版社，2000 年，第 131 页。
⑥ 在韦锋先生《先秦城市空间格局研究》论点基础上进一步归纳总结。详见韦锋：《先秦城市空间格局研究》，郑州大学硕士学位论文，2002 年，第 34 页。

址"北侧罗城村附近（由春秋时期城址发展而来）；一般居民区、手工业作坊区当在金胜村、冶峪村一带的山前坡地东侧区域（依据战国时期中、小型墓葬主要埋藏在此区域推断）。笔者做出上述推测，并未忽视现"西城墙第二豁口"发掘点发现的东周时期夯土和地层的存在。

根据已知春秋、战国时期晋阳城周边区域墓葬资料，罗城村东南侧东西向城墙考古资料，参照晋阳城区地形地貌，结合栎阳城、魏都安邑城等战国城址的考古成果，笔者推测战国时期晋阳城在5～10平方千米，其中晋阳城郭城（或者一般居民区郭城）东西长度1500～2000米（可能在金胜墓群、冶峪墓群东侧到20世纪50年代蓄水前的晋阳湖处凹地一带）；南北长度3000米左右（可能在棘针村到冶峪村一带）；晋阳城内城的规模当与战国早期晋阳城相当。

此外，在研究同时期城址时，我们还应该注意晋都新田城址和赵都邯郸城址宫城皆由三个"品"字形相连小城组成，其中，晋都新田三个小城分别是1150米×1000米、900米×250米、1700米×1250米；赵邯郸每个小城各长宽1000米左右。战国时期晋阳城其内城部分是否有类似结构，需要在以后的工作中加以注意。

第二章 秦汉时期的晋阳及晋阳城

第一节 秦汉之际晋阳政治沿革

在赵国将统治重心向中原转移之际，西方的秦国逐渐崛起，并对东方展开了一轮又一轮的争夺。公元前246年前后，秦赵两国在晋阳展开了反复争夺，战事相当激烈。赵惠文王十一年（公元前288年），"秦取梗阳"①，梗阳的位置大概在今太原市南一带②。公元前249年，《史记·秦本纪》："庄襄王元年，大赦罪人，修先王功臣，施德厚骨肉而布惠于民。东周君与诸侯谋秦，秦使相国吕不韦诛之，尽入其国。秦不绝其祀，以阳人地赐周君，奉其祭祀。使蒙骜伐韩，韩献成皋、巩。秦界至大梁，初置三川郡。二年，使蒙骜攻赵，定太原。三年，蒙骜攻魏高都、汲，拔之。攻赵榆次、新城、狼孟，取三十七城。四月日食。王龁攻上党。初置太原郡。魏将无忌率五国兵击秦，秦却于河外。蒙骜败，解而去……。"有学者认为，三川郡、太原郡的设置，为秦国的统一工作奠定了更雄厚的物质基础③。而"蒙骜败，解而去"意味着蒙骜在晋阳地区战事的失败，为后来的"晋阳反"埋下了伏笔。杨宽先生认为，很有可能，"蒙骜败"意味着晋阳可能又为赵国所有④。随着秦军攻势的不断加强，黄河以东地区逐渐成为战场，晋阳一带已经成为赵国抗秦的前线。公元前246年（赵孝成王二十年），《史记·秦始皇本纪》："晋阳反，元年，将军蒙骜击定之……。"同时，史料亦混杂异说，如《史记·秦本纪》记载蒙骜定晋阳，设太原郡；《史记·白起王翦列传》又云"司马梗定太原……。"这也让我们知道当时战事的复杂性。无论如何，至此晋阳已不复为赵国所有，而是成为秦国太原郡的治所⑤。

可以肯定的是，秦所置太原郡，其治所设在晋阳。太原郡是确实存在的，秦封泥

---

① 《史记·赵世家》。
② 《集解》引杜预注认为，梗阳"太原晋阳县南梗阳城也……"，《索隐》云"《地理志》云太原榆次有梗阳乡，与杜预所据小别也……"。
③ 王子今：《公元前3世纪至公元前2世纪晋阳城市史料考议》，《晋阳学刊》2010年第1期。
④ 杨宽：《战国史》，上海人民出版社，1998年，第170页。
⑤ 杨宽先生认为，秦太原郡的范围相当于今山西句注山以南，霍山以北，五台、阳泉以西，黄河以东地区。然此范围过于广大，恐不够精确。

有"太原守印""太原大府",可以佐证①。由于秦代存续时间过短,且有关秦代行政区划的史料不很丰富,因此秦代太原郡下辖城邑数量并不清楚,或曰三十七城,然不可考。根据秦代文物和相关文献,有学者认为秦代太原郡下辖的城邑有晋阳、兹氏、邬县、狼孟、盂县、祁县、中都、霍人、虑、阳邑、阳曲、榆次、离石、上艾、平陶、皋狼、蔺县、界休、大陵、隰城、沂阳等二十一县②。有学者则认为,除平周、西都、中阳三县外,秦代太原郡应当包括《汉书·地理志》中太原郡的全部③。我们可以得出一个初步的结论,即秦代太原郡已经基本上囊括了今山西太原、晋中、吕梁、忻州等地的大部。

秦获得太原地区以后,曾于秦王政八年(公元前239年),将太原郡作为封地赐予嫪毐。《史记·秦始皇本纪》:"嫪毐封为长信侯,予之山阳地,令毐居之。宫室车马衣服苑囿驰猎恣毐。事无大小皆决于毐。又以河西太原郡更为毐国……。"司马贞《史记索隐》:"嫪,姓,毐,字。按《汉书》嫪氏出邯郸……。"有学者认为此说可信度较高④。嫪毐获得晋阳及太原郡作为封地,应当是考虑到晋阳作为咸阳至邯郸重要交通站的便利条件。此后不久,秦国更是将太原郡作为出击东方六国的重要中转站。《史记·秦始皇本纪》"十五年,大兴兵,一军至邺,一军至太原,取狼孟……。"十九年,"秦王之邯郸,诸尝与王生赵时母家有仇怨,皆阬之。秦王还,从太原、上郡归……。"由此可见太原郡在秦国当时交通东方、征略东方的重要性。

在秦末农民大起义过程中,复国的赵国一度想收复晋阳这一军事战略要地,但是由于秦军的严密控制,战事并未波及至太行山以西。《史记·张耳陈余列传》:"李良已定常山,还报,赵王复使良略太原。至石邑,秦兵塞井陉,未能前……。"直到之后的楚汉之争过程中,晋阳才为汉将韩信所控制。汉三年(公元前204年),"汉王遣将军韩信击,大破之,虏(魏王)豹。遂定魏地,置三郡,曰河东、太原、上党……令张耳与韩信遂东下井陉击赵,斩陈馀、赵王歇……。"⑤但是由于北方匈奴的不断南下侵扰,太原郡很不安宁,晋阳很快又成为汉人抵御匈奴的重要前沿。为此,刘邦建立汉朝以后,在重新划定天下郡国的过程中,选择强将猛兵驻屯晋阳。《汉书·高帝纪下》:"六年十二月……以太原郡三十一县为韩国,徙韩王信都晋阳……。"《史记·韩信卢绾列传》:"上以韩信材武,所王北近巩、洛,南迫宛、叶,东有淮阳,皆天下劲兵处,乃诏徙韩王信

---

① 陈晓捷、周晓陆:《新见秦封泥五十例考略》,《碑林集刊》(十一),陕西人民美术出版社,2005年,第315页。
② 后晓荣:《秦代政区地理》,社会科学文献出版社,2009年,第322～329页。
③ 何慕:《秦代政区研究》,复旦大学博士学位论文,2009年,第36页。
④ 葛承雍:《秦国嫪毐为匈奴人的推测》,《历史学家茶座》2006年第3期。
⑤ 《史记·高祖本纪》。

王太原以北，备御胡，都晋阳。信上书曰：'国被边，匈奴数入，晋阳去塞远，请治马邑'。上许之，信乃徙治马邑……。"

韩王信先是以晋阳为治所，抵御匈奴，后迁至马邑，但是由于抵御不力，韩王信恐受到刘邦的惩治，竟然叛降匈奴，并与匈奴一道侵袭今晋北地区。匈奴还一度长驱直入，兵临晋阳城下。《史记·韩信卢绾列传》："匈奴仗左右贤王将万余骑与王黄等屯广武以南，至晋阳，与汉兵战，汉大破之，追至离石，复破之……。"《史记·绛侯周勃世家》也有记载："以将军从高帝击反韩王信于代，降下霍人。以前至武泉，击胡骑，破之武泉北。转攻韩信军铜鞮，破之。还，降太原六城。击韩信胡骑晋阳下，破之，下晋阳。后击韩信军于硰石，破之，追北八十里……。"匈奴的不断侵袭，严重影响了汉王朝边疆的稳定以及山西境内的行政管理。因此，刘邦在即位之初，就试图平定匈奴。他曾一度亲临晋阳，进行讨击匈奴的军事部署。《史记·韩信卢绾列传》："匈奴复聚兵娄烦西北，汉令车骑击破匈奴。匈奴常败走，闻冒顿居代谷，高皇帝居晋阳，使人视冒顿，还报曰：'可击'。上遂至平城……。"可见刘邦一度在晋阳驻停，指挥与匈奴的相关战役。

经过"白登之围"，刘邦认识到击破匈奴并非一时一地可以完成，以当时汉王朝的国力，抗击匈奴必将是一场持久战。因此，为了巩固边防，刘邦在"白登之围"之后，即封其次兄刘喜（亦名刘仲）为代王[①]。后刘邦改封刘如意为代王[②]，安排陈豨任代相，"以赵相国将监赵、代边兵，边兵皆属焉……。"[③]然而不久，陈豨反，刘邦亲征，方平定其乱。实际上代王刘如意虽受封，但并未就国。《汉书·张陈王周传》："今戚夫人日夜侍御，赵王常居前……。"即为其证。在代地军事重要性日益突出的情况下，刘邦认识到，必须安排汉室宗族就国，亲自镇边。《史记·高祖本纪》："诏曰：'代地居常山之北，与夷狄边，赵乃从山南有之，远，数有胡寇，难以为国。颇取山南太原之地益属代，代之云中以西为云中郡，则代受边寇益少矣。王相国、通侯、吏二千石择可立为代王者。'燕王绾、相国何等三十三人皆曰：'子恒贤知温良，请立以为代王，都晋阳'……。"

刘恒于汉高祖十一年受封为代王，都晋阳，担负起守卫边疆的重任。刘恒即代王位之初，年仅六岁，居晋阳十七年。在刘恒治代的这段时间内，代国的治理区域没有发生太大的变化，即实有代郡、定襄、雁门、太原四郡[④]。在惠帝、吕后执政时期，代国基本上未受到过多的政治冲击，保持了相对平稳的发展态势。吕后也曾欲徙刘恒赴

---

① 张庆捷：《汉初代王刘仲分封时间考》，《文献》1992年第2期。
② 《汉书·高帝纪下》。
③ 《史记·韩信卢绾列传》。
④ 周振鹤：《西汉政区地理》，人民出版社，1987年，第63页。

赵。但在此之前，赵王刘友被"幽禁饿死"，赵恭王刘恢自杀，刘恒充分认识到吕后铲除刘氏诸王的手段，因此"代王谢，愿守代边……。"①《史记会注考证》引清人茅坤语："文帝不敢赴赵，使有畏吕后而自远之识……。"也有学者认为，"欲徙刘恒赴赵"并不是吕后的本意，实际上，吕后是要立吕氏宗族之人吕禄为赵王②。但是，无论出于何种原因，刘恒幸运地躲过了这场危机。

在"白登之围"以后，汉王朝采取了与匈奴和亲的羁縻政策，在张武、宋昌等人的积极辅佐下，代地保持了较为和平的局面，没有与匈奴发生大规模的军事冲突。在代王刘恒身边，有宋昌这类曾经跟随刘邦参加过楚汉之争的老臣，宋昌老成持重，在其辅佐下，代地虽然没有太大的发展，但是也保持着休养生息的状态。刘恒登基以后，晋阳的政治地位有所提高。文帝二年（公元前178年），以代国南部原太原郡之地，置太原国，"立子武为代王，立子参为太原王……。"③此时的晋阳改隶太原国，并成为太原国的治所。汉文帝三年（公元前177年），又并代、太原二国为代国，"徙代王为淮阳王。以代尽与太原王，号曰代王……。"④同年，文帝"自甘泉之高奴，因幸太原……。"汉文帝这次到晋阳"见故群臣，皆赐之。举功行赏，诸民里赐牛酒，复晋阳、中都民三岁。留游太原十余日……。"⑤汉景帝时期，代国辖区大大缩小，代国只有太原一郡，定襄、雁门、代郡皆由中央政府直管，汉中央政府的集权进一步加强。《史记·诸侯王年表》："元鼎四年，代王徙清河，代国除为太原郡……。"此时的太原郡辖二十一县。

元封五年（公元前106年），汉武帝分全国为十三州，设刺史部，以监察郡国。其中并州刺史部下辖九郡，刺史部设晋阳，是故晋阳又称并州。王莽始建国元年（9年），分并州刺史部北地，置朔方刺史部。东汉建武元年（25年），太原郡的辖区较西汉时期有所缩减，所辖县由二十一县减为十六县，即晋阳、榆次、阳曲、狼孟、盂县、大陵、平陶、京陵、兹氏、界休、邬县、中都、祁县、阳邑、虑虒、于离⑥。整个太原郡北至今山西定襄以北，西北至神池、宁武以南，西南至霍县、安泽以北，南至祁县、平遥、太谷一带。建武二年（26年），汉光武帝"立（縯）长子章为太原王，兴为鲁王，十一年，徙章为齐王……。"⑦而《后汉书·光武帝纪》则与上述所载有异："（十三年

---

① 《史记·吕太后本纪》。
② 宋超：《汉文帝与代臣——兼论昌邑王刘贺与昌邑臣》，《晋阳学刊》2006年第6期。
③ 《史记·孝文本纪》。
④ 《史记·梁孝王世家》。
⑤ 《史记·孝文本纪》。
⑥ 《后汉书·郡国志五》。
⑦ 《后汉书·齐武王传》。

二月）丁巳，降赵王良为赵公，太原王章为齐公……。"二者关于太原王刘章在位年份的记述有两年差异。有学者认为，太原王章当在建武十一年徙为齐王，十三年由齐王又降为齐公①。然而并无明确的证据。我们在这里只能根据文献记载初步断定，在汉光武帝建武十一至十三年左右，太原国除为太原郡，由中央直接管理，并一直延续到汉末。

第二节　秦汉时期晋阳城探微

一、史料中的秦汉时期晋阳城

史料中关于秦汉时期晋阳城的信息很少，勉强有些帮助的信息集中于东汉末年：《后汉书·安帝纪》："延光元年（122年）……冬十月，鲜卑寇雁门、定襄。十一月，鲜卑寇太原……。"《后汉书·灵帝纪》："建宁二年（169年）……十一月，鲜卑寇并州……。""建宁四年（171年）……冬，鲜卑寇并州……。"《后汉书·灵帝纪》中还有熹平元年（172年）、熹平二年、熹平三年，鲜卑寇并州；"中平五年（188年），三月，休屠各胡攻杀并州刺史张懿……"等记载。此外，史料中亦有"中平五年（188年），二月，黄巾余贼郭太等起于西河白波谷，寇太原、河东……"②等记载。东汉晚期频繁的战争，造成并州地区府帑虚匮及百姓生活的困苦："延光元年冬，复寇雁门、定襄，遂攻太原，掠杀百姓……。"③"延光元年，并、凉二州羌戎叛戾，加以百姓不足，府帑虚匮……。"④"初，灵帝末，黄巾余党郭太等复起西河白波谷，转寇太原，遂破河东，百姓流转三辅……。"⑤"后鲜卑大人轲比能复制御群狄，尽收匈奴故地，自云中、五原以东抵辽水，皆为鲜卑庭。数犯塞寇边，幽、并苦之……。"⑥而"（建安）十四年（公元209年）……督徐晃击太原贼，攻下二十余屯，斩贼帅商曜，屠其城……。"⑦"十五年，讨太原反者，围大陵（故址位于今山西交城县、文水县一带），拔之，斩贼帅商曜"⑧等更是将战争的残酷记载于史料之中。因此，在东汉末年，晋阳地区陷入"百姓不足""百姓流转三辅"甚至被"屠其城"的境地，此时的晋阳城可能会有修葺损坏城址的行为，但大规模的筑城可能性不大。

---

① 李晓杰：《东汉政区地理》，山东教育出版社，1999年，第125页。
② 《后汉书·灵帝纪》。
③ 《后汉书·乌桓鲜卑列传》。
④ 《资治通鉴》卷五十。
⑤ 《后汉书·董卓传》。
⑥ 《三国志·乌丸鲜卑东夷传》。
⑦ 《三国志·夏侯渊传》。
⑧ 《三国志·徐晃传》。

此外，在一些地理类书籍的记载中，也有晋阳城的零星线索："（汾水）东南过晋阳县东，晋水从县南，东流注之。太原郡治晋阳城，秦庄襄王三年立……《魏土地记》曰'城东有汾水南流'……。"① "滹沱水出晋阳城南，而西至阳曲县北，而东注渤海……。"② "晋水在城西南。源出悬瓮山。昔知伯遏晋水以灌之晋阳，因分为二流，北渎即知氏故渠也。其渎乘高东北注入晋阳城，周围灌溉，东南出城，流注于汾。其南渎经城南，亦注于汾……。"③ 当然，上述记载，只是对晋阳城位置的叙述。

二、考古资料中的秦汉时期晋阳文化遗存

太原地区秦汉时期晋阳文化遗存发现较多，相关遗存主要分布在晋源区古城营村一带的晋阳古城遗址区域和今太原市区周边区域，考古资料如下（图二）。

（一）晋阳古城遗址区域秦汉时期文化遗存的考古资料

1. 夯土遗存

已知晋阳古城西城墙位于晋源区罗城街办罗城村东南罗城高速收费站至晋源区晋源街办南城角城之间，南北总长共3750米，东西宽18~20米，深0.4~2.85米，方向18°。多埋藏在地表下0.5~1.5米处④。

我们分别在晋阳古城西北城角、西城墙第二豁口、康培苗圃发掘点对晋阳古城西城墙进行试掘，根据试掘结果，基本确认晋阳古城西城墙主体为汉晋时期遗存，综述如下。

西北城角发掘点，位于罗城村东南、罗城高速收费站旁。2002年，晋阳古城考古队对西北城角进行发掘，探方编号01TJIT101⑤，西北角坐标为东经112°28′10″，北纬37°44′33.2″。通过发掘得知，此处城角采用版筑方法，夯层厚0.07~0.1米，夯窝直径0.025米。夯层下文化层厚达2.5米，可分为11层，每层厚度0.1~0.3米。主体城墙之外有修补城墙，主体城墙内包含有绳纹瓦、豆、盘等战、汉遗物；修补城墙内包含有白瓷碗底、绳纹砖等。从包含物分析，此段城墙年代始建于汉晋之间，唐代有修补⑥。

---

① 《水经注》卷六《汾水》。
② 《山海经》卷十三《海内东经》。
③ 《水经注》。
④ 太原市文物考古研究所：《晋阳古城遗址2002~2010年考古工作简报》，《文物世界》2014年第5期。
⑤ 2002年的发掘是在2001年发掘基础上的继续。2001年发掘时，在发掘工地西南角设基点，此探方为发掘区西北角，探方号应为T141。
⑥ 太原市文物考古研究所：《晋阳古城遗址2002~2010年考古工作简报》，《文物世界》2014年第5期。

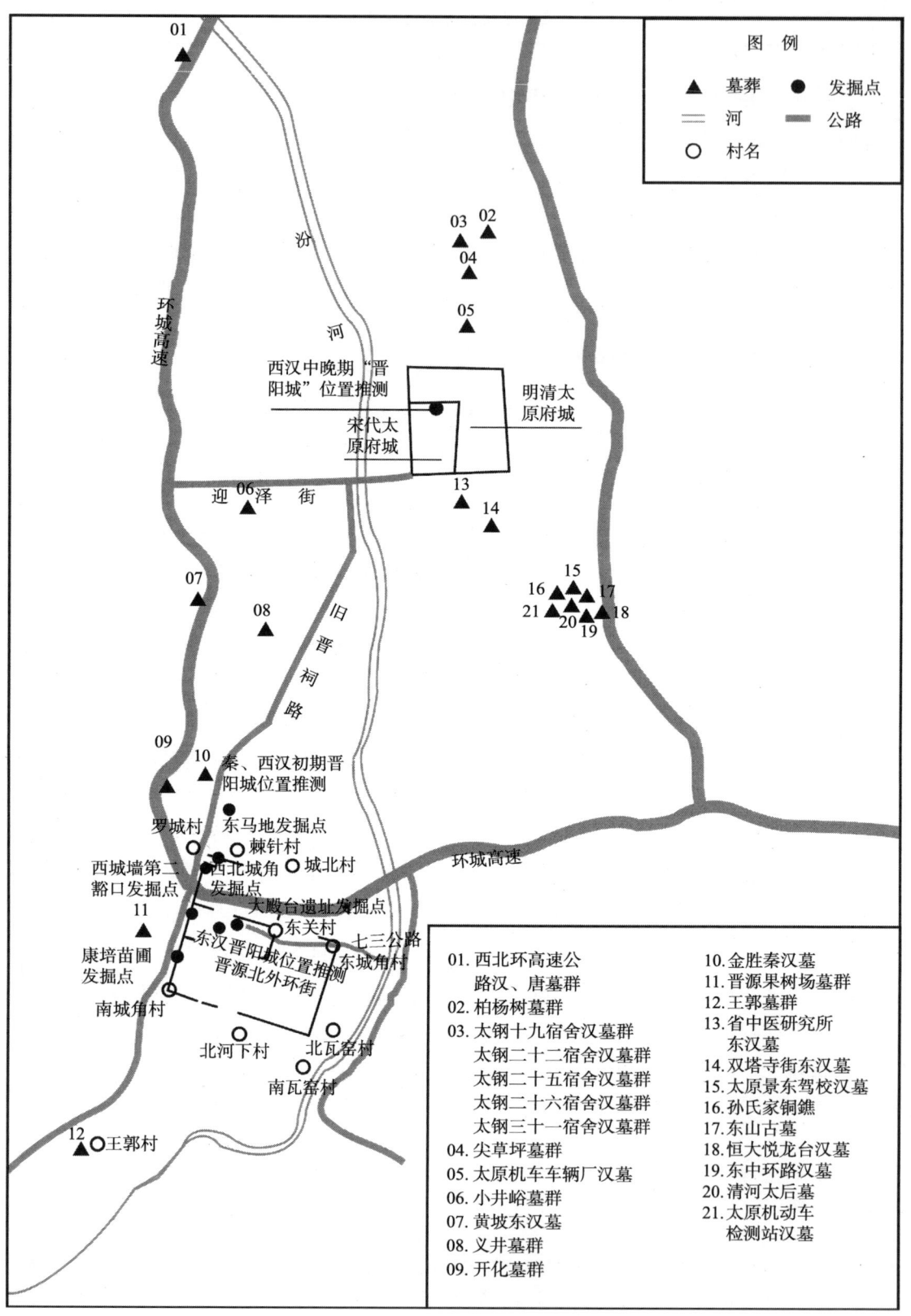

图二　秦汉时期晋阳文化遗存及晋阳城位置示意图

西城墙第二豁口发掘点，位于古城营村西侧、北距七三公路约 500 米（西城墙第二豁口解剖点，位于古城营村西侧 1500 米，现地表残存 600 米城墙南端北侧 150 米的豁口），坐标为东经 112°28′10″，北纬 37°44′22″。"考古发掘从 2005 年至 2009 年，断断续续，历时 4 年。通过对此发掘点西城墙的解剖和发掘，发现了城墙两次大的营建过程和历代修补痕迹。第一次营建，时代当东周；第二次营建……夯筑时代最早为北朝时期……。"①虽然该文中未提及文中剖面图中"被北朝时期夯土叠压；又叠压东周时期夯土的 A 区、B 区、H 区、J 区及其东侧夯土的营建年代"，但是按照叠压打破关系分析，这些夯土中可能有汉代夯土遗存。

康培苗圃发掘点，发掘点位于康培苗圃西北角、南距南城角村（暂定为晋阳古城西南城角，下同）处城角约 1100 米。2013 年发掘。夯土分为 7 个部分，其中夯 1：剖面呈梯形，红褐色黏土，较致密，硬度较大。残宽 4.4 米、厚 2.4 米。厚层明显，19 层，厚 8~18 厘米，夯窝不明显。夯 1 较为纯净，包含物较少，有少量陶片、瓦片，主要为粗直绳纹面布纹理、浅细绳纹面布纹理的薄板瓦片。该夯土的夯筑时代不晚于汉代，为城墙的原筑夯土②。

夯土遗存（该夯土仅是勘探中发现，未确定其年代，但是笔者推测该夯土与东汉时期城址有关，故在此记录之），位于西城墙东侧 2500 米区域，南过境高速公路到晋源北外环街之间，南北长约 2000 米，东西宽 18 米左右③。

2. 地层堆积

大殿台遗址发掘点，位于古城营村大殿台、西距西城墙约 1400 米。2013 年发掘，共布设 3 条探沟，其中 G2 第 9 层为汉晋堆积层：分布于探沟的东部，浅黄色土，土质较硬，比较干净，出土有细绳纹罐残片、豆柄、加砂灰陶鬲足等。其下是沙土层，未向下发掘，距地表深 2.21~2.63 米，厚 0.14~0.3 米④。

康培苗圃发掘点，位于康培苗圃西北角、南距南城角村处城角约 1100 米。2013 年发掘。新发现城墙东西两侧地层第 7 层为汉代文化层：黄褐色砂土，较疏松，包含较

---

① 太原市文物考古研究所：《晋阳古城遗址 2002~2010 年考古工作简报》，《文物世界》2014 年第 5 期。
② 晋阳古城考古队：《晋阳古城新发现城墙解剖》，《文物世界》2014 年第 5 期。
③ 笔者在《晋阳涅槃、沧桑重现——晋阳古城城池遗址的考古调查》一文中，介绍"此南北向夯土位于晋阳古城西城墙东 2200 米"，文中数值是单位测量人士提供的，此数值可能有误；2500 米的数值是笔者按照"点线之间垂直距离最短"的原理，在地图上测量"东关村口至大运高速公路东侧南北向乡路之间最短距离"得出的结论。此外，该文中的配图是单位统一编辑，其中介绍晋阳城夯土遗存的图版前后不一，"晋阳古城现存遗迹示意图"中的北外环街南侧南北向夯土是工作人员的想象，实际勘探中并未发现；西城墙第一豁口发掘点的线图有一线段也有明显错误。
④ 晋阳古城考古队：《晋阳古城大殿台遗址试掘简报》，《文物世界》2014 年第 5 期。

多乱石块、绳纹瓦片等。距地表深 3.55～3.75 米[①]。

3. 墓葬遗存

王郭墓群，位于晋源区晋祠镇王郭村南侧，北距南城角村约 5.5 千米。面积约 3 平方千米。2001 年发掘墓葬 40 余座，其中东汉墓 15 座。东汉墓皆为砖砌，分双室墓与双室双耳室墓两种，多坐北向南。出土有陶仓、灶、井、罐及铜镜、钱币等[②]。

晋源果树场墓群，位于晋源区乱石滩，东距晋阳古城西城墙约 1 千米。2001 年发掘，汉墓分为土坑竖穴和砖室两种，砖室墓坐北朝南，分为双室墓和双室带耳室墓，出土有陶罐、灶、井等；土坑竖穴墓平面呈长方形[③]，其中，M1 出土有铜车马模型器 5 辆；M2 出土青铜鉴、鼎、甑、壶、镇、剑、弩机、灯、博山炉等；M4 出土铜车马器模型、灶、钵、壶、勺、剑、弩机等[④]。

金胜秦汉墓，位于晋源区金胜镇金胜村，南距罗城高速收费站约 3 千米。秦墓为土坑竖穴，仰身直肢葬，有棺、椁痕迹，出土有陶蒜头壶等；汉墓分为土洞和砖室两种，砖室墓规格较大者，由墓道、甬道、前室、中室、后室三室（或前、后两室）及耳室（或偏室）等组成。出土有陶质彩绘生活用具及陶灶、楼等明器。其中 9 号墓为东汉墓，1959 年发掘，为砖砌单室墓。坐北朝南，墓室平面呈长方形，长 4 米，宽 1.47 米，高 1.6 米，船篷式顶。出土有陶罐、井、灶，铜铃、车马器及大泉五十钱币等[⑤]。

开化墓群，位于晋源区罗城街办开化村，南距罗城高速收费站约 1.5 千米。清理墓葬 69 座，其中汉墓 25 座，分为土坑墓和土洞墓两种。土坑墓 18 座，分为土坑有椁墓和土坑无椁墓两类。土坑墓平面呈长方形，出土陶罐等遗物，此类墓葬年代应为西汉早期。土洞墓由斜坡墓道、墓室组成。皆有木椁，形制有方形木板木椁和半圆木或圆木木椁两种，出土陶罐、陶灶、漆耳杯等遗物，此类墓葬年代应为王莽前后[⑥]。

义井墓群，位于晋源区义井街办义井村，东南距罗城高速收费站约 7 千米、义井城址东北约 1 千米。面积不详。1956 年发掘汉墓 8 座。汉墓有土洞、砖室、土坑竖穴等几种。砖室墓为有斜坡式墓道的双室墓。出土有陶壶、罐、灶、井、奁、耳杯、博

---

① 晋阳古城考古队：《晋阳古城新发现城墙解剖》，《文物世界》2014 年第 5 期。
② 国家文物局：《中国文物地图集·山西分册·中》，中国地图出版社，2006 年，第 22 页。
③ 太原市文物考古研究所内部资料。
④ 左正华：《从考古资料看西汉时期太原手工业发展情况》，《文物世界》2008 年第 6 期。
⑤ 国家文物局：《中国文物地图集·山西分册·中》，中国地图出版社，2006 年，第 22 页。
⑥ 山西省考古研究所、山西大学历史文化学院、太原市文物考古研究所、太原市晋源区文物旅游局：《山西太原开化墓群 2012～2013 年发掘简报》，《文物》2015 年第 12 期。

山炉、动物俑、铜镜及小件装饰品,另有五铢、小泉直一等钱币[①]。

黄坡东汉墓,位于万柏林区小井峪乡黄坡村,南距罗城高速收费站约 7.5 千米、义井城址北约 1 千米。1956 年清理砖砌双室墓 1 座,坐北朝南,由墓道、甬道、方形前室和长方形后室组成。出土有陶盆、仓、案、奁、盘、耳杯、勺以及铜环首刀、长方形小石片等[②]。

小井峪墓群,位于万柏林区小井峪乡小井峪村,南距罗城高速收费站约 10 千米、义井城址北约 4.5 千米。面积不详。从 1956 年发现到 1984 年,曾多次发掘,墓葬总计 250 余座。春秋墓近百座……。汉墓分为土坑竖穴、土洞、砖室墓 3 种,出土有陶壶、罐、盆、灶和五铢钱等[③]。

(二)今太原市周边秦汉时期文化遗存的考古资料

据史料,今太原市区北至北大街、东至建设路、南至迎泽街、西至新建路的区域建设有"明清太原府城",该城叠压在"宋代太原府城"之上。在"明清太原府城"北部,发现有大量汉墓。据不完全统计,计有上千座,上述汉墓,多为中、小型墓。

柏杨树墓群,位于杏花岭区中涧河乡柏杨树村,南距北大街(明清太原府城北城墙,下同)约 3.5 千米。面积不详。20 世纪 50 年代以来,该地已陆续发现汉墓数百座。1983 年发掘墓葬 2 座。均长方形土圹竖穴,有木椁。一座墓口长 7.3 米、宽 5 米、深 8 米,有生土二层台,上置木棺椁,内有人骨 1 具,仰身直肢;另一座墓口长 7.2 米、宽 3.4 米,深 7.3 米,无二层台,有木棺椁,人骨已朽。出土有铜炉、鼎、釜、勺、灯五铢钱,陶壶、灶,玉猪及漆器残片。该墓群时代主要是西汉、东汉墓很少[④]。

尖草坪墓群,位于太原钢铁公司宿舍区,南距北大街约 3 千米。面积不详,多年来,我们在配合该单位的太钢 19 宿舍、太钢 22 宿舍、太钢 25 宿舍、太钢 26 宿舍、太钢 31 宿舍等建设项目中,抢救性发掘汉墓逾百座。汉墓有土洞、土坑竖穴两种。出土有陶壶、罐、灶等[⑤]。

太原机车车辆厂汉墓,南距北大街约 1 千米,1993 年发掘。

省中医研究所东汉墓,北距迎泽街(明清太原府城南城墙)约 1 千米,1988 年发掘。

双塔寺街东汉墓,位于山西日报社院内,北距迎泽街(明清太原府城南城墙)约

[①] 国家文物局:《中国文物地图集·山西分册·中》,中国地图出版社,2006 年,第 22 页。
[②] 国家文物局:《中国文物地图集·山西分册·中》,中国地图出版社,2006 年,第 19 页。
[③] 国家文物局:《中国文物地图集·山西分册·中》,中国地图出版社,2006 年,第 18 页。
[④] 国家文物局:《中国文物地图集·山西分册·中》,中国地图出版社,2006 年,第 1 页;山西省博物馆:《太原市尖草坪汉墓》,《考古》1985 年第 6 期。
[⑤] 太原市文物考古研究所内部资料。

1.2 千米。2002 年清理砖砌多室墓 1 座，坐北朝南，由墓道、甬道、前室、后室及左、右耳室等组成。通长 7.1 米，宽 6.4 米，残高 1.2~1.5 米。出土有陶罐、碗、盘及铜镜、五铢钱等[①]。

东山古墓，位于迎泽区郝庄街办店坡村西侧约 700 米处，西北距太原火车站（明清太原府城东南角附近，下同）约 4 千米；西南距黄陵村约 5 千米。2013 年，在配合东中环路建设中，勘探发现两座"中"字形大型墓葬：M1 由东西墓道、墓室组成：墓室南北宽 33.7 米、东西长 37.9 米、深 18 米到墓室椁顶；东墓道东西长 84.5 米、宽 3~21.5 米、深 0~17.4 米；西墓道东西长 39 米、宽 4~19.5 米、深 0~15 米。M2 亦由东西墓道、墓室组成：墓室南北宽 39 米、东西长 39 米、深 20.7 米到椁室顶部；东墓道长 72 米、宽 3~22.5 米、深 0~20 米；西墓道东西长 39 米、宽 3~21 米、深 0~19 米。在考古勘探中，发现墓室椁顶部分有木炭、朽木等包含物。根据墓葬形制、结构，结合考古资料，专家考证这两座墓葬可能是西汉中期偏早、诸侯王级的墓葬。根据勘探、发掘成果，在 M1 北侧、M2 南侧、M1 西侧的太原景东驾校还有些许残存夯土墙，可能是东山古墓陵墙。此外，在 M1、M2 中间，还发掘"井"型遗存 1 口。"井"直径 1.03 米、深 37.8 米。出土大量汉代板瓦、筒瓦和少量"云纹"瓦当、"宫"字款瓦当等。但"井"型遗存底部没有发现与取水相关的遗存，其性质和用途有待进一步考证[②]。

清河太后墓，位于迎泽区郝庄镇东太堡村，西北距太原火车站（明清太原府城东南角附近）约 4 千米、东北距东山古墓 M1 约 0.5 千米。1961 年清理，为土洞多室墓，坐北朝南，仅存 1 耳室的后部，出土有铜钟、鼎、钫、盆、镜、剑、洗、勺、筒形器、博山炉、钱币，封泥等 10 余件。同年 8 月同一地点又出土钟、鼎、鉴、盆、剑、博山炉、马蹄金等 40 余件文物和重达 21 千克的"半两"铜钱。出土文物 3 号钟腹刻铭文"清河大后中府钟容五斗重十七斤第六"，1 号铜钟刻铭"代食官槽钟容十斗第十"，铜钫刻铭"晋阳容六斗五升重廿斤九两"。根据上述刻铭可知，墓主为西汉武帝至昭帝间清河太后[③]。

孙氏家铜鐎，位于迎泽区郝庄镇东太堡村，西北距太原火车站（明清太原府城东南角附近）约 4 千米、东距东山古墓约 0.5 千米。1967 年，在距清河太后铭文器出土点不远的地方，出土一件西汉武帝时期铭文铜鐎[④]。

---

① 国家文物局：《中国文物地图集·山西分册·中》，中国地图出版社，2006 年，第 8 页。
② 太原市文物考古研究所内部资料。
③ 国家文物局：《中国文物地图集·山西分册·中》，中国地图出版社，2006 年，第 8 页。
④ 戴尊德：《太原东太堡发现西汉孙氏家铜鐎》，《考古》1982 年第 5 期。

太原机动车检测站汉墓，位于迎泽区郝庄镇东太堡村，西北距太原火车站（明清太原府城东南角附近）约 4.5 千米、北距东山古墓 M1 约 0.2 千米。1992 年发掘汉代多室砖墓数座，出土陶罐、陶壶等遗物，其中，检测站东部发现的夯土遗迹与东山古墓 M2 西墓道重合[①]。

东中环路汉墓，位于迎泽区郝庄镇店坡村西侧，西北距太原火车站（明清太原府城东南角附近）约 5 千米、北距东山古墓 M2 约 0.1 千米。2013 年发掘汉代砖室墓 7 座。墓葬由斜坡墓道、砖砌墓室组成，墓葬有坐南朝北，也有坐北朝南，有的墓室附带东西耳室。该汉墓群砖壁仅残高 0.5～1.3 米，器物残破严重。出土陶罐、陶井、陶盘、陶灶、陶牲等遗物[②]。

恒大悦龙台汉墓，位于迎泽区郝庄镇店坡村西侧，西北距太原火车站（明清太原府城东南角附近）约 5 千米、西北距东山古墓 M1 约 0.15 千米。2017 年发掘汉墓 10 余座。其中，M6 东西向，出土完整木椁，已知文物有青铜灯盏、"半两"铜钱等。根据墓葬型制、出土遗物，推断 M6 为西汉中期墓葬。此外，该墓地其他 10 余座为坐南朝北土洞墓及 1 座多室砖室墓[③]。

太原景东驾校汉墓，位于东山古墓西北 300 米处。墓葬为土坑竖穴墓，东西向，东西长 4 米、南北宽 3 米、深 5.7 米[④]。

万柏林墓群，位于兴华街西口，汾河以西。1955 年清理，其中汉墓 2 座，均为砖砌墓，坐北朝南，穹隆顶，单室、双室各一座。墓室平面呈弧边方形或方形。出土有陶灶、罐、碗、盆、桶和铜镜等[⑤]。

移民新村汉、明清墓群，位于尖草坪区，2003 年发掘。

西北环高速公路汉、唐墓群，位于尖草坪区呼延村，2003 年发掘。

三、秦汉时期晋阳城研究

有关秦汉时期晋阳城的考古发现，目前还比较少。秦汉时期晋阳城城垣长、宽、周长，文献没有具体记载。因此，欲探讨秦汉时期的晋阳城城址，需在全面把握同时期文献资料的基础上，结合相关考古材料进行综合研究，这样方可得出相对可靠的结论。笔者认为：秦汉时期的晋阳城，其位置与规模并不是一成不变的，根据相关线索，可将秦汉时期晋阳城分为秦—西汉初期晋阳城、西汉中晚期晋阳城、东汉时期晋

---

① 太原市文物考古研究所内部资料。
② 太原市文物考古研究所内部资料。
③ 太原市文物考古研究所内部资料。
④ 东山古墓周边区域考古调查资料。
⑤ 国家文物局：《中国文物地图集·山西分册·中》，中国地图出版社，2006 年，第 18 页。

阳城三部分。

（一）秦—西汉初期晋阳城

战国末年残酷的统一战争中，"攻城以战，杀人盈城……。"许多城市毁于战火而一蹶不振；蒙骜二次攻占晋阳城，进一步说明统一战争的激烈："庄襄王二年（公元前248年），使蒙骜攻赵，定太原……三年，初置太原郡。魏将无忌率五国兵击秦，秦却于河外。蒙骜败，解而去……。"①"晋阳反，元年（公元前246年），将军蒙骜击定之……。"②特别是"蒙骜败，解而去……"以及"晋阳反，蒙骜击定之……"之后，蒙骜对晋阳地区采取什么样的报复行为，我们不得而知。不过，此阶段晋阳城受到战火波及是显而易见的。

秦统一全国后，为了打击六国残余势力，"（秦始皇）二十六年，徙天下豪富於咸阳十二万户……。""三十二年，坏城郭，决通隄防……。""堕坏城郭，决通川防，夷去险阻……。"③"夫天下为一家，毁郡县城，铄其兵，视天下弗复用……。"④在上述政策的影响下，先秦时期的大都名城大量衰落。秦至西汉初期，战乱频繁，今山西境内动荡不已，各方势力相互争夺，加上北方匈奴频繁南下，原有的晋阳城应当再次受到一定程度的破坏。

虽然西汉初年汉高祖刘邦"六年冬十月，令天下县邑城……。"⑤但是汉中央政府初定，人口大量流失、财政经济捉襟见肘，"汉兴，接秦之敝，诸侯并起，民失作业而大饥馑。凡米石五千，人相食，死者过半……天下既定，民亡盖臧，自天子不能具醇驷，而将相或乘牛车。上于是约法省禁，轻田租，十五而税一……。"⑥在这种情况下，对残破城址进行大规模的建设当勉为其难。因此，西汉初期晋阳城即便有建设，应当也只是对原有城址残破区域进行简单修葺。秦到汉初，战火纷飞，人口当大量流失，推测此时晋阳城的规模可能较战国时期晋阳城址有所缩小，推测其面积可能小于5平方千米。

（二）西汉中晚期晋阳城

汉高祖十一年（公元前194年），刘恒受封为代王，都晋阳；文帝二年（公元前

---

① 《史记·秦本纪》。
② 《史记·秦始皇本纪》。
③ 《史记·秦始皇本纪》。
④ 《史记·刘敬叔孙通列传》。
⑤ 《汉书·高帝纪》。
⑥ 《汉书·食货志》。

178年），置太原国，"立子参为太原王……。"晋阳进入诸侯国时代。随着西汉初年的休养生息，综合国力显著增强，此时，大规模地营建诸侯国国都已成为可能，但是，此时太原国（代国）国都营建在何处？

笔者对太原地区西汉时期墓葬考古发掘资料进行分类统计：西汉时期中、小型墓葬比较集中地埋藏在今太原市区北侧尖草坪、柏杨树一带，据不完全统计，该区域已发掘西汉时期中、小型墓葬上千座；西汉时期诸侯王墓葬埋藏于今太原市区东南侧东太堡村、店坡村一带；较大型的西汉时期墓葬埋藏于晋源区罗城村、古城营村一带晋阳城西侧的乱石滩；少量西汉早期墓埋藏于开化墓群，太原地区其他区域也许有零星西汉时期墓葬，但是，都不具备规模。

按照"同时期中、小型墓葬周围有同时期城址"的经验，笔者认为，大量埋藏西汉时期中、小型墓葬的尖草坪、柏杨树周边，必定建设有同时期的城址。考虑到今太原市区范围内曾经建设有明清太原府城、宋太原府城，我们是否可以大胆推测，西汉中晚期"晋阳城"（此城可能是代国、太原国的国都及西汉后期太原郡治所在地）的位置就在今太原市区范围内？这样今太原市区北侧3千米埋藏有大量西汉时期中、小型墓；今太原市区东南侧4千米埋藏有东山古墓（同时期诸侯王墓葬）就顺理成章了。至于晋源区古城营、罗城一带晋阳城西侧乱石滩埋藏有较大型的西汉时期墓葬，其墓主人生前很有可能居住在已成为西汉时期晋阳县治所的原晋阳城区域。当然，西汉中晚期代国、太原国国都迁移到今太原市区范围内的原因：可能是原城址残破，也可能是统治者出于某种政治考量（北宋初年火焚水灌晋阳城后，在唐明镇建宋太原府城），还可能是某种自然原因（"洪武四年，太原古城修建晋府宫殿，木架已具，一夕大风尽颓，遂移建于府城"）等，西汉中期晋阳城迁移的具体原因已不可考。

关于西汉中晚期太原国（代国）国都及太原郡的规模，史料无载，我们只能参照其他同级别城址做一简单推测。

目前考古发现的秦汉郡国城址有30余处，其中黄河中下游地区发现的郡国城址有：陕西省高陵左冯翊故城、河南省武涉东张村古城（河内郡）、禹州阳翟故城（颍川郡）、平舆古城村古城（汝南郡）、南阳宛城（南阳郡）、开封陈留故城（陈留国、郡）、山西夏县禹王城（河东郡）、山东巨野昌邑故城（山阳郡）、郯城郯国故城（东海郡）、诸城古城子村古城（琅琊郡）、昌乐古城村古城（北海郡）、章丘东平陵城（济南郡、国）、河北元氏古城村古城（常山郡、国）、临漳邺北城（魏郡）；河南商丘睢阳故城（梁国）；河北邯郸大北城（赵国）、献县乐成故城（河间国）、山东临淄齐国故城（齐国）、曲阜鲁国故城汉城、莒县城关古城（城阳国）、长清卢县故城（济北国）、平度即墨故城（胶东国）、寿光剧县故城（西汉淄川国)、东平须城村古城(东平国)、高密城阴城(高密国);江苏泗阳凌城故城(泗水国)、扬州蜀岗古城(广陵国)[①]。长江中下游地区发现的郡国城址主要有:安徽寿县寿春故城(九江郡)、荆州郢城(南郡治郢县)、鼎城索县故城(武陵郡)、云梦楚王城(江夏郡)、湖南长沙楚城(长沙国)[②]。北方长城沿线地带发现的郡国城址有:内蒙古包尔陶勒盖古城(朔方郡)、包头麻池古城(五原郡)、托克托县古城村古城(云中郡)、和林县土城子古城(定襄郡)、杭锦旗霍洛柴登古城(西河郡)、辽宁宁城县黑城外罗城古城(右北平郡)、朝阳召都巴古城(西汉辽西郡)、新宾县永陵镇汉代城址(汉玄菟郡)、河北怀来大古城(上谷郡)等[③]。由于两汉郡国并行,部分城址时为诸侯国国都,时为郡治所在地,或两者兼而有之,下面以表格形式对各郡国城址进行统计(表一)。

根据表一,我们可以得出以下结论:①黄河中下游地区郡国城址要大于其他地区郡国城址;②由东周诸侯国都城演化而来的西汉郡国城址普遍规模较大,多数在10平方千米以上[④];③大型诸侯国拆分后形成小诸侯国的国都规模在3平方千米左右[⑤];④政治中心区之外的城址规模不大;⑤北方长城地带城址规模最小,多数小于1平方千米;⑥比较规整的城址多分布于平原地区,不规整的城址多分布于山间河岸地带。

根据前述推论,考虑到西汉时期代国、太原国所在地并非政治、经济中心,且毗邻北方长城地带,结合后世宋代府城"城周一十里二百七十步"[⑥]的史料记载,推测西汉时期"晋阳城"位于今太原市区、面积在3平方千米左右,城址平面呈方形或长方形。

(三)东山古墓略考

2013年,在配合东中环路建设中,我们勘探发现两座西汉时期大型墓葬—东山古墓。根据墓葬形制、结构,结合考古资料,专家考证这两座墓葬可能是西汉中期偏早、诸侯王级的墓葬。参照史料记载,推测东山古墓墓主人可能是代孝王刘参、代共

---

① 中国社会科学院考古研究所:《中国考古学·秦汉卷》,中国社会科学出版社,2010年,第247页。
② 中国社会科学院考古研究所:《中国考古学·秦汉卷》,中国社会科学出版社,2010年,第265页。
③ 中国社会科学院考古研究所:《中国考古学·秦汉卷》,中国社会科学出版社,2010年,第272页。
④ 邯郸赵国故城、临淄齐国故城等城址规模大于10平方千米。
⑤ 《史记·孝文本纪》"(三年)三月,立赵幽王少子辟疆为河间王,以齐巨郡立朱虚侯为城阳王,立东牟侯为济北王,皇子武为代王,子参为太原王,子揖为梁王……";《汉书·文帝纪》"十六年五月,立齐悼惠王子六人,淮南厉王子三人(分齐国为胶西国、胶东国、济北国、济南国、城阳国、淄川国、齐国;分淮南国为淮南国、庐江国、衡山国)……"。
⑥ 《永乐大典》引《太原府志》。

表一 西汉郡国治都城址统计表

区域	城址名称	属性	东西(米)	南北(米)	面积(平方千米)	资料来源	备注
黄河中下游地区	陕西高陵左冯翊故城	左冯翊郡	600	400	0.24	引自陈博：《两汉京畿地区城址研究》，2008年吉林大学硕士论文，第13页	
	禹州阳翟故城	颍川郡	南墙1850	西墙1750	3.2	刘东亚：《阳翟故城的调查》，《中原文物》1991年第2期	周长6.7千米
	南阳宛城	南阳郡	2500	1600	4	李玫：《关于汉代南阳宛城址规模、形制的探讨》，《华中建筑》2010年第2期	大城周长约8200米；小城东西长约700米，南北长约1100米，周长约3600米
	山东巨野昌邑故城	山阳郡	南墙1720	西墙1377		网络	
	郯城郯国故城	东海郡	东墙1370 西墙1260	北墙1260 南墙780		网络	周长4670
	诸城古城子村古城	琅琊郡				引自苟雨骏：《陕北榆林地区汉代城址研究》，2010年西北大学硕士论文，第7页	周三十里
	昌乐古城村古城	北海郡	1100	1100		李玫：《关于汉代南阳宛城址规模、形制的探讨》，《华中建筑》2010年第2期	周长6600米
	河北元氏故城	常山郡、国					
	临漳邺北城	魏郡	2400	1700		引自韦正：《中国中古规整封闭式城市的渊源》，《东北亚古代聚落与城市考古国际学术研讨会论文集》，科学出版社，2014年，第392页	
	山西夏县禹王城	河东郡			大城13；中城6；小城0.75	中国社会科学院考古研究所：《中国考古学秦汉卷》，中国社会科学出版社，2010年，第249~250页	两汉时期遗存主要集中在中城和小城

续表

区域	城址名称	属性	东西(米)	南北(米)	面积(平方千米)	资料来源	备注
黄河中下游地区	章丘东平陵城	济南郡、国	1900	1900	3.6	中国社会科学院考古研究所:《中国考古学秦汉卷》,中国社会科学出版社,2010年,第254页	
	河北邯郸大北城	赵国	最宽3240	最长4880	13.83	中国社会科学院考古研究所:《中国考古学秦汉卷》,中国社会科学出版社,2010年,第251～252页	大北城西北部的温明殿遗址处发现南北长约3000米、东西宽约2000米,总面积约6.4平方千米的城址
	山东临淄齐国故城	齐国	大城4000;小城1400	大城4500;小城2200	20	中国社会科学院考古研究所:《中国考古学秦汉卷》,中国社会科学出版社,2010年,第247页	
	曲阜鲁国故城汉城		2500	1500		中国社会科学院考古研究所:《中国考古学秦汉卷》,中国社会科学出版社,2010年,第253页	
	高密城阴城	高密国	1950	1850米	3.6	中国社会科学院考古研究所:《中国考古学秦汉卷》,中国社会科学出版社,2010年,第255页	
	河南商丘睢阳故城	梁国				引自苟丽骏:《陕北榆林地区汉代城址研究》,2010年西北大学硕士论文,第7页	周长七里
	莒县莒关古城	城阳国	南垣约3000		25	网络	《水经注·沭水》记载"郭周四十许里"
	平度即墨故城	胶东国	东西长约2500	南北约5000		网络	尚遗存城墙千余米,城基宽约40余米

续表

区域	城址名称	属性	东西(米)	南北(米)	面积(平方千米)	资料来源	备注
长江中下游	安徽寿县寿春故城	九江郡			26.35	网络	周长"十三里有奇",实测6650.8米
	鼎城秦县故城	武陵郡	东西400	南北500		网络	内城东西200米,南北480米
	云梦楚王城	江夏郡	最长2050	最宽1200米		中国社会科学院考古研究所:《中国考古学秦汉卷》,中国社会科学出版社,2010年,第265页	
	内蒙古包尔陶勒盖古城	朔方郡	大致为740	大致为560		中国社会科学院考古研究所:《中国考古学秦汉卷》,中国社会科学出版社,2010年,第272页	
	包头麻池古城	五原郡	北城720;南城640	北城690;南城660		中国社会科学院考古研究所:《中国考古学秦汉卷》,中国社会科学出版社,2010年,第273页	北城是汉五原郡郡治,南城是汉五原郡五原县县城
	和林县土城子古城	定襄郡	1550	2250		中国社会科学院考古研究所:《中国考古学秦汉卷》,中国社会科学出版社,2010年,第273页	由北、中、南三城组成,其中,南城是汉定襄郡治所在地
北方长城沿线地带	辽宁宁城县黑城外罗城古城	右北平郡	1800	800		中国社会科学院考古研究所:《中国考古学秦汉卷》,中国社会科学出版社,2010年,第275页	
	杭锦旗霍洛柴登古城	西河郡	东西1446	南北1100		阿荣:《触摸霍洛柴登古城千年的繁华与沧桑》,《内蒙古日报》2017年9月22日	
	新宾县永陵镇汉代城址	玄菟郡	东西136	南北166		网络	
	河北怀来大古城	上谷郡	东西500	南北900		李维明等:《河北怀来县大古城遗址1999年调查简报》,《考古》2001年第11期	东墙残长80,南墙残长136,西墙残长166

王刘登、清河王刘义及其王后异穴墓。由于在东山古墓附近发掘过清河太后墓，清河太后是西汉代共王刘登之妃，清河王刘义之母，故推测东山古墓极有可能是刘登及其王后异穴墓。

在东山古墓周边，我们已发现同时期墓葬陵墙，亦发现可能是东山古墓陪葬墓的汉墓。此外，在东中环路、恒大悦龙台、太原机动车检测站等区域皆发现东汉时期多室砖墓，这些墓葬墓主人可能与东山古墓守陵人有关。不过，从这些东汉墓墓顶已毁、砖墙仅残高 0.5~1.3 米，器物残破严重等迹象分析，东山古墓区域可能曾受到有组织的扰动。

（四）东汉时期晋阳城

根据太原地区东汉时期墓葬的分布规律推测，东汉时期晋阳城的位置应当在今晋源区古城营村一带[①]，至于"晋阳城"是何时从今太原市区迁回此处，迁回的原因是什么，我们不得而知，但是西汉末年的战乱肯定是其中原因之一。对比《汉书·地理志》和《后汉书·郡国志》两份史料，我们可以清楚地看到，并州刺史部的人口和户数分别从 828626 户、3811014 人，下降到 138256 户、841590 人，二者分别下降了 83.3% 和 77.9%。虽然东汉时期，迁出人口也是造成并州刺史部人口大量减少的一个原因。但是，两汉之际的战乱对社会生产力造成的破坏可见一斑。当然，东汉中后期，政治混乱，自然灾害频繁，经济总量远不及西汉，特别是自给自足的庄园经济受到破坏，大大延缓了城市的发展进程[②]。

关于东汉时期晋阳城的规模，我们还是要把其放置到社会大环境中进行综合判断，我们知道东汉时期的都城是洛阳城，文献记载该城"东西六里、南北九里……"。考古勘测"全城略呈不规则的南北长方形，东城墙残长 3895 米、北城墙全长约 2523 米、西城墙残长约 3500 米，城内总面积约为 9.5 平方千米……"[③]。二者基本相符，因此，东汉时期洛阳城的考古资料无可置疑。根据同一时期国都面积大于郡国城址面积，郡国城址面积大于等于县邑城址面积的一般规律。我们可以推定，东汉时期各郡国城址的面积要小于洛阳城的面积。事实上，在研究两汉时期较大规模郡国城址的考古资料时，我们就会发现各郡国城址皆有缩小的趋势。

邯郸大北城，城墙呈不规则长方形，南北最长 4880 米、东西最宽 3240 米，面积 13.83 平方千米……大北城中部偏东南有东汉及东晋时代的墓葬，中部有唐至宋元时期

---

① 今太原地区发现的东汉墓葬可能与东山古墓守陵人有关。
② 中国社会科学院考古研究所：《中国考古学·秦汉卷》，中国社会科学出版社，2010年，第264页。
③ 中国社会科学院考古研究所：《中国考古学·秦汉卷》，中国社会科学出版社，2010年，第230页。

墓葬。说明从东汉开始,大北城日渐衰落,由南向北缩小[1](至于邯郸大北城缩小到何种地步,我们可以在大北城东汉墓葬北侧进行钻探,以寻找可能存在的东汉时期大北城南城墙);临淄齐国故城,由大城、小城组成,两城总面积约20平方千米……东汉以后,临淄城的发展更趋衰微[2];夏县禹王城,城址分大、中、小三部分……大城总面积约13平方千米。两汉时期遗存主要集中在中城和小城,中城总面积约6平方千米……小城总面积0.75平方千米[3]。

目前,晋源区古城营村西侧勘探发现一道南北长3750米的城墙(此数值是目前勘探发现晋阳古城西城墙的长度,根据史料唐代晋阳城南北长约4590米,详见第四章)。西城墙东侧2500米处勘探发现一道南北向城墙[4](上部为金元时期夯土),西城墙东侧4500米处亦勘探发现一道南北向城墙。如果简单地将目前已知西城墙、西城墙东侧2500米城墙定为东汉时期城址,则该城址面积9.38平方千米(3750米×2500米),此城址面积与东汉洛阳城相近,显然此推断方法有误。如果西城墙按3750米计,南、北城墙按1000米左右计,虽然其面积与晋阳城地位相符合,但是此形状不太合理。所以,我们还是从已知考古资料进行进一步判断。

目前,已知西城墙南北长3750米,在其城墙东侧的七三公路南面和晋源北外环街南面分别发现一道东西向夯土,这两道东西向夯土,可将西城墙由北往南分为三段:①罗城村西北城角到七三公路南面,约1000米;②七三公路南面到晋源北外环街南面,约1200米;③晋源北外环街南面到南城角村约1500米。虽然目前我们还不知道这两道东西向夯土的营建年代,但是依据经验,这两道夯土可能是叠压在早期夯土之上。为此,我们将两段东西向夯土所分割的西城墙进行适当的排列组合,可以得到一些有用的信息。

组合1:假设罗城村西北城角到晋源北外环街南的城墙为东汉时期晋阳城西城墙(南北长2200米),西城墙东2500米、东关村处已探出南北向城墙为东汉时期晋阳城东城墙,由上述两道城墙及其两端连接线构成的东汉时期晋阳城址,其面积为5.5平方千米;组合2:假设七三公路南到南城角村的城墙为东汉时期晋阳城西城墙

---

[1] 中国社会科学院考古研究所:《中国考古学·秦汉卷》,中国社会科学出版社,2010年,第251~252页。
[2] 中国社会科学院考古研究所:《中国考古学·秦汉卷》,中国社会科学出版社,2010年,第248~249页。
[3] 中国社会科学院考古研究所:《中国考古学·秦汉卷》,中国社会科学出版社,2010年,第249~250页。
[4] 在对唐代晋阳城西城的研究中,存在着两派观点:一派认为唐晋阳城西城的东城墙在西城墙东侧4500米左右的东城角村附近;一派认为西城的东城墙在西城墙东侧2500米左右的东关村一带。"东关村派"论证的依据就是此地有"东关"地名,推测此处应该有城墙。

（南北长 2700 米），西城墙东 2500 米南北向城墙为东汉时期晋阳城东城墙，由上述两道城墙及其两端连接线构成的东汉时期晋阳城城址，其面积为 6.75 平方千米。上述两种组合所形成城址的面积与安邑河东郡治面积可能为 6 平方千米的数值相近。因此，笔者认为两种组合都有可能构成东汉时期晋阳城城圈，考虑到北齐时期晋阳宫宫城应在其城址北侧、居民区可能在城址南侧，则东汉时期晋阳城城址很有可能是前述的组合 1。同样，笔者做出这种猜测并没有忽视康培苗圃发掘点发现不晚于汉代夯土的信息。

在汉代晋阳城城墙的考古资料中：康培苗圃发掘点明确指出"夯土分为 7 个部分，其中夯 1 的夯筑时代不晚于汉代，为城墙的原筑夯土……"[①]。西城墙第二豁口发掘点指出"发现了城墙两次大的营建过程和历代修补痕迹。第一次营建，时代当东周；第二次营建…夯筑时代最早为北朝时期……"[②]。文中虽然未提及该发掘点有汉代夯土遗存，但是根据文中剖面图推测，该发掘点东周时期夯土与北朝时期夯土之间的数块夯土中当有汉代夯土遗存；西北城角发掘点仅指出"从包含物分析，此段城墙年代始建于汉晋之间，唐代有修补……。"[③]但是，该文提供的信息量太小，且未能明确该发掘点夯土具体是汉还是晋。

---

① 晋阳古城考古队：《晋阳古城新发现城墙解剖》，《文物世界》2014 年第 5 期。
② 太原市文物考古研究所：《晋阳古城遗址 2002~2010 年考古工作简报》，《文物世界》2014 年第 5 期。
③ 太原市文物考古研究所：《晋阳古城遗址 2002~2010 年考古工作简报》，《文物世界》2014 年第 5 期。

第三章　魏晋南北朝时期的晋阳及晋阳城

东汉末年以来，随着区域政治经济的不断发展变化，以晋阳为核心的并州地区，其形势再次破局，伴随着北方少数民族的不断内迁、地方豪族势力的不断扩张，晋阳城市格局也随之发生了强烈的变化。"山西在历史上占重要地位的时期，往往是历史上的分裂时期……。"① 晋阳就是这一特征的典型案例，魏晋南北朝时期晋阳城市的发展，由此烙上了浓重的民族融合烙印。

第一节　魏晋南北朝时期晋阳相关史实

一、袁绍集团与高干

东汉末年，黄巾起义爆发。东汉政权风雨飘摇，国家实力急剧衰落。并州也遭受到战乱袭扰与破坏，黄巾起义基本上摧毁了东汉中央政府在并州的行政管理基础，"并州刺史张懿、凉州刺史耿鄙并为寇贼所害……。"② 与此同时，匈奴南下，一部分羌族甚至从陇东等地进入河套、关中地区，边境失控，"灵帝末，羌胡大扰，定襄、云中、五原、朔方、上郡等五郡并流徙分散……。"③ "塞下皆空""城邑皆空"。汉王朝已基本上放弃了朔方、五原、云中、定襄、西河、上郡等太原郡以北的土地。中平元年（184年），曾受并州刺史段颎等人举荐的董卓在此时被拜为并州刺史、河东太守，"迁中郎将，讨黄巾……。"④ 但旋即被黄巾军击败，丁原出任并州刺史。同年，凉州羌胡叛乱再起，董卓又被任命为中郎将，随皇甫嵩出征讨乱。在随后的斗争中，董卓重新掌握军事力量，不断壮大，并占据扶风、河东一带，汉灵帝授董卓并州牧而欲收其军，董卓不从⑤。此时的汉室已经无力控制董卓，遂罢。汉灵帝死后，宦官蹇硕除掉大将军何进，旋即又被袁绍除掉。经过一番明争暗斗，董卓夺取了中央政权，并

---

① 谭其骧：《山西在国史上的地位》，《长水集》，人民出版社，2009年，第221页。
② 《后汉书·刘焉袁术吕布列传》。
③ 《晋书·地理志》。
④ 《三国志·魏书·董卓传》。
⑤ 《后汉书·皇甫嵩朱隽列传》。

诱使吕布"杀执金吾丁原而并其众……。"① 吕布于是据有并州军事集团②。但吕布能力不足,并州转为袁绍集团所控制。袁绍委派其甥高幹任并州刺史,对并州地区进行管理。

高幹是陈留人,管理并州数年,还一度控制了河东地区,势力甚至扩展至关中。史料记载,其人素有贤名,但能力有限。《三国志·魏书·刘劭传》:"并州刺史高幹素贵有名,招致四方游士,多归焉。统过幹,幹善待遇之,访以世事。统谓幹曰:'君有雄志而无雄才,好士而不能择人,所以为君深戒也'。幹雅自多,不纳统言。统去之,无几而幹败……。"在曹操与袁绍的斗争中,高幹无疑是袁绍集团的支持者,但是在建安七年袁绍忧愤而死以后,曹操集团继续向袁绍集团进攻,继承袁绍官爵的三子袁尚令高幹、郭援联合南匈奴呼厨泉单于、关中马腾等攻打河东,"关右震动……。"③ 钟繇说服马腾与曹军联合,共击郭援,郭援战死,高幹不得已退守并州。此时谋士牵招建议高幹"以并州左有恒山之险,右有大河之固,带甲五万,北阻强胡,劝幹迎尚,并力观变……。"④ 但这条建议被高幹拒绝,高幹转而投降曹操集团,曹操委任高幹继续任并州刺史。

建安十年,曹操攻破南皮,杀袁谭,袁熙、袁尚逃奔乌桓,冀州平定;建安十一年,曹操东征乌桓。看到曹操远征,中原空虚,高幹以并州叛,"执上党太守,举兵守壶关口……。"⑤ 并密谋拿下邺城。对此,曹操早有防备。邺城守将为荀彧之兄荀衍,"高幹密遣兵谋袭邺,衍逆觉,尽诛之……。"⑥ 曹操派遣乐进、李典还击,"幹还守壶关城……。"⑦ 由于壶关易守难攻,乐进、李典一时之间不能攻克⑧。而高幹同时进一步联系河东卫固、范先、张晟等,共同举事。卫固、范先等人,都是河东望族,由于当时曹操委派的河东太守王邑被征至许都,他们就以请王邑回河东主政为由聚事。面对并州、河东连为一体的局势,曹操有着较为清醒的认识:"关西诸将,恃险与马,征必为乱。张晟寇殽、渑闲,南通刘表,固等因之,吾恐其为害深。河东被山带河,四邻多变,当今天下之要地也……。"⑨ 如果高幹将并州与河东连成一体,势必造成北方方局势的再次动荡。因此曹操在建安十一年春,暂缓征讨乌桓,而是优先解决高幹割据问题。

---

① 《三国志·魏书·董卓传》。
② 方诗铭:《剑客·轻侠·壮士——吕布与并州军事集团》,《史林》1988年第1期。
③ 《三国志·魏书·荀彧传》。
④ 《三国志·魏书·牵招传》。
⑤ 《三国志·魏书·武帝纪》。
⑥ 《三国志·魏书·荀彧传》。
⑦ 《三国志·魏书·荀彧传》。
⑧ 《三国志·魏书·乐进传》。
⑨ 《三国志·魏书·杜畿传》。

曹操委任杜畿为新任河东太守，杜畿对于河东情况较为熟悉。他认为，河东易守难攻，在卫固、范先等人尚未公开与曹操决裂的情况下，没有必要让他们裹挟河东其他小族共同对抗曹操。因此，他拒绝了荀彧提出派大兵清剿的建议，"单车直往"，最终成功诛杀范先、卫固等人，稳定了河东局势①，挫败了高干割据山西的计划。与此同时，曹操亲自率军进军壶关，历时三个月苦战，终于击破壶关。高干不得已，转入河东濩泽。高干见大势已去，准备南投刘表，途中为上洛都尉王琰捕斩，并州局势，至此平定。

东汉末年，由于长年争战，并州人口继续减少，局面已经非常难以控制。"时承高干荒乱之余，胡狄在界，张雄跋扈，吏民亡叛，入其部落；兵家拥众，作为寇害，更相扇动，往往棋跱……。"②此时的并州，除了北方少数民族的不时侵扰外，晋阳、平阳一带还有多支私家武装，不服从以曹操为代表的东汉中央政权的管理，政治局势异常复杂。有鉴于此，曹操选择豫州士人梁习管理并州，"以别部司马领并州刺史……。"③梁习，"陈郡柘人……。"陈郡世家大族大部分是建安十年以后才归顺曹操的，梁习并不是陈郡的大族出身，本"为郡纲纪"，曹操征召他，一开始并没有授予他太大的职务，而是任命他为"漳长"，后来又"累转乘氏、海西、下邳令，所在有治。还为西曹令史，迁为属……。"在进入曹操集团以后，曹操先后委任他在徐兖地区进行工作，后把他调回中央，任西曹令史。由于梁习出色的战后治理能力，在曹操平定并州以后，从曹操时代的建安十一年一直到魏太和二年这25年间，梁习始终担任并州刺史，为并州的生产恢复做出了重大贡献。

二、曹魏政权时期梁习等人对并州的治理

梁习到任之际，并州一片狼藉。一些豪族纷纷建立私人武装，引得部分民众小吏为求自保而主动依附。同时一些胡族南下与汉人居处，部分民众又出于各种原因，加入他们的部落。社会局面呈现出外部异族压迫、内部多方势力交错的复杂态势。梁习到任以后，采取多项手段进行治理。

"习到官，诱谕招纳，皆礼召其豪右，稍稍荐举，使诣幕府；豪右已尽，乃次发诸丁强以为义从；又因大军出征，分请以为勇力。吏兵已去之后，稍移其家，前后送邺，凡数万口；其不从命者，兴兵致讨，斩首千数，降附者

---

① 详见《三国志·魏书·杜畿传》。
② 《三国志·魏书·梁习传》。
③ 《三国志·魏书·梁习传》。

万计。单于恭顺，名王稽颡，部曲服事供职，同于编户。边境肃清，百姓布野，勤劝农桑，令行禁止……。"

梁习对并州豪族进行招抚，向这些当地豪强宣布，必须服从中央政府命令，并令这些豪强举荐他们当中有能力的人进入并州刺史幕府。在完成对当地豪族的政治招抚工作之后，梁习开始进行军事方面的部署，即征召"义从"。"义从"出现于东汉时期，原为接受官方指挥、具有地方自发安保性质的武装，后来逐步转化为地方私人武装。梁习强制征发并州壮丁组成"义从"，实际上是重新恢复了东汉时期"义从"的原有性质。紧接着，梁习又将"义从"转为"勇力"充军，这就完成了曹操军事集团补充兵源的任务。对于不听号令的地方豪强，梁习则"兴兵致讨"，并采取强制移民邺城的措施，"前后送邺，凡数万口……。"随着梁习恩威并施手段的运用，并州内部形势逐渐趋于稳定。对于外部异族，曹操于建安二十一年七月，借着"匈奴南单于呼厨泉将其名王来朝，待以客礼，遂留魏，使右贤王去卑监其国……。"[①]宣布"分其众为五部，立其中贵者为帅，选汉人为司马以监督之……。"[②]"贵者"，就是南匈奴单于的后裔，这五部就是后来《晋书·刘元海载记》中所说的左、右、南、北、中五部。不管原来属于哪个部落，统一纳入这五部之中，即使各部落的部落组织并未受到破坏，但是各部落首领要统一接受五部帅的管理。由此，并州胡族的力量被大为削弱，南匈奴这五部三万余落、二十多万人[③]都要接受并州刺史梁习的管理，前文中所述"迁送到邺的必然包括许多并州的部落人民，留在并州的'胡狄'虽然自有其酋王，保留了部落形式，但却受地方官的统治，像州郡编户一样'服事供职'……。"[④]

曹魏太和二年，梁习征拜大司农。并州刺史转由毕轨担任。身为曹叡近臣、又是皇室姻亲的毕轨，没有像前任梁习那样，保持朴素的作风，"其在并州，名为骄豪"，引起了并州晋阳等地世家大族的不满。毕轨到任后，派兵征讨鲜卑轲比能，意图建立军功。但是，魏军大败，苏尚、董弼等将皆没。事实上，毕轨曾经就教于牵招。牵招原是袁绍部属，后与高幹不和，转投曹操，长期负责征讨乌丸、鲜卑等军事工作，老成持重，经验丰富。牵招向毕轨建议："胡虏迁徙无常。若劳师远追，则迟速不相及。若欲潜袭，则山溪艰险，资粮转运，难以密办。可使守新兴、鴈门二牙门，

---

① 《三国志·魏书·武帝纪》。
② 《晋书·北狄匈奴传》。
③ 周伟洲：《汉赵国史》，广西师范大学出版社，2006年，第10页；黄烈：《中国古代民族史研究》，人民出版社，1987年，第190页。
④ 唐长孺：《晋代北境各族变乱的性质及五胡政权在中国的统治》，《魏晋南北朝史论丛》，中华书局，2009年，第131页。

出屯陉北，外以镇抚，内令兵田，储畜资粮，秋冬马肥，州郡兵合，乘衅征讨，计必全克……。"牵招"以屯田方式驱逐鲜卑各部"的建议应当说是比较现实的，但是毕轨的军事行动，明显是远程追袭，恰恰犯了牵招所建言的"难以密办"，以致落败。陉北之败，魏军损失惨重，毕轨难辞其咎，魏明帝遂"以其浮华，抑黜之……。"①

之后，田豫、陈泰先后任并州刺史。在二人治理下，并州再次恢复了平静。但是这一和平局面随着曹魏政权内部斗争的加剧和并州地区胡族间矛盾的升级并未持续长久。嘉平四年（252年），并州诸胡叛乱。进入司马氏执政时期以后，并州屠各部逐渐强大，由此引发司马氏政权的重新布局，但布局未能奏效，最终直接导致西晋政权的灭亡。

三、曹魏后期与西晋时期民族矛盾对并州的冲击

魏末晋初，司马氏的中心任务是统一华夏。由于此时三足鼎立的局面尚未结束，所以司马氏家族对并州的管理依旧沿袭曹操当初既定的政策，即派遣地方官治理，对居住在晋阳、新兴（今山西忻州地区）、离石等地的胡族予以怀柔羁縻管理。此时，屠各部首领刘豹初步统一了南匈奴五部，刘豹采取服从西晋政权统治的策略，并遣其子刘渊到洛阳为任子，"咸熙中，（刘渊）为任子在洛阳，晋文王深待之……。"②在刘渊居洛时期，屠各部崛起之势越发明显，"咸熙之际，以一部太强，分为三率……。"③西晋政权试图对屠各部进行分化管理，但是似乎并未奏效，反而激起了并州匈奴各部的叛乱。泰始七年（271年）春，匈奴刘猛发动叛乱。《晋书·胡奋传》载刘猛为南匈奴中部帅，《魏书·铁弗刘虎传》载其系去卑之子，是匈奴的右贤王。中部匈奴就居住在今太原大陵一带④。由于西晋初年的中央政府对于各少数民族以拉拢、收服为主，所以刘猛在太原一带发起的叛乱并未能够成事，其他四部都没有参与到其中。刘猛起事以后，首先向北窜出，然后又回师向晋阳进兵，但被并州刺史刘钦击败，遂退至陉北。泰始八年，在西晋将领何桢、路蕃、何奋等人的打击下，刘猛部下李恪斩杀刘猛，归附中央，战乱遂平。

泰始十年，刘豹死。刘渊归部继任左部帅。刘猛死后，其部转投铁弗部刘虎，并州已为屠各部所基本控制。面对这种局势，西晋已经有人发出警惕的声音，太康五年（284年），当时的侍御史郭钦就上书，"胡骑自平阳、上党不三日而至孟津，北

---

① 《三国志·魏书·曹爽传》。
② 《太平御览·偏霸部三》引《前赵录》第一册，第574页。当然所谓"晋文王深待之"的记载很有可能是前赵史官的浮饰之语。
③ 《晋书·江统传》。
④ 《晋书·匈奴传》："中部都尉可六千余落，居大陵县……。"

地、西河失土，冯翊、太原、安定裁居数县，其余及上郡尽为狄庭……。"①元康九年（299年），江统也曾作《徙戎论》上书晋惠帝，要求敕令并州屠各部回归塞外，"慰彼羁旅怀土之思，释我华夏纤介之忧……。"②然而晋武帝、惠帝等并不认为局势会发展得如江统、郭钦所言那样危言耸听。但是随着晋惠帝即位以后，西晋中央政权夺权斗争日趋激烈，并州胡族各部不可避免地卷入其中，一场由并州胡族引发的大动荡开始酝酿迸发。

元康元年（291年），由于晋武帝"在世时安排的皇位继承人及辅政大臣不得其人……。"③"八王之乱"爆发，"骨肉相残，四海鼎沸……。"这场内乱长达十六年之久，诸王在混战中拉拢少数民族贵族参战，从而造成了严重的后果。此时的并州刺史为西晋东海王司马越之弟，新蔡武哀王司马腾，司马腾在并州前后七年，却是惨淡经营，疲于应付。时刘渊业已做大，并州已是殊难治理。太安二年（303年），并州发生特大饥乱，全境大饿，很多民众都流散到冀州就食，这其中也包括很多胡族。建威将军阎粹向司马腾建议，将并州境内流散胡人统一押解到冀州贩卖，以其收入充作军费。这实际上是一种奴隶贸易，进一步激化了并州地区的民族矛盾。永兴元年（304年），刘渊借成都王司马颖遣其回并州调发匈奴五部助其作战之机，于左国城起兵，称大单于，都离石，不久又迁回左国城，国号"汉"，改称汉王，成为十六国中的第一个政权。刘渊起兵，严重地威胁到西晋政权在并州的统治，并州刺史司马腾"使将军聂玄讨之，战于大陵，玄师败绩……。"④刘渊遣刘曜"寇太原、泫氏、屯留、长子、中都，皆陷之……。"⑤晋东南和晋中的一些主要城市迅速被刘渊占领。永兴二年（305年），"惠帝末，并州刺史东嬴公司马腾于晋阳为匈奴所围……。"⑥晋阳被围，司马腾手足无措，被迫向鲜卑部求助，鲜卑出兵，"猗㐌帅轻骑数千救腾，斩汉将綦毋豚……。"⑦同时司马腾遣"司马瑜、周良、石鲜等讨之……。"但司马瑜等四战皆败，司马腾不得不"率并州二万余户下山东，遂所在为寇……。"⑧司马腾面对窘状，选择了由晋阳移镇邺城，"携并州将田甄、甄弟兰、任祉、祁济、李恽、薄盛等部众万余人至邺，遣就谷冀州，号为乞活……。"⑨这些"乞活"就食冀州，虽非流

---

① 《晋书·北狄匈奴传》。
② 《晋书·江统传》。
③ 祝总斌：《"八王之乱"爆发原因试探》，《北京大学学报》1980年第6期。
④ 《晋书·刘元海载记》。
⑤ 《晋书·刘元海载记》。
⑥ 《宋书·索虏传》。
⑦ 《资治通鉴》卷八十六。
⑧ 《晋书·刘元海载记》。
⑨ 《晋书·东海王越传》。

民，迹近流寇，成为两晋时期的一股特殊军事政治力量①。

在这一过程中，并州百姓也随之南下，"并土饥荒，百姓随腾南下，余户不满二万……。"②并州为之一空，西晋政权在并州的统治几乎处于一种真空状态。然而西晋政权并不想彻底放弃并州，元熙元年（304年），刘琨之兄刘舆向司马腾推荐刘琨，"舆乃说越，遣琨镇并州，为越北面之重……。"③刘琨出镇并州，在时间上应当和司马腾镇邺的时间紧密衔接④。刘琨，字越石，中山魏昌（今河北无极县）人，是西晋末年和东晋初年治理并州及晋阳的重要人物，此次入并，他有着强烈的政治抱负，欲"南通河内，东连司冀，北捍殊俗，西御强虏……。"⑤他前后治理并州十年，与并州地区各种势力进行了各种斗争，尽管最终成为一个悲剧性人物，但他却一度延缓了西晋王朝的灭亡。

四、刘琨治并

司马腾由上党南下，刘琨由壶关北上。此时的并州，战争在继续，而晋阳的饥荒仍然在蔓延，"夏则桑椹，冬则萱豆，视此哀叹，使人气尽……。"⑥为了解决饥荒问题，刘渊将政厅转移到黎亭，就食邸阁谷，留部将刘宏、马景守离石，安排豫运运粮。上党一带粮食储存较多，刘琨在由壶关进入并州之际，也向晋廷提出，由上党一带供应粮食，"唯有壶关，可得告籴……。"⑦从而解决并州和晋阳等地的粮食危机。此时的晋阳已经受到严重破坏，"僵尸蔽地，其有存者，饥羸无复人色，荆棘成林，豺狼满道……。"⑧严重的饥荒和战乱，使晋阳城几乎成为一座死城。而此时的刘琨进入晋阳城却并不容易，因为从洛阳出发的他，并没有多少人马。西晋中央政府能给予他的军事力量，十分有限。刘琨自己募兵，达千余人⑨，经过壶关⑩，继续向晋阳进发。此时刘渊已经派其前将军刘景在版桥（今山西介休境内）一带迎战，试图阻止刘琨前往晋阳，但为刘琨所击败，刘琨终于进入晋阳。进入晋阳以后，刘琨对晋

---

① 周一良：《乞活考》，《魏晋南北朝史十二讲》，中华书局，2010年，第45～54页。
② 《晋书·东海王越传》。
③ 《晋书·刘琨传》。
④ 范兆飞：《永嘉乱后的并州局势——以刘琨刺并为中心》，《学术月刊》2008年第3期。
⑤ 《晋书·刘琨传》。
⑥ 赵天瑞：《刘琨集》，天津古籍出版社，1996年，第58页。
⑦ 《晋书·刘琨传》。
⑧ 《晋书·刘琨传》。
⑨ 《晋书·刘琨传》："琨募得千余人，转斗至晋阳。"
⑩ 范兆飞教授认为此壶关为黎亭附近之壶关，实际上并非如此。刘琨所经过之壶关，在壶关县，详参史念海：《壶口杂考》，《中国历史地理论丛》1988年第4期。

阳城进行整饬与恢复，"翦除荆棘，收葬枯骸，造府朝，建市狱……。"通过一系列的举措，恢复了晋阳城基本的城市功能，"寇盗互来掩袭，恒以城门为战场，百姓负楯以耕，属鞬而耨……。"刘琨击败了前来袭扰的小股游击势力，安排百姓恢复生产，进行农业活动，"抚循劳徕，甚得物情……。"由于离石与晋阳较近，刘琨"密遣离间其部杂虏，降者万余落……。"

在刘琨经营并州之际，永嘉二年（308年），刘渊正式称帝，定都蒲子（今山西隰县），旋都平阳（今山西临汾）。刘渊称帝后，进一步扩张，同时基本切断了并州中心晋阳与晋庭洛阳间的交通通道。刘琨及其代表的西晋中央政府在并州的势力范围仅限于晋阳、阳曲和雁门等少数几座城市，广大的晋南、晋东南等地已经被纳入汉国版图，而冀州、司州等地只有极个别坞壁尚表示接受刘琨节制，晋阳成为刘琨与汉主刘渊及其继任者刘聪对峙的前线。永嘉三年，为解决北方铁弗部刘虎的威胁，刘琨亲自率军，攻击刘虎，但汉赵刘聪却趁机对晋阳发动袭击，刘琨急忙回师。永嘉四年（310年），刘琨遣使至猗卢处，以其子刘遵为质，请求鲜卑首领拓跋猗卢发兵，以解白部鲜卑对新兴、雁门二郡的冲击。与晋庭关系密切且希望获得更多土地的拓跋猗卢同意了刘琨的请求①，发兵与刘琨击败白部鲜卑和铁弗刘虎，"虎收其余烬，西走度河，窜居朔方……。"② 晋阳以北，转危为安。而拓跋猗卢则进一步提出土地要求，希望刘琨让出"勾注、陉北之地……。"③ 刘琨为了拉拢鲜卑势力以对抗汉国政权，只得顺水推舟，"徙马邑、阴馆、楼烦、繁畤、崞五县之民于陉南……。"④ 同时上表晋廷，再次请封拓跋猗卢为代公⑤，将陉北数百里土地以西晋中央政府的名义给予鲜卑部，拓跋鲜卑部势力进一步扩张，而刘琨与拓跋鲜卑双方的准军事同盟关系由此则更为牢固。汉主刘渊轻易不敢攻击晋阳，晋阳也获得短暂的喘息时刻。

与此同时，永嘉五年（311年），西晋都城洛阳陷落，"诸王公及百官以下三万余人"被害，俘晋怀帝至平阳。洛阳沦陷以后，帝位出现真空，西晋各地纷纷建立行台，先后出现河阴行台、密县行台、蒙城行台、蓟城行台等四个并存的行台，刘琨支持以琅琊王司马睿为盟主的密县行台，继续在并州与汉政权进行对峙。此时，汉已经占领了阳邑（今山西省太谷县东）以南，与刘琨大致以吕梁山、大陵、阳邑、武乡一

---

① 何德章先生对鲜卑部此时的战略发展有专门分析，见《鲜卑代国的成长与拓跋鲜卑初期汉化》，《武汉大学学报（人文科学版）》2001年第1期。
② 《魏书·序纪》。
③ 《魏书·序纪》。
④ 《魏书·序纪》。
⑤ 在司马腾时代，司马腾就曾向晋廷上表请封拓跋猗卢为代公，但由于当时"八王之乱"没有落实，此次刘琨继续上书，实际上是延续了司马腾交好鲜卑的战略。见刘琨《与丞相笺》，载于严可均校辑：《全上古三代秦汉三国六朝文·全晋文》，中华书局，1999年，第2080页。

线为界。永嘉五年前后,刘聪等占领阳邑,先后截击在洛阳陷落以后由洛阳投奔刘琨的卢志、卢湛等人①,汉将对刘琨继续合围。永嘉六年(312年),刘琨东下中山②,暂离晋阳。刘聪趁机派遣刘粲、刘曜等袭击晋阳,双方在武灌(今山西榆次陈侃一带)激战,刘琨属将张乔战死,"晋阳危惧……。"③在强敌围城之下,太原太守高乔、刘琨别驾郝聿遂以晋阳降粲,刘聪遂委任前将军刘丰为并州刺史,镇守晋阳。

晋阳沦陷后,刘琨"携其妻子奔于赵郡之亭头,遂如常山……。"④当年十月,刘琨在常山遣使向拓跋猗卢求援,拓跋猗卢出兵,遣其子日利孙、宾六须及将军卫雄、姬澹等率众数万攻晋阳,刘琨军千余人为向导,驻扎狼孟(今山西阳曲县黄寨村),刘曜在晋阳城外、汾河以东与宾六须迎战,刘曜不敌,仓促渡过汾河,退回晋阳,并于当夜决定撤退,掳掠晋阳百姓,翻越蒙山,返回平阳。拓跋猗卢遣军追击,双方在蓝谷(在今太原西南沿梅洞沟循峪道川至关头一线⑤)遭遇,刘粲再败,汉并州刺史刘丰为鲜卑军所擒,"伏尸数百里……。"⑥拓跋猗卢留下部将姬澹、段繁等戍晋阳,刘琨收集散兵,暂屯阳曲。

313年,密县行台拥戴的司马邺在长安称帝,改元建兴。面对长安政权的建立和刘琨的继续存在,汉政权继续向刘琨部发起攻击,建兴三年五月,刘聪遣刘曜攻晋阳,不克。刘曜一度准备进攻刘琨所居的阳曲,但在刘聪看来,兵寡将微的刘琨已然无足轻重,就是"游魂"⑦,没有必要专门浪费兵力去对付,遂令刘曜抓紧时间攻克长安,刘琨暂时得到了喘息。

建兴四年(317年),刘琨的重要盟友、鲜卑部首领拓跋猗卢死于部落内乱。原在猗卢部为人质的刘琨之子刘遵与卫雄、姬澹率数万人投奔刘琨。一时间,刘琨的势力颇为壮大。然而此时外部形势也发生很大的变化。十一月,一直处于重兵包围、内外交困之下的长安西晋政权瓦解,司马邺向刘曜投降,西晋正式灭亡。此时,一度依附于刘渊、刘聪等人的石勒越过太行山,双方在坫城交战,晋军遇伏大败,"一军皆没""并土震骇"。十二月,并州司空长史李弘以晋阳城献于石勒,晋阳第二次失陷。刘琨原有的并州地盘彻底落入石勒之手,至此,由元熙元年开始的刘琨治并时代结束。晋阳失陷后,刘琨率部归附段部鲜卑段匹磾。大兴元年(318年),刘琨卷入段

---

① 《晋书·卢志传》。
② 《晋书·刘琨传》载刘琨此时因为雁门一带的乌丸再度反叛而出征讨伐,然而司马光《资治通鉴考异》指出传误,实际上刘琨此时正在中山、上党一带募兵,希望增强自身的抵抗力量。
③ 《晋书·刘聪载记》。
④ 《晋书·刘聪载记》。
⑤ 靳生禾、谢鸿喜:《晋阳古战场考察报告》,《山西大学学报(哲学社会科学版)》2007年第3期。
⑥ 《资治通鉴》卷八十八。
⑦ 《晋书·刘聪载记》。

氏内乱，为段匹磾所杀。并州遂开启了一个以胡人为核心的统治时代。

五、五胡十六国时期的并州与晋阳

石勒击败刘琨以后，"迁阳曲、乐平户于襄国……。"①东晋大兴二年（319年），石勒"徙并州治上党……。"仅在晋阳等地置有守宰，晋阳丧失了并州的政治中心地位，几乎成为一座空城。此时的太原一带，坞壁代替城市，成为人口聚集的主要形式。直至后赵后期，石虎对并州一带的统治与管理都是依靠坞壁主来完成的。并州一带的大坞壁主张平②据有"新兴、雁门、西河、太原、上党、上郡之地，壁垒三百余，胡晋十万余户……。"③张平实际上成为并州的"统主"。后赵石虎对张平实际上采取的是一种羁縻政策，胡三省就曾经评论："石氏用张平为并州刺史，故得有其地，有其民……。"④东晋永和七年（351年），张平归附前秦，永和八年（352年），张平向前燕慕容儁称藩贡使。此后，张平在前秦与前燕之间反复"跳槽"，成为并州地区一股特殊的军事力量。东晋升平元年（357年），前秦内乱，张平又向东晋遣使，表示归顺，东晋政权委任其为并州刺史。升平二年（358年），苻坚亲讨张平，张平战败，再次投降。河东地区基本上成为前秦的实际控制区。

面对这种局面，慕容儁遣慕容评进击并州，张平率其部众及一百三十八所坞壁再次投降，慕容儁任命悦绾为并州刺史、领护匈奴中郎将。在随后的混战中，张平又先降前秦、再降前燕，最终为前秦所杀。在前燕占据并州期间，晋阳重新成为治理中心。但是，前秦不时袭扰。太和五年（370年），前秦遣将攻打晋阳，最终以挖掘地道的形式拿下晋阳城，生擒前燕东海王、并州刺史慕容庄。至此，前燕在晋阳十二年的统治宣告结束，并州地区大部为前秦所控制。

前秦攻占晋阳以后，苻坚先后派毛当、徐成、俱难、张蚝、王腾等出任并州刺史。在前秦统治时期，晋阳地区保持了十余年的安定局面，城市人口开始逐步增加，经济得到一定程度的恢复，晋阳再次成为北方重镇之一。东晋太元八年（383年），淝水之战，前秦惨败后。姚苌杀苻坚，关东大乱。王猛之子王永等人驻壶关邀苻坚之子苻丕据并州以自保。苻丕于是携带邺城六万男女由潞城进驻晋阳，一时之间，晋阳人口骤增，出现了短暂的繁荣。东晋太元十年（385年），苻丕在晋阳南称帝⑤。但不久，晋阳又落入西燕政权之手。西燕的势力范围较小，其核心势力范围为晋东南和

---

① 《晋书·石勒载记》。
② 非上文所述之张平，上文中所提及之张平，后为祖逖所诱杀。
③ 《晋书·慕容儁载记》。
④ 《资治通鉴》卷一百。
⑤ 《晋书·苻丕载记》。

晋中部地区，其他地区实际上为羁縻区域，大致统辖"上党、太原、平阳、河东、乐平、新兴、西河、武乡八郡地……。"① 东晋太元十八年（393年），后燕慕容垂对西燕发动攻势，翌年西燕亡，后燕丹阳王慕容瓒轻取晋阳，并被慕容垂任命为并州刺史。慕容宝继位后，又以辽西王慕容农为并州牧。

登国十年（395年），鲜卑拓跋珪称帝，国号魏，是为北魏。北魏皇始元年（396）年，在并州本地豪族的暗中邀接下，拓跋珪率军攻并州，魏军进至阳曲，越西山，东下至晋阳城。慕容农迎战魏军不利，退军回城，结果司马慕舆嵩闭门叛之，慕容农大败，仅率少部分人返回中山，拓跋珪于是占据晋阳。魏国进入晋阳，是拓跋鲜卑第一次进入中原高等级城市，并州也是北魏历史上的第一个州，具有历史意义。拓跋珪进入晋阳以后，从某种程度上讲，晋阳具有临时都城的功能。在晋阳期间，拓跋珪对魏国控制领土进行了行政区划的划分，同时还颁布了北魏的官制制度。北魏皇始元年九月，拓跋珪在晋阳"初建台省，置百官，封拜公侯、将军、刺史、太守，尚书郎以下悉用文人……。"② 拓跋珪此举，适应了统治中原地区的新需要，标志着北魏由部族联盟向国家化迈出了重要的一步。在晋阳，"士大夫诣军门，无少长，皆引入存慰，使人人尽言，少有才用，咸加擢叙……。"③ 北魏政权的做法也基本上满足了并州豪族的政治诉求。

但是拓跋珪在取得晋阳以后，任命拓跋素延为并州刺史，镇晋阳。素延性"豪奢放逸……。"④ 不能笼络晋阳士人，引发晋阳部分士众的不满。而拓跋珪却认为形势有利于己，北魏皇始二年（397年），拓跋珪率军向后燕中山进攻，一路非常顺利，"诸将望风奔退，郡县悉降于魏……。"⑤ 军至柏肆，慕容宝率军狙击，趁夜发动偷袭，"燎及行宫，兵人骇散。帝惊起，不及衣冠，跣出击鼓……。"⑥ 尽管北魏最终大败慕容宝，但是由于空间阻隔和鲜卑部内部不团结等因素作祟，有关拓跋珪受惊已死的流言在塞北和并州等地渐起，留守在陉北的拓跋珪族弟拓跋顺甚至一度欲自立，贺兰部帅附力眷、纥突邻部帅匿物尼、纥奚部帅叱奴根等在阴馆发动叛乱，形势为之一变。看到这种情况，并州守将封宝真等也发动叛乱，素延在当地大族的帮助下，平息了这场叛乱⑦。但在这一过程中，素延杀戮甚多，"时太祖意欲抚悦新附，悔参合之诛，而

---

① 顾祖禹：《读史方舆纪要》，中华书局，2005年，第131～132页。
② 《魏书·太祖纪》。
③ 《资治通鉴》卷一百。
④ 《魏书·素延传》。
⑤ 《晋书·慕容宝载记》。
⑥ 《魏书·太祖纪》。
⑦ 范兆飞：《论北魏太原士族群的集体复兴》，《社会科学战线》2012年第1期。

素延杀戮过多,坐免官……。"① 改由奚牧任并州刺史。奚牧是代人,有军功,在克并州之役中曾生擒后燕丹阳王慕容瓒及离石护军高秀和于平陶城②。素延之后,奚牧代镇晋阳③,晋阳开始迎来一个相当长的和平时代。

六、北魏时期的晋阳

北魏一代,历二十帝,一百四十八年。从皇始二年开始,北魏灭掉后燕,占有今山西和河北两省的大部分地区。至北魏太武帝时期,先后击溃大夏、北燕、北凉、仇池等割据政权。皇始三年(398年),道武帝拓跋珪定都平城。在天兴元年(398年)至太和十八年(494年)将近一个世纪的时间里,拓跋鲜卑倾全国之力,建设平城。晋阳居平城之南,作为距离首都平城最近的历史名城,晋阳也迎来远超一个世纪的荣光,这种荣光并未因北魏孝文帝迁都洛阳而有所褪色,从北魏时期开始,晋阳在中国中世纪舞台上扮演着重要的角色,并逐渐走向辉煌。

从天兴元年,北魏定都平城开始,道武帝拓跋珪的目光就开始眺望着整个中原。皇始三年,拓跋珪抵达邺城,"太祖幸邺,巡登台榭,遍览宫城,将有定都之意……。"④ 历代营建的繁华邺都让拓跋珪由衷欣赏,回到平城以后,大规模的移民和城市营建随即展开。通过对中原的控制与管理,来实现北魏的稳固统治,继而实现北魏王朝的长治久安,也自然成为题中之义。为了实现对中原的有效管理,距离平城不到300千米的晋阳,自然而然地成为北魏统治者通向中原的重要中转站。北魏时期,从平城到晋阳有一条著名的大道,即并州大道。北魏的统治者就是沿着这条道路,源源不断地向晋阳派遣管理者;很多公文政务的传递也从邺城经晋阳传回平城。北魏时期,历任并州刺史都镇守在晋阳,这些管理者的出身既有北魏宗室成员,也有归顺于北魏鲜卑部的代人集团,同时还有晋阳以及河东地区的当地士族,他们之间,既相互合作,又存在着矛盾,这种此消彼长的依存关系一直延续到北齐时期,这是我们在研究晋阳古城城市制度的过程中尤其不能忽略的。

七、东魏北齐时期的晋阳

北魏末年,政治腐败不堪,境内内乱不止。北秀容(今山西北部朔州一带)契胡酋长尔朱荣"正光中,四方兵起,遂散畜牧,招合义勇,以讨贼功……。"⑤ 数年间,

---

① 《魏书·素延传》。
② 慕容瓒即丹阳王买得,见倪润安:《怀仁丹扬王墓补考》,《考古与文物》2012年第1期。
③ 奚牧后因与后秦姚兴书信有失国体,被拓跋珪所诛。详见《魏书·奚牧传》。
④ 《魏书·太祖纪》。
⑤ 《北史·尔朱荣传》。

尔朱荣兵势强盛,势力范围逐步扩大,"孝昌二年(526年),荣怒,举兵袭肆州,执庆宾还秀容。署其从叔羽生为刺史,魏朝不能制……"①;"是时,车骑将军、仪同三司、并、肆、汾、广、恒、云六州讨虏大都督尔朱荣兵势强盛,魏朝惮之……"②;武泰元年(528年),乘孝明帝元诩被胡太后毒死之机,借口为孝明帝报仇,"荣乃起兵发晋阳……";"沉太后及幼主于河……"③;"杀百官王公卿士二千余人……。"④立元子攸为帝,是为敬宗孝庄帝,尔朱荣掌握了北魏政权。永安三年(530年)北魏孝庄帝诛杀尔朱荣,不久,荣侄尔朱兆攻入洛阳,执魏庄帝归晋阳而杀之。

魏普泰元年(531年),尔朱荣部将高欢起兵于信都(今河北冀州市),讨伐尔朱兆,"并州平。神武以晋阳四塞,乃建大丞相府而定居焉……。"⑤永熙三年(534年),魏孝武帝元修投奔长安的关西大都督宇文泰后。高欢立元善见为皇帝,即孝静帝,"魏于是始分为二……。"⑥高欢迫使孝静帝迁都于邺(今河南安阳北至河北临漳南),"自是军国政务,皆归相府……。"⑦由于魏孝静帝就是一个傀儡,故居于晋阳的高欢是东魏事实上的皇帝,因此时人称高欢父子为"霸朝"、相府为"霸府"⑧。

北齐天保元年(550年),高欢次子高洋废东魏帝而自立,国号齐,以邺城为都,以晋阳为别都。晋阳是北齐王朝事实上都城,北齐诸帝中,齐文宣帝高洋"(天保十年)冬十月甲午,帝暴崩于晋阳宫德阳堂……。"⑨齐废帝高殷"(天保)十年十月,文宣崩。癸卯,太子即帝位于晋阳宣德殿……。"(乾明元年)三月甲寅,诏军国事皆申晋阳,秋八月壬午,太皇太后令废帝为济南王……皇建二年九月,殂于晋阳,年十七……。"⑩齐孝昭帝高演"皇建元年八月壬午,皇帝即位于晋阳宣德殿……二年,崩于晋阳宫……。"⑪齐武成帝高湛"二年,孝昭崩,遗诏征帝入统大位。及晋阳宫,发丧于崇德殿。大宁元年冬十一月癸丑,皇帝即位于南宫,改皇建二年为大宁……。"⑫齐后主高纬"天统元年夏四月丙子,皇帝即位于晋阳宫……(武平七年)

---

① 《资治通鉴》卷一百五十一。
② 《资治通鉴》卷一百五十二。
③ 《资治通鉴》卷一百五十二。
④ 《北史·尔朱荣传》。
⑤ 《北齐书·神武帝纪》。
⑥ 《北齐书·神武帝纪》。
⑦ 《北齐书·神武帝纪》。
⑧ 《北齐书·崔季舒传》有"静帝报答霸朝……虽迹在魏朝,而心归霸府,密谋大计,皆得预闻……"的记载。
⑨ 《北齐书·文宣帝纪》。
⑩ 《北齐书·废帝纪》。
⑪ 《北齐书·孝昭帝纪》。
⑫ 《北齐书·武成帝纪》。

帝乃夜斩五龙门而出……。"① 可以说这二十余年的晋阳史就是半部北齐书。

晋阳作为东魏"霸府"、北齐"别都"所在地，虽然在北周期间，北周武帝曾明确下诏："京师宫殿，已从撤毁。并、邺二所，华侈过度，诚复作之非我，岂容因而弗革。诸堂殿壮丽，并宜除荡，甍宇杂物，分赐穷民。三农之隙，别渐营构，止蔽风雨，务在卑狭……。"② 但是魏齐之后的晋阳，已从历史上比较单纯的军事重镇，发展为北方的经济、政治和文化中心之一。

第二节　魏晋南北朝时期晋阳城探微

一、史料中的魏晋南北朝时期晋阳城

（一）城址信息

魏晋南北朝时期的史料浩如烟海，有关晋阳城的史料亦较为丰富。关于魏晋南北朝时期晋阳城的布局、结构，唐李吉甫所著的《元和郡县图志》记载的较为明确："府城，故老传晋并州刺史刘琨筑。今按城高四丈，周回二十七里。城中又有三城，其一曰大明城，即古晋阳城也，《左传》言董安于所筑……高齐后帝于此置大明宫，因名大明城。姚最《序行记》曰'晋阳宫西南有小城，内有殿，号大明宫'，即此也。城高四丈，周回四里；又一城南面因大明城，西面连仓城，北面因州城，东魏孝静帝于此置晋阳宫，……城高四丈，周回七里……。"虽然笔者就该史料中刘琨筑城、晋阳宫的位置等有不同的解读，但该史料对研究唐代及其前代晋阳城的布局、结构还是有较为重要的价值。

（二）城门信息

史料关于北朝时期邺城城门数量的记载很清楚③。但是晋阳城的城门，史料语焉不详。李裕民先生早年曾对此有所讨论④。北齐之前，有关晋阳城城门的记载，我们无法

---

① 《北齐书·后主纪》。
② 《周书·武帝纪》。
③ 邺北城东西七华里，南北五华里，外城共设七个门，南面三个分别为广阳门、永阳门和凤阳门，北面两个分别是广德门和厩门，东西各一个门，分别是建春门和金明门；邺南城为都城，南城北部中心为宫殿区……宫殿区前为止车门，门内为宫殿区正门端门，端门之北为阊阖门……阊阖门与端门之间有东西大街，东出为云龙门，西出为神虎门……。
④ 李裕民：《论太原的城防设施及其战略地位》，《中国古都研究》（第二十辑）——中国古都学会2003年年会暨纪念太原建成2500年学术研讨会论文集，山西人民出版社，2003年，第23～31页。

获知。根据史料，我们至少可以知道，北齐时期，晋阳城已有南门、东门、北门、五龙门四座城门。

南门："从帝围晋阳，礼成以兵击南门，齐将席毗罗率精甲数千拒帝……。"①

东门："及攻并州，陷东门而入，齐安德王延宗惧而出降……。"②另外，城东可能最难攻破，《北齐书·文襄六王传·安德王延宗传》："城东阽曲，佛恩及降者皮子信为之导，仅免，时四更也。延宗谓周武帝崩于乱兵，使于积尸中求长鬣者，不得。时齐人既胜，入坊饮酒，尽醉卧，延宗不复能整……。"

北门："周军围晋阳，望之如黑云四合。延宗命莫多娄敬显、韩骨胡拒城南，和阿于子、段畅拒城东。延宗亲当周齐王于城北，奋大槊，往来督战，所向无前……。"③根据前文晋阳城有南门、东门的记载，推测晋阳城亦有北门。

五龙门："帝乃夜斩五龙门而出，欲走突厥，从官多散……。"④

前述史料中，南门、东门、北门只是方位上的称呼，每座城门，当有专门的城门名。关于史料中北齐后主欲奔突厥的"五龙门"，论者多认为"五龙门"为北门之名⑤。但北齐都城邺南城"云龙门"位于城东、"神虎门"位于城西，北齐晋阳城"五龙门"是否为宫城城门？是否也是按照四象分布命名，待考。此外，北齐晋阳城周回二十七里，略大于邺北城，推测北齐晋阳城城门数量大于四座。

清道光《太原县志》载："晋阳宫在故唐城内，东魏武定三年置，齐天保中置大明宫……北有元德门（即玄德门），又北有元武楼（即玄武楼），楼下有门通外城……。"此史料不可能空穴来风，北齐晋阳宫北门区域可能有"玄德门""玄武门"等城门。

（三）城内的宫殿、佛寺、里坊等信息

晋阳城宫殿营建之史料，东魏时期始见，十分珍贵，辑录如下：

晋阳宫："（武定三年）丁未，神武请于并州置晋阳宫，以处配口……。"⑥

宣光殿、建始殿、嘉福殿、仁寿殿："起宣光、建始、嘉福、仁寿诸殿……。"⑦

---

① 《隋书·李礼成传》。
② 《隋书·段文振传》。
③ 《北齐书·文襄六王传·安德王延宗传》。
④ 《北齐书·后主记》，但有学者根据《读史方舆纪要》推测其为"大明城"南门。
⑤ 李裕民：《论太原的城防设施及其战略地位》，《中国古都研究》（第二十辑）——中国古都学会2003年年会暨纪念太原建成2500年学术研讨会论文集，山西人民出版社，2003年，第23～31页。
⑥ 《北齐书·神武帝纪》。
⑦ 《北齐书·齐宣帝纪》。

崇德殿："（皇建）二年，孝昭崩……发丧于崇德殿……。"①

昭信宫："改乾明元年为皇建。诏奉太皇太后还称皇太后，皇太后称文宣皇后，宫曰昭信……。"②

宣德殿、大明殿、德阳堂、万寿堂："晋阳宫在故唐城内，东魏武定三年置，齐天保中置大明宫，宫内建宣光、建始、嘉福、仁寿、宣德、崇德、大明七殿，德阳、万寿二北堂。北有元德门（即玄德门），又北有元武楼（即玄武楼），楼下有门通外城……。"③

后园：武成河清二年，有神见于后园万寿堂山前。

大丞相府："齐神武以晋阳四塞，乃建大丞相府而定居……。"④

竹马府："竹马府，在府城中……。"⑤竹马府确实存在。近年来出土的墓志中，明确记载了竹马府的存在⑥。

永巷："以俨之晋阳，使右卫大将军赵元侃诱执俨。元侃曰：'臣昔事先帝，日见先帝爱王，今宁就死，不能行'。帝出元侃为豫州刺史。九月下旬，帝启太后曰：'明旦欲与仁威出猎，须早出早还。'是夜四更，帝召俨，俨疑之。陆令萱曰：'兄兄唤，儿何不去。'俨出至永巷，刘桃枝反接其手。俨呼曰：'乞见家家、尊兄！'桃枝以袂塞其口，反袍蒙头负出，至大明宫，鼻血满面，立杀之，时年十四……。"⑦

十二院："又于晋阳起十二院，壮丽逾于邺下。所爱不恒，数毁而又复……。"⑧

大慈寺、大宝林寺："又为胡昭仪起大慈寺。未成，改为穆皇后大宝林寺……。"⑨

大明殿："十一月丙午，以晋阳大明殿成故，大赦……。"⑩

并州尚书省："诏以并州尚书省为大基圣寺，晋祠为大崇皇寺……。"⑪

大基圣寺、大崇皇寺："诏以并州尚书省为大基圣寺，晋祠为大崇皇寺……。"⑫

---

① 《北齐书·武成帝纪》。
② 《北齐书·孝昭帝纪》。
③ 清道光《太原县志》。
④ 《北史·齐本纪上》。
⑤ 《永乐大典》卷五二〇四《太原府志》引《晋阳记》。
⑥ 详见《郭钦墓志》，载叶炜、刘秀峰：《墨香阁藏北朝墓志》，上海古籍出版社，2016年，第80页。
⑦ 《北齐书·琅琊王传》。
⑧ 《北齐书·帝纪第八》。
⑨ 《北齐书·帝纪第八》。
⑩ 《北齐书·帝纪第八》。
⑪ 《北齐书·帝纪第八》。
⑫ 《北齐书·帝纪第八》。

三级寺:"(永熙三年)三月,并州三级寺南门灾……。"①

五级寺:"先令卫送庄帝于晋阳。兆后于河梁监阅财货,遂害帝于五级寺……。"②

大法寺:"以大宁二年三月薨于邺,窆于晋阳大法寺……。"③

某佛寺:"帝所幸彭夫人,亦音妓进;死于晋阳,造佛寺④,与总持相埒……。"(此段记载颇为重要,因为考古工作者发掘邺城城南赵彭城西南寺院,根据地层关系和出土遗物显示,其年代为北朝后期。根据遗迹、遗物和文献记载综合判断,学者认为该佛寺即为大总持寺⑤。通过对比其规模,可想而知晋阳该佛寺的规模)。

上党坊:《北齐书·帝纪第一》:"初,魏真君中内学者奏言上党有天子气……后上党人居晋阳者,号上党坊,神武实居之……。"《永乐大典》卷五二〇四《太原府志》:"高欢宅,在唐存信坊……。"《晋阳记》:"欢避葛荣之难,来居此坊……。"《北史·文宣帝纪》:"时讹言上党出圣人,帝闻之,将徙一郡。而郡人张思进上言,殿下生于南宫,坊名上党,即是上党出圣人,帝悦而止……。"

义井坊:"食太原郡干,给兵七十人。所住宅在,义井坊旁拓邻居,大事修筑,陆媪自往案行。势倾朝野……。"⑥

此外,康玉庆先生在《晋阳佛教文化三题》中还记载了北朝时期的定国寺、崇福寺、法华寺(原名开化寺)、童子寺,高欢避暑行宫改建的天龙寺、王韶宅改建的百官寺(后改名为解脱寺)、斛律明月宅改建的正觉寺、萧瑀宅改建的开元寺、宇文述宅改建的义兴寺等寺院信息。

二、考古资料中的魏晋南北朝时期文化遗存

魏晋南北朝时期,晋阳地区地下历史文化遗存亦可分为夯土遗存、地层堆积、墓葬遗存等(图三)。

---

① 《魏书·灵征志》。
② 《魏书·尔朱兆传》。
③ 《齐故定州刺史太尉公库狄顺阳王迥洛墓志》,记载于赵超:《汉魏南北朝墓志汇编》,天津古籍出版社,1992年,第414页。
④ 《北史·后妃下》。
⑤ 郭济桥:《邺都大总持寺及北齐密教信仰》,《殷都学刊》2014年第2期。
⑥ 《北齐书·祖珽传》。

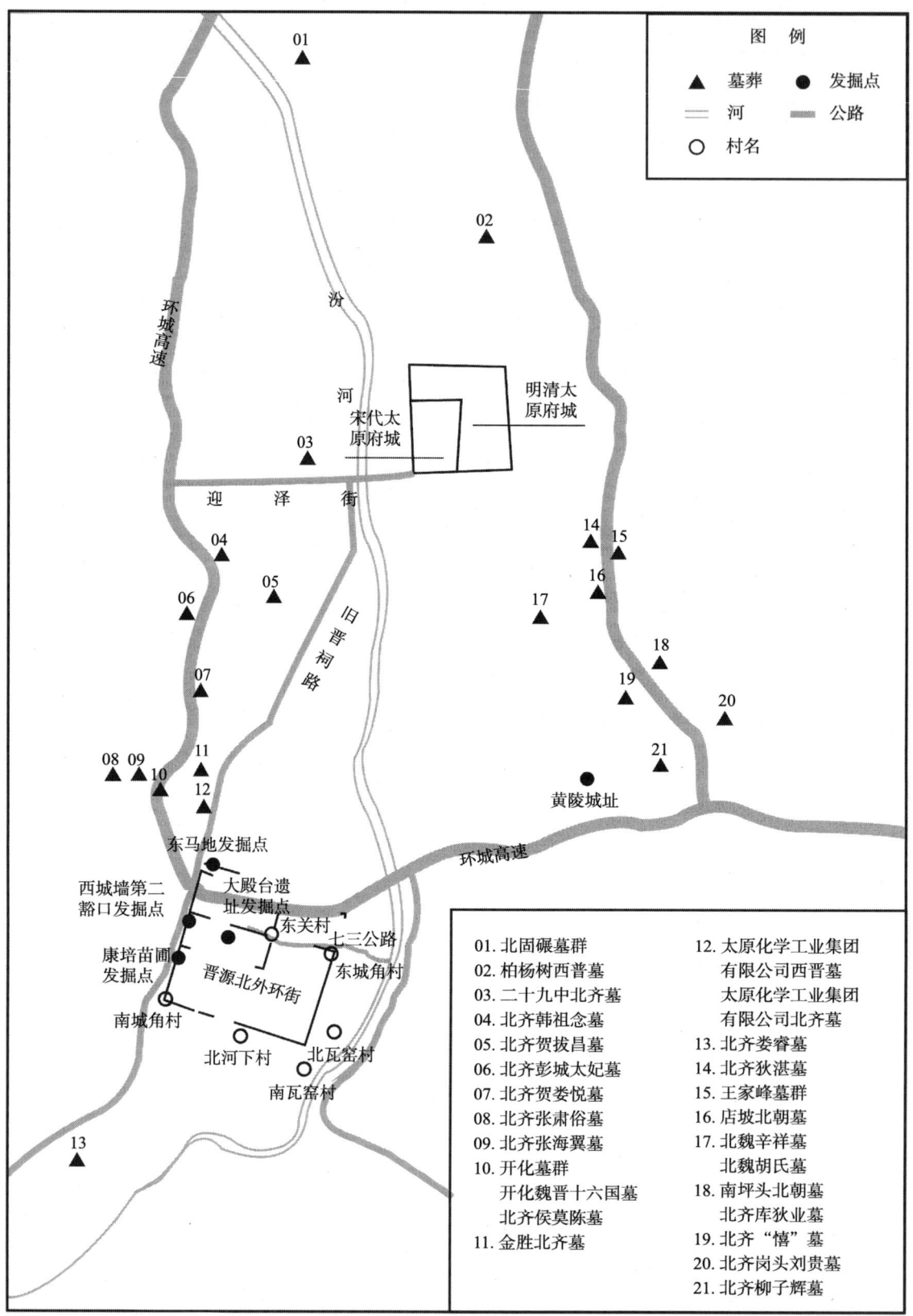

图三 魏晋南北朝时期晋阳文化遗存及晋阳城位置示意图

(一) 夯土遗存

1. 黄陵城址

位于小店区黄陵街办黄陵村大街 41 号，又称"王陵城"。因有晋太原王司马辅之陵而得名。平面形状不详。地表现存东西向残墙一段，残长约 8.6 米、基宽约 4 米、残高约 2.3 米。墙体砖包夯筑，夯层厚约 0.1 米，砖青色，长 0.4 米、宽 0.2 米、厚 0.08 米。明万历《太原府志》载："王陵城在太原县汾水东，旧县东南郑村，今改名黄陵村……。"《太平寰宇记》载："王陵城有晋太原王司马辅冢存……。"[1]

2. 西城墙第二豁口发掘点

位于地表现残存西城墙上豁口处。2005~2009 年进行试掘。发掘点坐标为东经 112°28′42.3″，北纬 37°44′22″。"通过发掘，发现了城墙两次大的营建过程和历代修补痕迹：第一次营建……时代当东周；第二次营建是在第一次营建城墙的西侧，这也是现存城墙遗迹的主体部分。城墙宽 15 米，夯层厚 0.1 米，夯筑时代最早为北朝时期。此外，在主体城墙的西侧还发现了两处比较明显的修补遗迹，时代为唐、五代……。"[2]

3. 康培苗圃发掘点

位于康培苗圃西北角、南距南城角村（目前定为晋阳古城西南城角，下同）处城角约 1100 米。2013 年发掘。夯土分为 7 个部分，其中夯 2：剖面呈梯形，依附于夯 1 西壁外侧。浅红褐色砂质黏土，较致密，硬度较大。残宽 3 米、厚 1.45 米。夯层明显，12 层，厚 10~14 厘米，夯窝不明显。叠压夯 1 所增筑，未见基槽。包含物有陶片、瓦片、砖块、石块等，出土遗物均不晚于北朝，此段夯土为北朝时期所筑[3]；夯 5 依附于夯 1 内壁，亦为北朝夯土，略。

(二) 地层堆积

1. 大殿台遗址发掘点

位于古城营村大殿台、西距西城墙约 1400 米。2013 年发掘，共布设 3 条探沟，其中 G2 第 8 层为北朝时期堆积层：分布于探沟东部，黄灰色土，土质较疏松，土内包含有沙粒、木炭粒和碎石块，出土遗物有陶片、瓦片、砖块等，陶片可辨识的器形主要是陶罐、陶碗、陶盆等，陶碗均为泥质灰陶，圆饼形足微内凹，陶盆内饰斜方格纹。出土的板瓦、筒瓦表面多磨光，筒瓦内部饰绳纹。该层下出现夯 3。距地表深 1.41~1.83 米[4]。

---

[1] 国家文物局：《中国文物地图集·山西分册·中》，中国地图出版社，2006 年，第 6 页。
[2] 太原市文物考古研究所：《晋阳古城遗址 2002~2010 年考古工作简报》，《文物世界》2014 年第 5 期。
[3] 晋阳古城考古队：《晋阳古城新发现城墙解剖》，《文物世界》2014 年第 5 期。
[4] 晋阳古城考古队：《晋阳古城大殿台遗址试掘简报》，《文物世界》2014 年第 5 期。

2. 康培苗圃发掘点

位于康培苗圃西北角、南距南城角村处城角约 1100 米。2013 年发掘。新发现城墙东西两侧地层第 6 层为北朝文化层：红褐色砂土，较致密，包含少量陶片、瓦片等。距地表深 2.95～3.55 米，厚 60～62 厘米[①]。

（三）墓葬遗存

1. 柏杨树西晋墓

位于杏花岭区中涧河乡柏杨树村、南距北大街（明清太原府城北墙，下同）3.3 千米。2000 年清理砖砌单室墓 1 座，坐南朝北，墓室平面呈"亚"字形，穹隆顶，长、宽均 2.65 米，残高 2 米。有人骨 2 具。出土有陶盆、罐、酱黄釉四系罐及铜镜、铁刀等[②]。

2. 北固碾墓群

位于尖草坪区迎新街办北固碾村、东南距北大街 9.3 千米。面积不详。1991 年清理墓葬 3 座，均为砖砌单室墓，坐北朝南，墓室平面呈方形，边长 2.5～3 米，墓顶均毁。出土有陶罐、多子盒及银簪、五铢钱等[③]。

3. 北郊加气砼厂北朝墓

1991 年发掘。

4. 二十九中北齐墓

位于万柏林区太原第二十九中学校，西南距下元区域 1.3 千米。1993 年发掘。

5. 北齐娄睿墓

位于晋源区王郭村南侧，北距南城角村约 5.5 千米。娄睿（？～570 年），鲜卑人，原姓匹娄，北齐外戚，累官至南青州东安郡王，《北齐书》有传。1979～1981 年发掘，由地面和地下两部分构成。地面圆形封土，底径 11.3 米、残高约 6 米。地下为砖砌单室墓，坐北向南，由斜坡墓道、天井、甬道、墓室四部分组成。墓室平面呈弧边方形，四角攒尖顶。墓道至墓室顶部及四壁满布彩绘壁画，共 71 幅，面积约 200 平方米，分生前生活与死后飞升两部分，内容有出行、归来、云气、天象、天神、生肖等。出土陶罐、陶瓶、陶壶、陶碗、陶镇墓兽、陶人物俑、陶牲、陶仓、陶灶、陶厕、陶磨、瓷盂、瓷瓶、瓷灯、瓷鸡首壶、石柱础、石狮，以及金、银、铜、蚌、玉、铁等质地的装饰品和武平元年（570 年）墓志等。志文记述墓主生平[④]。

---

① 晋阳古城考古队：《晋阳古城新发现城墙解剖》，《文物世界》2014 年第 5 期。
② 国家文物局：《中国文物地图集·山西分册·中》，中国地图出版社，2006 年，第 1 页。
③ 此墓出土有"多子盒"等随葬品，"多子盒"也叫"果搉"，多出土于魏晋时期，关于多子盒的分期详见张小舟：《北方地区魏晋十六国墓葬的分区与分期》，《考古学报》1987 年第 1 期。
④ 国家文物局：《中国文物地图集·山西分册·中》，中国地图出版社，2006 年，第 23 页。

6. 开化墓群

位于晋源区罗城街办开化村，南距罗城高速收费站约 1.5 千米。清理北齐墓葬 22 座，其中无天井墓 8 座、单天井墓 12 座、双天井墓 2 座。均为土洞墓，由斜坡墓道、墓室组成。随葬器物以红陶碗、罐、壶为主。高等级墓葬出土有彩绘陶俑[①]。

7. 开化魏晋十六国墓葬

位于晋源区罗城街办开化村，南距罗城高速收费站约 1.5 千米。2012 年发掘。发现 1 座有前室、中室、后室和南北四个侧室的大型砖室墓，虽然该墓葬未出土随葬品，但发掘者推断，该墓可能是魏晋十六国时期高等级墓葬[②]。

8. 北齐侯莫陈墓

位于晋源区罗城街办开化村，东南距罗城高速收费站约 1.5 千米。2002 年发掘。墓葬为洞室墓，坐北朝南，由斜坡墓道、券拱式过洞、竖穴天井和墓室组成。出土随葬器物 79 件，有陶俑、牛车、瓷碗、瓷盒、瓷灯、细颈瓶、陶灶、陶厕等，另出土有铜镜 1 枚、"常平五铢"铜钱 1 枚、石碑 1 通。碑首为半圆形，上半部分平整过，下半部分仍是毛坯石，在平整碑面的中央浮雕有立人像，人像周围阴刻碑文。从碑文记载来看，墓主人是北齐政权的一名中级官吏，墓葬年代应与碑文中的"天保六年（555 年）"相符[③]。

9. 北齐张肃俗墓

位于晋源区罗城街办寺底村，东南距罗城高速收费站约 2.8 千米、东北距晋源区义井街办义井村约 5.9 千米。张肃俗（533~559 年），字季良，代郡平城人（今山西大同），长安侯张子霞第四子。1955 年发掘。为土洞单室墓，坐北向南，墓室平面呈方形，墓门以不规则石灰岩封闭。出土有陶碗、罐、灶、厕、井、镇墓兽、女俑、牲、牛车及天保十年（559 年）墓志等[④]。

10. 北齐张海翼墓

位于晋源区罗城街办寺底村，东南距罗城高速收费站约 2.8 千米、东北距晋源区义井街办义井村约 5.9 千米。俗称"小官坡"。张海翼（？～565 年），曾任徐州司马，封长安侯。1990 年清理。为土洞墓，出土有陶人物俑、陶牲、瓷碗、铜镜、钱币及天统元年（565 年）墓志。志文记述墓主生平[⑤]。

---

① 山西省考古研究所、山西大学历史文化学院、太原市文物考古研究所、太原市晋源区文物旅游局：《山西太原开化墓群 2012~2013 年发掘简报》，《文物》2015 年第 12 期。
② 太原市文物考古研究所内部资料。
③ 山西省考古研究所：《太原西南郊北齐洞室墓》，《文物》2004 年第 6 期。
④ 国家文物局：《中国文物地图集·山西分册·中》，中国地图出版社，2006 年，第 23 页。
⑤ 国家文物局：《中国文物地图集·山西分册·中》，中国地图出版社，2006 年，第 23 页。

11. 金胜北齐墓

位于晋源区金胜镇金胜村,南距罗城高速收费站约 3 千米。分为土洞与砖室两种,土洞墓多为窄长条形墓道和墓室,墓门用石块封砌。砖室墓大都随葬陶俑,少部分残存四神、日月星辰等彩绘壁画。1987 年发掘砖砌单室墓 1 座。坐北向南,墓室平面呈弧边方形,穹隆顶,边长 2.68 米。四角有砖砌角柱及斗拱结构,墓室顶部及四壁残存日月星辰、神仙、家居生活等彩绘壁画 6 幅。出土有陶瓶、陶壶、陶罐、陶人物俑、陶牲、瓷鸡首壶及"常平五铢"铜钱等[①]。

12. 太原化学工业集团有限公司西晋墓

位于太原化学工业集团有限公司厂内,东南距罗城高速收费站约 3.1 千米。2014 年清理。为砖构多室墓,坐北朝南,由墓道、甬道、前室、后室、左右侧室组成。墓顶已毁,出土陶罐、陶俑、陶马、铜带钩、"位至三公"铜镜等[②]。

13. 太原化学工业集团有限公司北齐墓

位于太原化学工业集团有限公司厂内,东南距罗城高速收费站约 3.1 千米。2014 年清理。为土洞墓,坐北朝南,由墓道、墓室组成。出土陶壶、陶碗、"常平五铢"铜钱等[③]。

14. 北齐贺娄悦墓

位于晋源区小井峪乡神堂沟村,东北距晋源区义井街办义井村约 2.1 千米。贺娄悦(505~560 年),字阿乐,高陆阿阳人(今甘肃省静宁县南),历任明威将军、卫大将军、直荡正都督、安州刺史、太仆少卿、封礼丰县开国子。墓葬位于汾河西岸蒙山脚下。为土洞墓,墓室已毁。出土有陶武士俑、仪仗俑、文吏俑、镇墓兽、牛车、猪、羊及皇建元年(560 年)墓志等。志文记述墓主生平[④]。

15. 北齐彭城太妃墓

位于晋源区小井峪乡黄坡村,东南距晋源区义井街办义井村约 1.9 千米。彭城太妃为尔朱荣之女、神武帝高欢之妃。地表现存圆形封土 1 座,底径约 4.78 米、残高约 3 米。清光绪《山西通志》载:"北齐彭城太妃墓,在太原县石堂头村。旧通志:'在县北十五里,尔朱荣女,神武帝妃,有志石。'"[⑤]

16. 北齐贺拔昌墓

位于和平南路六建宿舍附近,西南距晋源区义井街办义井村(三角城区域,下同)约 1.1 千米。贺拔昌(?~553 年),北齐安定王贺拔仁世子,累官至骠骑大将

---

① 国家文物局:《中国文物地图集·山西分册·中》,中国地图出版社,2006 年,第 22 页。
② 唐洁:《太原化学工业集团有限公司厂区发现的两座墓葬》,《文物世界》2016 年第 5 期。
③ 唐洁:《太原化学工业集团有限公司厂区发现的两座墓葬》,《文物世界》2016 年第 5 期。
④ 国家文物局:《中国文物地图集·山西分册·中》,中国地图出版社,2006 年,第 19 页。
⑤ 国家文物局:《中国文物地图集·山西分册·中》,中国地图出版社,2006 年,第 18 页。

军,瀛州刺史。1999 年发掘。为砖砌单室墓,坐北向南,墓室平面呈弧边方形,边长 4.8 米,穹隆顶,砖券门洞。出土有陶俑、天保四年(553 年)墓志等。志文记载墓主生平[①]。

17. 北齐韩祖念墓

位于晋源区小井峪乡大井峪村,东南距晋源区义井街办义井村约 2.2 千米。韩祖念(?~568 年),字师览,昌黎人(今河北省保定市北)。历任司徒、大将军、刺史,封武功王,谥忠武。1982 年清理。为砖砌单室墓,坐北向南。墓室平面呈弧边方形,四角攒尖顶,边长 4.9 米、高 6.1 米。出土有陶人物俑、玻璃杯、细颈铜瓶及天统四年(568 年)墓志等。志文记载墓主生平[②]。

18. 北齐狄湛墓

位于迎泽区郝庄镇王家峰村,南距黄陵村约 6.7 千米。狄湛(?~564 年),唐代名相狄仁杰之四世祖,历任车骑将军、泾州刺史。2000 年清理。为土洞墓,砂石质门,墓已残。出土陶俑及河清三年(564 年)墓志等。志文记述墓主生平[③]。

19. 北齐王家峰墓群

位于迎泽区郝庄镇王家峰村,西南距黄陵村约 6.5 千米(黄陵城区域,下同)。据勘探结果,共有 3 座墓葬,徐显秀墓是最完整的一座。徐颖(501~571 年),字显秀,忠义郡(今山西省文水县)人。官至太尉,封武安王。《北齐书》《北史》和《隋书》均有关于徐显秀的记载。地表存长方形夯筑封土 1 座,底边长约 13.9 米、宽约 7 米、残高约 5.2 米。2000~2002 年清理。为砖砌单室墓,坐北朝南,由墓道、过洞、天井、甬道、墓室组成。墓室平面略呈弧边方形,西部砌棺床。墓道两侧及墓壁满饰彩绘壁画,面积 300 余平方米,内容有宴饮图、仪仗出行图等。墓中出土有青瓷灯、鸡首壶、尊、各式陶俑及武平二年(571 年)墓志等[④]。

20. 北魏辛祥墓

位于迎泽区郝庄镇东太堡村,南距黄陵村约 5 千米。辛祥(463~518 年),字万福,陇西狄道人(今甘肃省临洮县东北),历任鄢州龙骧长史、义阳太守、华州征虏安定王长史。神龟元年(518 年)卒于洛阳,神龟三年(520 年)迁于太原与先卒妻子李氏合葬。《魏书》中有载。1975 年清理。为土洞单室墓,坐北朝南,墓室平面呈长方形,长 3.95 米、宽 3.9 米、高 3.1 米,方锥形顶。墓室中央置二木棺。出土有青釉瓷鸡首壶、瓷茶具、铜镜、铜尺、铜镊子及"太和五铢"铜钱、石灯和墓志 2

---

① 国家文物局:《中国文物地图集·山西分册·中》,中国地图出版社,2006 年,第 23 页。
② 国家文物局:《中国文物地图集·山西分册·中》,中国地图出版社,2006 年,第 19 页。
③ 国家文物局:《中国文物地图集·山西分册·中》,中国地图出版社,2006 年,第 9 页。
④ 国家文物局:《中国文物地图集·山西分册·中》,中国地图出版社,2006 年,第 9 页。

方。志文记述墓主生平①。

21. 北魏胡氏墓

位于迎泽区郝庄镇东太堡村，南距黄陵村约 5 千米。胡氏（448~522 年），为北魏宁朔将军东安太守辛凤麟之妻，安定临泾人（今甘肃泾川县），祖父与父《魏书》均有传。墓葬形制不详。1937 年出土墓志 1 方。青石质，平面近方形，盖面篆刻"魏故东安太守陇西辛君夫人胡氏之墓志铭"。志石长 0.45 米、宽 0.42 米。志文魏体，记载其生平事迹②。

22. 店坡北朝墓

位于迎泽区郝庄镇店坡村西侧，南距黄陵村约 5 千米。2017 年发掘。墓葬为土洞墓，由斜坡墓道、墓室组成。出土陶罐、陶碗等③。

23. 南坪头北朝墓

位于小店区北营街办南坪头村，西南距黄陵村约 4 千米。

24. 北齐库狄业墓

位于小店区北营街办南坪头村，西南距黄陵村约 4 千米。库狄业（？~567 年），历任仪同三司、太仆卿、兖州刺史等。1984 年清理。为土洞墓，坐北朝南，由墓道、甬道、天井、石门、墓室组成，拱形顶。通长 21.8 米，墓室长 4.2 米、宽 2.1~2.6 米。出土有陶盘、陶俑、瓷鸡首壶、铜釜、铁刀及天统三年（567 年）墓志等。志文记述墓主生平④。

25. 北齐"憘"墓

位于许坦东街山西通用电池厂内，东南距黄陵村约 3 千米。憘（？~571 年），字元乐，代郡平城人（今山西省大同市）。历任虎贲中郎将、车骑大将军、骠骑大将军、益州刺史、瓜州刺史、仪同三司等职。2002 年清理。墓已残，出土武平二年（571 年）墓志。志文记述墓主生平⑤。

26. 北齐岗头刘贵墓

位于小店区北营街办岗头村，西南距黄陵村约 4.5 千米。刘贵（？~563 年），字至迁，河间武垣人。历任奉车都尉、中坚将军、镇远将军、安北将军、乡郡太守、东夏州刺史。2003 年采集陶俑及河清二年（563 年）墓志等。志文记述墓主生平⑥。

---

① 国家文物局：《中国文物地图集·山西分册·中》，中国地图出版社，2006 年，第 8 页。
② 国家文物局：《中国文物地图集·山西分册·中》，中国地图出版社，2006 年，第 9 页。
③ 太原市文物考古研究所内部资料。
④ 国家文物局：《中国文物地图集·山西分册·中》，中国地图出版社，2006 年，第 7 页。
⑤ 太原市文物考古研究所内部资料。
⑥ 太原市文物考古研究所内部资料。

27. 北齐柳子辉墓

位于小店区黄陵街办郑村，西距黄陵村约 2.5 千米。柳子辉（？～558 年），字景安，高柳人（今山西省阳高县西北）。1960 年清理。为砖砌单室墓，坐北向南，墓壁与墓顶已毁，墓室平面呈长方形，北部存人骨 2 具。出土有陶器、玉器、天保九年（558 年）墓碑及青石板等。碑文记述墓主生平[①]。

三、魏晋南北朝时期晋阳城研究

魏晋南北朝时期，晋阳城也不是一成不变的，概括起来，可大致分为魏晋十六国时期、北魏—北齐时期。

（一）魏晋十六国时期晋阳城

目前，研究唐五代时期晋阳城城市布局的，必定会引用唐李吉甫《元和郡县图志》中的："……府城，故老传晋并州刺史刘琨筑。今按城高四丈，周回二十七里……。"并依此条记载，结合已知城墙、地名、相互位置关系对晋阳城进行考证。此史料有对有错，关于唐代太原府城部分的记载应当是正确的，即"唐代府城周回二十七里……"，此条也可以理解为"在前代城址基础上的唐代府城周回二十七里……。"但是史料关于该城建造者"故老传晋并州刺史刘琨筑"的描述则有待商榷：诚如前文所述，刘琨治并的初期，晋阳正经历着饥荒，所以才有"时东嬴公腾自晋阳镇鄴，并土饥荒，百姓随腾南下，余户不满二万，寇贼继横，道路断塞……"[②] 等记载。同时，严重的饥荒和战乱，使得晋阳城"府寺焚毁，僵尸蔽地，其有存者，饥羸无复人色，荆棘成林，豺狼满道……。"[③] 几乎成为一座死城。而此时的刘琨不过"琨募得千余人，转斗至晋阳……。"[④] 靠有数的人力，同时面临着日益严峻的局势，刘琨能做到"翦除荆棘，收葬枯骸，造府朝，建市狱……"；"寇盗互来掩袭，恒以城门为战场，百姓负楯以耕，属鞬而耨……"；"在官未期，流人稍复，鸡犬之音复相接矣……"[⑤] 等已实属不易，让刘琨修筑或者在东汉、曹魏晋阳城址基础上展筑"周回二十七里的城址"则勉为其难。即便刘琨有能力修筑如此庞大的城址，那么是否有此必要且如何安排人力防守呢？事实上，因为城大而放弃部分城址防御的事例在古代并不少见：《晋书·张轨传》就有"俄而麻秋进攻枹罕（今甘肃省临夏县附近），时

---

① 国家文物局：《中国文物地图集·山西分册·中》，中国地图出版社，2006 年，第 7 页。
② 《晋书·刘琨传》。
③ 《晋书·刘琨传》。
④ 《晋书·刘琨传》。
⑤ 《晋书·刘琨传》。

晋阳太守郎坦以城大难守，宜弃外城。武城太守张悛曰：'弃外城则大事去矣，不可以动众心'……"的争论。《旧唐书·马燧传》也有"燧以晋阳王业所起，度都城东面平易受敌，时天下骚动，北边数有警急，乃引晋水架汾而注之东，潴以为池，寇至计省守陴者万人；又决汾水环城，多为池沼，树柳以固堤……"的记载。因此前文所述的"周回二十七里"的城址基本可以肯定不是刘琨修筑（或者展筑）的。当然，刘琨之后的后赵、前燕、前秦、后燕等时期，或晋阳城治所迁移或战事频繁或国力孱弱，因此"周回二十七里的城址"也基本可以肯定不是上述时期修筑（或者展筑）的。

我们注意到永嘉六年（312年），晋阳沦陷后"拓跋猗卢出兵，刘琨军千余人为向导，驻扎狼孟（今山西阳曲县黄寨村）……"的史实。同样，也注意到"拓跋猗卢留下部将姬澹、段繁等戍晋阳，刘琨收集散兵，暂屯阳曲……"的记载。结合前文"西汉中晚期'晋阳城'城址在今太原市区范围"的推断；在今太原市区北侧尖草坪区域"发现出土'位至三公'铜镜"的西晋墓、在北固碾区域"发现随葬品有'多子盒'"的墓葬；以及宋代、明清时期阳曲县治所在今太原市区，我们有理由相信，永嘉六年之后刘琨曾在今太原市区范围内的"阳曲"暂屯，当然此"阳曲"城址可能不大，周回仅相当于同时期县级城址规模。

魏晋十六国时期晋阳城，位置当在今晋源区古城营村一带，该城规模当不大于东汉时期晋阳城。开化墓群中的东汉时期M13等墓葬流行的圆木或半圆木拼接椁室，与山西朔县汉墓GM144、榆次北合流M1、鄂尔多斯新地M5等地的墓葬风格基本相同[①]，说明当时晋阳地区的墓葬已融入了北方因素；开化墓群还发现1座由前室、中室、后室和南北四个侧室的大型砖室墓，虽然该墓葬未出土随葬品，但发掘者推断，该墓可能是魏晋十六国时期高等级墓葬，此墓与同时期晋阳城的关系密切，蕴含有大量的信息。

（二）北魏—北齐时期晋阳城

1. 北朝晋阳城的建设及其四至范围略考

前文已述，唐李吉甫《元和郡县图志》记载的"周回二十七里的唐代府城"，不大可能是晋并州刺史刘琨所筑，也不大可能是后赵、前燕、前秦、后燕等时期修建，那么，这个"周回二十七里"城址的建造时间，只能是晋阳城局势平稳后的北魏中后期或者处于政治中心、别都的东魏北齐时期。

《魏书·刘仁之传》有"（刘仁之）性又酷虐，在晋阳曾营城雉，仁之统监作役，以小稽缓，遂杖前殿州刺史裴瑗、并州刺史王绰，齐献武王大加谴责……"的记载。刘仁之，字山静，河南洛阳人。武定二年（544年）卒，其生年不详。根据

---

① 山西省考古研究所、山西大学历史文化学院、太原市文物考古研究所、太原市晋源区文物旅游局：《山西太原开化墓群2012~2013年发掘简报》，《文物》2015年第12期。

"道武宣穆皇后刘氏，刘眷女也。登国初（386年左右），纳为夫人……"① "刘罗辰，代人，宣穆皇后之兄也。父眷……子尔头，位魏昌、廮陶二县令，赠钜鹿太守。子仁之……"② 等记载，推测刘仁之生于4世纪中后叶。刘仁之"在晋阳营城雉"的时间当在裴瑗离任殷州刺史之后、王绰任并州刺史之时、高欢据有晋阳阶段，可能在532年（高欢据有晋阳）至539年（裴瑗去世）之间，至于刘仁之营建的城雉与"周二十七里"的晋阳城城址有何关系，还需进一步考证。

北魏—北齐时期晋阳城的城址"周回二十七里"，关于此城址的平面布局，晋阳古城研究者分为两派："东城角派"认为晋阳城应当是东西宽约4500米（西城墙至东城角村），南北长约2700米（南城角村至七三公路）；"东关村派"认为此城的东城墙在今东关村西侧南北一线，西城墙在今罗城村东与南城角村一线，南城墙当在南城角村与北河下村北侧一线，北城墙当在今罗城村与城北村南侧一线。既然"周回二十七里"记载于唐李吉甫的《元和郡县图志》书中，那么此27里的数值应当是按照"唐27里"来记录的，按照唐1里折合今制531米计算③，则北魏—北齐时期城址大约在14337米。

按照"东城角派"观点，测算城址周回在14700米左右④，该数值与史料记载的数值较接近⑤；按照"东关派"观点，城址东西宽2500米左右、南北长3750米左右，实际测算城址周回在12500米左右，该数值与根据史料记载的数值差距较大。为了合理解释这个数字上的差别，"东关派"研究者或用"大致""约略""相差无几"等词语一笔带过；或者精心考证史料的某一部分可能有误；或者"硬说城墙的长度（或宽度）折合唐代多少里"。

按照数值测算，"东城角派"的测算数值与史料推算数值接近；且目前已勘探发现一道比较完整的城圈，似乎"东城角派"的观点更符合实际。但是，无论"东城角派"还是"东关派"都忽略了"都城左汾右晋，潜丘在中，长四千三百二十一步，广三千一百二十二步，周万五千一百五十三步，其崇四丈……"⑥；"都城，周回（四）十二里，东西十二里，南北八里二百三十二（步）……"⑦ 这两则史料所蕴含的全部信息。依据笔者"早期的、官方记载的、有晋阳古城明确尺寸数值就是我们研究晋阳古城的

---

① 《魏书·皇后列传》。
② 《魏书·外戚上》。
③ 本文"唐1里折合今制531米"，详见于陈梦家：《亩制与里制》，《考古》1966年第1期。但是关于推测唐尺与今制的关系，本文附录五有进一步的阐述。
④ 勘探发现"夯土城墙"呈梯形，其中，北城墙东西长4500米、南城墙东西长4780米，详见附录六。
⑤ 古今测算城墙周回的测点不同，必然会产生数值的差异，详见附录五。
⑥ 《新唐书·地理三》。
⑦ 《永乐大典》卷五二〇四《太原府志》引《晋阳记》。

依据"的观点,笔者认为,如果对"东关派"的观点适当修正:其西城墙无论是按《新唐书·地理三》所记载的"广三千一百二十二步",还是《晋阳记》中的"南北长八里二百三十二(步)"计算,则修正后西城墙与东关村附近南北向城墙形成的城圈,其周回数值在14200米左右,此数值与《元和郡县图志》记载的"周回二十七里"也很接近。

虽然"东城角派"推测的城墙长宽比1:0.6(4500:2700)更接近邺北城的长宽比,且更美观;但是北齐晋阳城是否仿照邺北城的城市布局?如果北齐晋阳城的宫城区也是位于城市北侧中部,那么"东关派"的观点可能更接近实际。

2. 北齐晋阳城宫城考①

唐李吉甫《元和郡县图志》载:"东魏孝静帝于此置晋阳宫,隋文帝更名新城,炀帝更置晋阳宫,城高四丈,周回七里……。"文中所言"东魏孝静帝于此置晋阳宫",当是指齐献武王高欢于武定初年所建之晋阳宫。高洋代魏,都城虽定于邺城,但高欢集团却更为重视晋阳这座别都,高氏于晋阳多有营建,建筑壮丽,不输邺城。历史上的晋阳宫屡经兴废,最早期的晋阳宫兴建于武定三年(545年)。《北齐书·帝纪第二》:"神武请于并州置晋阳宫,以处配口……。""配口"即因犯法而沦为官奴之人。高欢在并州置宫室,目的是要处置一些人口。当然这是高欢的借口,实际上,高欢是要在晋阳建立自己的根据地。因此,高欢向东魏孝静帝"请求"修建宫殿,但并非单纯如史书所言,是一座宫殿。晋阳宫名为"宫",实际却是一座宫城,包含多所宫殿建筑,甚至可以处置牛马羊等畜牧。《北齐书·帝纪第六》:"是月,帝亲戎北讨库莫奚,出长城,虏奔遁,分兵致讨,大获牛马,括总入晋阳宫……。"即是其证。因此,"晋阳宫"既是晋阳宫殿群的总称,又是晋阳宫殿群的核心。

《元和郡县图志》载河清四年(565年)"自今州城中移晋阳县于汾水东……。"为什么在这一年另辟新城安置晋阳县治呢?我们认为,这可能和高湛禅让于高纬事件有关。《北齐书·帝纪第八》:"河清四年,武成禅位于帝。天统元年夏四月丙子,皇帝即位于晋阳宫,大赦,改河清四年为天统……。"此年高湛退位,尊为太上皇。高纬即位,是为北齐后主。一宫之内,并出二帝,于礼不合,势必要起建新殿。新殿必须要建在晋阳宫诸殿之外。《北齐书·冯子琮传》:"天统元年,世祖禅位后主……世祖在晋阳,既居旧殿,少帝未有别所,诏子琮监造大明宫②。宫成,世祖亲自巡幸,怪其不甚宏丽……。""少帝未有别所",《冯子琮传》中清晰地揭示

---

① 本章节主要是对北齐晋阳城宫城历史变迁轨迹的考证,关于晋阳宫的位置、大小等的推测详见下章。
② 此处是建"大明宫",有研究者注意到《北齐书》《北史》等史料并没有"大明城"之称谓,皆云"大明殿"或"大明宫"。"大明城"一词最早出现,是成书在唐宪宗元和八年(831年)李吉甫的《元和郡县图志》一书中。

了这个矛盾，面对这个政治局面，必须要给少帝高纬新建一座宫殿。于是高湛任命冯子琮监造大明宫。天统二年起建①，天统三年殿成。建成以后，高湛亲自巡视，对冯子琮的修建并不满意，责怪宫殿修建得不够宏丽。冯子琮则回复称："至尊幼年，纂承大业，欲令敦行节俭，以示万邦。兼此北连天阙，不宜过复崇峻……。""北连天阙"，"天阙"，代指皇室。《魏书·刘昶传》："陛下道化光被，自北而南，故巴汉之雄，远觐天阙……。"《魏书·傅竖眼传附傅灵越传》："卿何不早归天阙，乃逃命草间乎……"皆是其例。冯子琮谓大明宫北连天阙，实际上就是指出大明宫位于北齐晋阳宫的南面。此记载与唐《元和郡县图志》引用南朝士人姚最《序行记》："晋阳宫西南有小城，内有殿，号大明宫……"的记载也是一致的②。

　　北齐覆灭以后，晋阳城宫殿建筑曾经遭到拆毁。《周书·武帝纪》载："建德五年十二月丙寅，出齐宫中金银宝器珠翠丽服及宫女二千人，班赐将士……。"建德六年二月，北周决定在相、并二州设总管并各置宫及六府官，以加强这些新定之地的管理。对于六府官的设置，胡三省曾认为，"相、并二州……置六府官，以代省也。六府官，盖仿长安六官之府，未必备官也……。"③王仲荦《北周六典》卷七"同州司会东京六府·相州司会"条云："按北周武帝建德六年二月，于相、并二总管府置官及六府官，故时有相州司会，任此者见《文馆词林》卷四百五十二薛道衡大将军赵芬碑铭曰'东夏平，授相州天官府司会。大象元年，置六府于洛阳，除小宗伯，摄夏官府事'……。"但是，栾贵川认为，相、并二州的六府确实设官，且"实为宗王出镇，具有大行台的性质……。"④我们认为这一论断可信。北周政权平定北齐以后，在曾经作为北齐别都的并州，设立总管府，并设六府，实际上是建立以类行台的机构，对北齐的核心统治区进行控制与管理。这些机构，当安排在原北齐皇室所居住的宫殿区内办公。五月，随着邺城及北齐大部分辖境的彻底平定，北周武帝下诏：

"朕钦承丕绪，寝兴寅畏，恶衣菲食，贵昭俭约。上栋下宇，土阶茅屋，犹恐居之者逸，作之者劳，讵可广厦高堂，肆其嗜欲。往者，冢臣专任，制度有违，正殿别寝，事穷壮丽。非直雕墙峻宇，深戒前王，而缔构弘敞，有逾清庙。不轨不物，何以示后。兼东夏初平。民未见德，率先海内，宜自朕

---

① 《隋书·五行志》：后齐后主天统二年春，大发卒起大明宫。
② 有研究者根据《永乐大典》卷五二○四《太原府志》引《晋阳记》："（大明殿），武成为太上皇所置"及前文所述河清四年，高湛退位，可能居于汾东晋阳县，推测大明殿在汾东晋阳县内。
③ 《资治通鉴》卷一百七十三，陈宣帝太建九年二月条，胡注。
④ 栾贵川：《论隋唐时期相州的政治地位》，《殷都学刊》1989年第3期。

始。其露寝、会义、崇信、含仁、云和、思齐诸殿等，农隙之时，悉可毁撤。雕斫之物，并赐贫民……。"①

诏书点名拆除北齐都城邺城的"露寝、会义、崇信、含仁、云和、思齐"诸殿②。是月，北周武帝再次下诏："京师宫殿，已从撤毁。并、邺二所，华侈过度，诚复作之非我，岂容因而弗革。诸堂殿壮丽，并宜除荡，甍宇杂物，分赐穷民。三农之隙，别渐营构，止蔽风雨，务在卑狭……。"③是年十二月庚申，北周武帝行幸并州宫，做出决定，"移并州军人四万户于关中……。"④同时任命上柱国、申国公李穆为并州总管，管理并州地区。十二月戊辰，"废并州宫及六府……。"并州六府设置仅半年，就被废掉，同时废掉的还有"并州宫"。

北周武帝两次下诏，去除"并、邺二所堂殿""废并州宫"，到底拆除了并州宫内哪些宫殿建筑，我们无从考证。但是根据唐李吉甫《元和郡县图志》："东魏孝静帝于此置晋阳宫，隋文帝更名新城，炀帝更置晋阳宫，城高四丈，周回七里……"的记载，隋文帝更名为"新城"，既名"新城"，则高欢以来诸殿，恐已不存。很有可能到隋代，在原晋阳城晋阳宫的位置上，已经是一片新城。而"炀帝更置晋阳宫"这一条记载再次证明，晋阳宫在北周灭齐以后，得到了拆除，否则隋炀帝没有必要重置，近年来的考古发掘也证明了晋阳宫的劫难⑤。

此外，根据谢元璐等在《晋阳古城勘察记》中记载"（七三公路南侧的西城墙）在断面上有很多穿墙孔痕迹，同时在夯土中发现有木柱灰和木柱下面的础石，础石方约40厘米。夯土质地、颜色和夯法和古城南墙相同。在城墙拐角的夯土中，发现穿墙孔的方向渐由东西折转为南北的现象，这在城墙的建筑上，也说明城墙折转向东去了。这里正是古城的西北城角……"；"（七三公路北侧的西城墙）夯土中掺有沙子，质地疏松，夯土厚13～15厘米，大夯窝……。"我们推测"七三公路北侧的西城墙"晚于"七三公路南侧的西城墙"。由于"西城墙第二豁口发掘点"处城墙（七三公路南面的西城墙）主体是北齐时期，那么"七三公路北侧的西城墙"是否为北齐时期之后的城墙，其与北周时期"去除并、邺二所堂殿""废并州宫"等行为有无逻辑关系，留存备考。

---

① 《周书·武帝纪》。
② 笔者按，这并非全部拆除邺城宫殿，只是拆除部分建筑。
③ 《周书·武帝纪》。
④ 《周书·武帝纪》。
⑤ 2016年，晋阳古城二号建筑基址出土一批石刻残块，其中一块刻有"即隋之晋阳宫"。但是该建筑基址应当是在唐代"大明城"的位置。

（三）北朝时期晋阳城周边城址

史料中关于北齐时期晋阳城周边城址的记载并不多，相关研究必须依靠考古发掘成果进行分析研究。限于各种因素，晋阳城周边城址的考古发掘工作进展缓慢，我们只能结合有限的考古资料进行综合判断。幸运的是，近年来北朝墓葬考古资料逐步增多，很多墓志材料"有意无意"间保留了一些北朝时期晋阳城的相关信息，进一步丰富了我们对北朝时期晋阳城的认识。

1. 皇陵城

皇陵城，隶属于晋阳县。2001年6月，太原市文物考古研究所在今太原市小店区黄陵乡龙堡村发掘北齐□僖墓，出土《□僖墓志》记载："（□僖）以武平三年岁次壬辰十月己巳朔十六日甲申葬于晋阳县皇陵城北四里之山……。"[1] 2003年4月，太原市文物考古研究所在今太原市小店区黄陵乡岗头村收缴北齐刘贵墓墓志等随葬品，当时村民介绍，刘贵墓在取土中已挖毁。刘贵墓志记载"（刘贵）以河清二年五月九日，窆于黄陵城西北玖里……。"[2] □僖墓作"皇陵城"，刘贵墓则书作"黄陵城"，应是同一城。但是，根据刘贵墓和□僖墓的记载，于地理上颇难确定皇陵城之方位：岗头村刘贵墓位于黄陵城西北九里，则黄陵城在岗头村东南；龙堡村□僖墓位于皇陵城北四里，则皇陵城在龙堡村南三四里。两墓志指向的城址相距较远，莫非皇陵城在武平三年以后，进行过一次迁移？另外，在北起王家峰村、南至黄陵村，今太原市东山地区西侧坡地，还先后出土了北魏辛祥墓、胡氏墓，北齐柳子辉墓、库狄业墓、狄湛墓、徐显秀墓等高等级墓葬，亦出土过店坡北朝墓、南坪头北朝墓等中小型墓葬，这些墓主人生前是否就生活在"皇陵城"？如果这些级别都不低的墓主人曾生活在此城，那么"皇陵城"与北齐皇帝经常巡幸的晋阳县是否有逻辑关系？

前文通过分析山西高校园区小南庄墓地、聂庄墓地周代墓葬考古发掘资料，推测今日太原市小店区黄陵村、城西村；晋中市榆次区北砖井村一带，可能有同时期城址；《中国文物地图集·山西分册·中》记录了位于小店区黄陵街办黄陵村大街41号周边的"黄陵城址"。引文有"明万历《太原府志》载，'王陵城在太原县汾水东，旧县东南郑村，今改名黄陵村'……。""《太平寰宇记》载'王陵城有晋太原王司马辅冢存'……。"那么，此区域周代可能存在的城址、王陵城与我们推测的北齐皇

---

[1] 太原市三晋文化研究会、《晋阳古刻选》编辑委员会：《晋阳古刻选·北朝墓志卷》，山西人民出版社，2008年，第333~350页。

[2] 太原市三晋文化研究会、《晋阳古刻选》编辑委员会：《晋阳古刻选·北朝墓志卷》，山西人民出版社，2008年，第177~186页。

陵城是否有某种联系，这需要考古工作的进一步深入开展，我们于此留存备考。

此外，北宋太平兴国四年（979年），宋太宗赵光义夷平晋阳城"太平兴国四年，平刘继元，降为紧州，军事，毁其城，移治于榆次县……。"①钱大昕《廿二史考异》卷六十九："当云'降为并州，嘉祐五年，复为太原府'……。"②实际上钱大昕此处考证有误，他可能没有明白"紧州"的含义。太平兴国四年北宋灭北汉以后，辖县拓展至一千三百九十一县。北宋政府将这些县分为赤、畿、次赤、次畿、望、紧、上、中、中下、下十等。并州降为紧州，还是军事州，但政治经济地位较之前大为降低。钱大昕又言"嘉祐五年，复为太原府……。"不知何据。《元丰九域志》③《舆地广记》④《宋会要》诸书均记载嘉祐四年（1059年），太原复府。在嘉祐四年以前，并州是以紧州兼军事州的地位存在的。而并州治所晋阳城已不复存在。《续资治通鉴长编》卷二十："太平兴国四年五月，毁太原旧城，改为平晋县，以榆次县为并州……。"同书卷三十二："复徙并州于三交寨，即以潘美为并州都部署。注云，此即潘美行状，七年二月事也。三交寨即阳曲县……。"《宋朝事实》卷十八亦云："太原府，太平兴国四年克复，降为并州，旧治太原、晋阳二县，遂徙治阳曲……。"有学者认为，北宋初年，太原移至榆次的平晋城，其治所就在黄陵村一带，"今太原小店区黄陵乡的'南畔村'、'北畔村'、'城西村'，就是以位于'平晋城'南、北、西三面而得名……。"⑤目前尚没有平晋城的相关考古资料⑥。值得思考的是，平晋城的位置与北朝皇陵城的位置大体在同一范围内，那么是否存在着这样一种可能，即皇陵城区域是否一直有一座具有某种功能的小城存在？亦留存备考。

2. 三角城、捍胡城

唐李吉甫《元和郡县图志》有"三角城，在县西北十九里，一名徒人城……"的明确记载，该文仅笼统地说明三角城与晋阳县的位置关系，并没有说明其"十九里"的准确测点；明万历《太原府志》"三角城在太原县西北二十里义井村……今其遗址尚存……。"结合墓葬资料，我们可以对三角城进行综合判断。记载有三角城的墓志有：

---

① 《宋史·地理志》。
② 钱大昕：《廿二史考异》，上海古籍出版社，2008年，第791页。
③ 王存：《元丰九域志》卷四，中华书局，1984年，第161页。
④ 欧阳忞：《舆地广记》卷十八，中华书局，2003年，第505页。
⑤ 孟繁仁：《宋元时期的锦绣太原城》，《晋阳学刊》2001年第6期；但是，根据《明太原府志》"崇圣寺，俗名回銮寺，在本县东十里故太原东城之东北。宋太宗征刘继元，筑行营于此，终宋之世，犹谓之御营。既班师，置平晋县于其侧，以营地为平晋寺，尝立石平晋碑于寺中"等内容分析，平晋县位置似乎不在此处。
⑥ 北畔村以北5千米的黄陵乡南坪头村曾发掘宋代墓葬，证明当时这一带确实有人居住。

《齐故郡君尉氏墓志铭》：春秋五十一卒于晋阳之里。以五月十七日岁于并州三角城北五里……。

《贺娄悦墓志》：粤以皇建元年十一月廿六日窆于并州三角城南……。

《张肃俗墓志》：即以其年（天保十年）十一月十九日权殡晋阳三角城外……。

《韩裔墓志》：……迁三角领民正都督……。

齐故郡君尉氏为库狄迥洛之妻，墓志出土于库狄迥洛墓中。根据墓志志文显示，尉氏葬于三角城北五里，这是目前发现的唯一记载墓葬与三角城详细距离的墓志，惜此墓后经迁葬，无可稽考。贺娄悦墓发现于太原市万柏林区义井乡神堂沟村，张肃俗墓发现于今太原市寺底村，寺底村还出土了北齐故徐州司马、长安侯张海翼墓，张海翼墓志云其葬于"并城西北"。此外，义井村附近还发现有多座北齐、隋唐高级贵族墓葬，如发现于义井村的北齐贺拔昌墓[①]、沙沟村的隋斛律彻墓[②]、小井峪村的北齐韩祖念墓[③]、唐龙润及龙氏家族墓[④]等，通过分析这些墓葬的出土地点，基本上可以判明，三角城就在今义井乡政府一带。

另外，目前发现的这些北齐和隋代贵族墓有一个较为一致的特征，即墓主人多是胡族。《韩裔墓志》记载韩裔曾经担任"三角领民正都督……"[⑤]，其疑似任职三角城。"领民正都督"一职，多由少数民族担任[⑥]，因为只有少数民族游牧部落才有领民酋长、领民都督的设置。韩裔，韩贤之子，韩长鸾之父，出身于怀朔集团[⑦]，纵然不是鲜卑人，亦是胡化已久的汉人。综合这些材料，我们似乎有理由判断，三角城可能为胡人聚居区。也许三角城甚至下文所说的捍胡城就是为安置胡族而建置的。之所以在三角城设置领民都督，也正是因为胡族风俗与中原殊异之故。《旧唐书·李罕传》："太原旧俗，有僧徒以习禅为业，及死不殓，但以尸送近郊以饲鸟兽。如是积年，土人号其地为'黄坑'，侧有饿狗千数，食死人肉，因侵害幼弱，远近患之，前后官吏不能禁止。罕到官，申明礼宪，期不再犯，发兵捕杀群狗，其风遂革……。"学者多以此为胡族之俗[⑧]。

---

① 太原市文物考古研究所：《太原北齐贺拔昌墓》，《文物》2003年第3期。
② 山西省考古研究所、太原市文物管理委员会：《太原隋斛律彻墓清理简报》，《文物》1992年第10期。
③ 太原市文物考古研究所内部资料。
④ 张希舜：《隋唐五代墓志汇编·山西卷》，天津古籍出版社，1991~1992年，第8页。
⑤ 陶正刚：《山西祁县白圭北齐韩裔墓》，《文物》1975年第4期。
⑥ 领民正都督一职，不见于北朝职官志，墓志仅两见，另一见于北齐赵炽墓志。见宋燕鹏、赵学锋：《北齐赵炽墓志试释》，《文物春秋》2009年第5期。
⑦ 罗新：《北齐韩长鸾之家世》，《北京大学学报（哲学社会科学版）》2006年第1期。
⑧ 岑仲勉：《隋唐史》，中华书局，1982年，第319页；林悟殊：《论高昌"俗事天神"》，《历史研究》1987年第4期；蔡鸿生：《唐代九姓胡与突厥文化》，中华书局，1998年，第27页。

唐李吉甫《元和郡县图志》卷第 13 "三角城"之后又记载"捍胡城，一名看胡城，在县北二十三里"，此城与三角城同时记载，说明在唐代晋阳城周边同时存在着"三角城"和"捍胡城"这两座城址。但是，按照明嘉靖《太原县志》"春秋时赵襄子所筑，以处刑徒。虑其逃亡，内置却敌，外安龙尾三面，故名三角城。又名徒人城。又名捍胡城……"；明万历《太原府志》"三角城在太原县西北二十里义井村，一名徒人城、又名捍胡城。赵襄子所筑，以处刑徒，虑其逃亡，内置却敌，外安龙尾。三面，故名。今其遗址尚存……"等记载分析，似乎"三角城"和"捍胡城"又合二为一了，明嘉靖《太原县志》等恐有误。不过根据上述史料，我们可以推测，至少在明嘉靖之前很多年，捍胡城已不复存在了。至于捍胡城的位置，我们亦可以根据唐李吉甫《元和郡县图志》进行一些简单推测："三角城，在县西北十九里"，反之，三角城东南十九里应为县城，按唐 1 里折合今制 531 米，唐 19 里约合今 10089 米，我们以推测三角城所在的义井乡政府为测点，东南 30°、10089 米左右的区域在晋源东关村一带；东南 45°、10089 米左右的区域在晋源东城角村一带。因为《元和郡县图志》同时记载了三角城和捍胡城，推测其描述二城的测点相同。故以前述东关村、东城角村为测点，向正北延伸唐 23 里，即今 12213 米，推测出两个位置分别是今太原市万柏林区下元商贸城一带和后王村一带，结合下元东侧太原二十七中学校曾出土北朝墓；已知太原万柏林地区金元墓分布在王家庄、袁家庄（下元区域西侧），太原理工大学北校区、后北屯（下元区域东侧），小井峪（下元区域西南侧），小东流（下元区域北侧）等区域，那么上述墓葬所包围的万柏林区下元区域在金元时期是否可能有座城址？该城址与可能在下元商贸城附近的"捍胡城"有无逻辑关系[①]？留存备考。

3. 晋阳县、太原县、长安县、阳真县、龙山县等考

根据史料，北魏到唐代期间，太原郡的属县多有变化，先后出现过晋阳县、太原县、长安县、阳真县、龙山县等，上述县当有城址，城址面积当在 1 平方千米以下，综述如下。

晋阳县：晋阳县的位置一直处于变化之中。《魏书·地形志》载"晋阳：二汉、晋属，真君九年罢榆次属焉。有介子推祠。西南有悬瓮山，一名龙山，晋水所出，东入汾。有晋王祠、梗阳城。同过水出木瓜岭，一出沾岭，一出大廉山，一出原过祠下，五水合道，故曰'同过'，西南入汾。出帝太昌中霸朝置大丞相府，武定初，齐献武王上置晋阳宫……。"《元和郡县图志》对晋阳县有了更详细的记载："晋阳县，本汉旧县也，属太原郡。至后魏并不改。按此前晋阳县理州城中，高齐武成帝河

[①] 《魏书·地形志》并州条目下有"长安（泰常二年置，真君中省，景明初复。有二陵城、三角城）。根据三角城的位置推测长安县在当时晋阳城的西北方向，此二陵城与捍胡城有无关系，待考。

清四年，移晋阳县于汾水东。今太原县理是也。武平六年，于今理置龙山县，属太原郡，因县西龙山为名也。隋开皇三年，罢郡，置并州。十年，废龙山县，移晋阳县理之。大业三年，罢州，为太原郡，县仍属焉。皇朝因之，在州南二里……。"根据上述史料记载，我们可以梳理晋阳县的历史沿革，前文亦推测，河清四年，晋阳县迁至汾东可能与高湛禅让于高纬事件有关。

太原县：《元和郡县图志》亦有太原县的明确记载："（太原县）本汉晋阳县地，高齐河清四年，自今州城中移晋阳县于汾水东。隋文帝开皇十年，移晋阳县于州城中，仍于其处置太原县，属并州。大业三年罢州，置太原郡，县仍属焉。隋末移入州城，贞观十二年还迁于旧理，在州东二百六十步……。"

结合史料关于晋阳县、太原县的记载，我们可以确定，北齐河清四年至隋开皇十年间，今太原地区曾有二县并存（晋阳县、龙山县）的局面，晋阳县是"旧县新理"，位于汾水以东；龙山县因龙山而得名，是"新县旧理"，位于原晋阳县故地。隋文帝开皇十年，晋阳县移入并州城中，原汾河以东的晋阳县辖地改置太原县。由于晋阳县在汾东，《北齐书·帝纪第八》多次记载高湛和高纬往返于"晋阳"和都城之间："天统元年……冬十一月癸未，太上皇帝至自晋阳……壬戌，太上皇帝幸晋阳。丁卯，帝至自晋阳……"；"二年丙戌春正月……庚子，行幸晋阳。二月庚戌，太上皇帝至自晋阳……"；"三年春正月壬辰，太上皇帝至自晋阳……。"从史料高湛往来都城与晋阳的时间间隔分析，《北齐书》所记载的"晋阳"很有可能就是指汾河河东之晋阳县。

龙山县：《隋书·地理志》："晋阳，后齐置曰龙山，带太原郡，开皇初郡废，十年改县曰晋阳……。"《元和郡县图志》："武平六年，于今理置龙山县，属太原郡，因县西龙山为名也。隋开皇三年，罢郡，置并州。十年，废龙山县，移晋阳县理之……。"龙山县的设置共计十五年，龙山县的治所，有学者认为位于原来的晋阳县故治[①]，这一结论应当属实。李吉甫等所言"今理"，即指原晋阳县城。我们认为，这十年间的原晋阳县辖地（含三角城、二陵城等）可能省并，由并州直接管理。这可能和北齐天保七年以来的省并州郡县之风有关。隋开皇十年，龙山县废置，又改称晋阳县。又，隋义宁年间，有龙山令高斌廉。对此，《资治通鉴》胡三省注："开皇十年改曰晋阳。则此时不复有龙山矣，岂斌廉在开皇中尝为令史，以旧官书之邪？"但是笔者以为，龙山县自北齐时建置，历北周，入隋又十载，高斌廉任龙山令之时间恐亦不短，高斌廉可能未曾任过其他重要职务，是以史书仍以龙山令称之。

长安县：《魏书·地形志》并州条目下有"（长安县）泰常二年置，真君中省，

---

① 王杰瑜、王尚义：《晋阳县建置沿革与辖境考》，《晋阳学刊》2008年第5期。

景明初复。有二陵城、三角城……。"根据三角城的位置推测长安县在当时晋阳城的西北方向。长安县存在时间很长,如北魏建义初年,尔朱天光"特除抚军将军、肆州刺史,长安县开国公,食邑一千户",此"长安县"应即并州之长安县;北齐故徐州司马、长安侯张海翼墓在晋阳出土,也可以佐证长安县的存在。有关长安县的废置时间,施和金先生认为:"此县不见于《隋书·地理志》,当是废于北齐天保七年。"王杰瑜、王尚义二位先生认为长安县废置于北齐龙山县建立之际[①],恐非。因为龙山县系晋阳县移置数年以后方设。晋阳县移置之际,已无长安县。且根据墓志出土材料,长安县在天保十年以前肯定已经被废置。

阳真县:相关史料甚少,县名仅见于《隋书·地理志》:"太原县,旧曰晋阳,带郡。开皇十年分置阳真县,大业初省入焉……。"仅从史料分析,阳真县大概存在十五六年,但阳真县县治何处,史料未载。我们认为,既然阳真县是从隋太原县析出,可能也在汾河以东,其与前文所述的"皇陵城"是否有关,待考。

---

① 王杰瑜、王尚义:《晋阳县建置沿革与辖境考》,《晋阳学刊》2008年第5期。

第四章 隋唐五代时期的晋阳及晋阳城

　　隋代虽然短暂，仅有 30 余年，但杨坚即位以后励精图治，对北周以来诸多制度进行改革，任内统一全国，结束了魏晋南北朝以来的混乱分治局面，国力日益强盛。尽管隋末有短暂的农民大起义，但是由于晋阳是李唐起家之地，晋阳没有受到隋末战争的波及。唐初，晋阳作为唐向突厥进击的主要基地，其在唐代的重要战略地位日益凸显。同时，由于晋阳是"王业所起"之地，武周长寿元年（692 年）"以并州为北都……"；① 开元十一年（723 年）"改并州为北都……"②；天宝元年（742 年）"北都为北京……"③；宝应元年（762 年）"太原府为北都……。"④ 之后，终唐未改。晋阳成为与长安、洛阳并列的唐代三都之一，达到其发展的辉煌阶段。安史之乱中，晋阳更是发挥了重要的战略作用，在长安、洛阳相继失守后，成为唐王朝抵御东部叛军的战略重心。安史之乱后，山东局势虽然发生变化，但是晋阳仍然是唐中央政府在东北部地区的核心城市之一，保持着难得的和平发展态势。唐末五代，后唐、后晋、后汉等割据政权起兵于晋阳，并定鼎中原。北汉政权更是定都晋阳，并最终以晋阳城陪葬。北汉灭亡后，晋阳城也淹没在历史的长河之中。

第一节 隋唐五代时期晋阳相关史实

一、隋初太原政治格局的演变

　　要了解隋代晋阳的相关史实和面貌，就必须对隋初的政治地理有所了解。隋初，先后实行了州县二级制和郡县二级制这两种地方行政管理制度：隋文帝开皇三年（583 年），将州、郡、县三级行政管理体制改为州、县两级制，废郡一级，并且裁并了一些州县；隋炀帝时期主要是大规模地并省州县机构。在这一过程中，晋阳地区的行政制度也经历了相关的调整。

---

① 《新唐书·则天皇后纪》。
② 《新唐书·玄宗纪》。
③ 《旧唐书·玄宗纪》。
④ 《新唐书·代宗纪》。

581年，北周静帝禅位于外戚杨坚，杨坚建立隋，即隋文帝。杨坚篡周，事起仓促，故开皇元年，隋文帝尚无暇顾及晋阳的行政建置。但是开皇二年，隋文帝就开始对晋阳的行政建置进行调整。《隋书·地理志》："开皇二年置河北道行台，九年改为总管府，大业初府废。统县十五，户十七万五千三……。"开皇二年，文帝置河北道行台的史料，又见于《隋书·高祖纪上》："辛酉，置河北道行台尚书省于并州，以晋王广为尚书令……。"行台是北朝以来逐步发展成熟的政治机构[①]，实际上是地方上的最高军政机关，行台制度发展至北齐时期，仍"皆随权制而置员焉……"[②]，并未真正形成正式制度。至隋代行台机构逐渐健全，官吏亦设置定员，分司治事[③]。由于行台具有较大的政治权力，出于加强统治的需要，隋文帝在一些重要地区沿袭北朝故事，设立行台。行台的最高长官是行台尚书令，其权力涉及政治、军事、经济、文化诸多方面，几乎等同于一方诸侯，因此，隋文帝选择亲王出任行台尚书令。"辛酉，置河北道行台尚书省于并州，以晋王广为尚书令……。"[④]选择亲王出任，可以避免潜在的异姓反对者对隋王朝的威胁。"时高祖初即位，每惩周代诸侯微弱，以致灭亡。由是分王诸子，权侔王室，以为磐石之固……。"[⑤]隋文帝先后设立河北道行台（并州）、河南道行台（洛州）、西南道行台（益州），开皇六年设山南道行台（襄州），开皇八年又设淮南道行台（寿春）。隋初行台的设置，为稳定隋初局势和完成全国统一无疑发挥了重要作用。

　　隋代设置行台的地点，都是战略要地。在并州设立行台的根本原因，主要是防范山东势力和突厥的袭扰。晋阳作为北齐别都，长期以来山东势力在此根深蒂固，北周占领晋阳不久，杨坚就继承了北周的政治遗产，因此，他不得不对山东势力予以防范。同时，并州又是抵抗突厥人的前线，杨坚也必须在并州进行军事准备。南北朝时期，北周、北齐隔河而治，互相攻战，双方都争相交好于突厥，以免其资助对方。突厥坐收渔利，日益壮大。北周灭北齐后，突厥一度扶持北齐宗室高绍义、高宝宁等与北周对峙。杨坚代周之际，反对杨坚的尉迟迥、司马消难、王谦等也曾联合突厥对抗杨坚，杨坚与突厥的关系继续恶化。开皇元年，突厥沙钵略可汗率军南下时，杨坚就曾安排大将虞庆则驻守晋阳[⑥]。隋初突厥对隋朝北方的威胁始终不能去除，而并州又是

---

① 牟发松：《北朝行台地方官化考略》，《文史》第33辑，中华书局，1990年，第90页。
② 《隋书·百官志》。
③ 杜文玉：《论隋唐时期的行台省》，《渭南师专学报（社会科学版）》1993年第2期。
④ 《隋书·高祖纪上》。
⑤ 《隋书·元岩传》。
⑥ 按照张金龙先生的研究，虞氏家族很有可能和虞弘源出一脉。详见张金龙：《隋代虞弘族属及其祆教信仰管窥》，《文史哲》2016年第2期。

突厥南下的必经之地，所以在并州设置行台就显得十分必要。杨坚在并州行台建设方面也是颇费苦心，"时朝廷以晋阳为重镇，并州总管必属亲王，其长史、司马亦一时高选……。"① 隋文帝封杨广为晋王，是年杨广年仅十三，如史书所言，"二王年并幼稚，于是盛选贞良有重望者为之僚佐……。"② 文帝第五子杨谅任并州总管时，曾向文帝建议："突厥方强，太原即为重镇，宜修武备……。"③ 隋文帝采纳了他的建议，"于是大发工役，缮治器械，贮纳于并州。招佣亡命，左右私人，殆将数万……"④。晋阳作为前沿防御城市的特征，可见一斑。因此，在隋初整个行台体系当中，河北道行台存在时间最长，其重要性也不容置疑。

按照《隋书·百官志》的记载，行台下辖职员如下：

"行台省，则有尚书令，仆射（左、右任置）、兵部（兼吏部、礼部）、度支（兼都官、工部）、尚书及丞（左、右任置）各一人，都事四人。有考功（兼吏部、爵部、司勋）、礼部（兼祠部、主客）、膳部、兵部（兼职方）、驾部、库部、刑部（兼都官、司门）、度支（兼仓部）、户部（兼比部）、金部、工部、屯田（兼水部、虞部）、侍郎，各一人。每行台置食货，农圃，武器，百工监、副监，各一人。各置丞（食货四人，农圃六人，武器二人，百工四人）、录事（食货、农圃、百工各二人，武器一人）等员……。"

史书及文献记载河北道行台首任尚书令为晋王杨广；担任河北道行台的官员主要有河北道行台右仆射王韶⑤，行台仆射张威⑥，行台兵部尚书韦师⑦，行台兵部尚书李雄⑧，行台刑部、度支二曹郎张衡⑨，行台度支尚书令狐熙⑩，行台度支尚书宋忻之⑪，等等。这些臣僚或为元老重臣，德高位重；或骁勇善战，有抵御突厥的战斗经验，能力突出。

---

① 《隋书·宇文弼传》。
② 《隋书·元岩传》。
③ 《隋书·庶人杨谅传》。
④ 《隋书·庶人杨谅传》。
⑤ 《隋书·王韶传》。
⑥ 《隋书·张威传》。
⑦ 《隋书·韦师传》。
⑧ 《隋书·李雄传》。
⑨ 《隋书·张衡传》。
⑩ 《隋书·令狐熙传》。
⑪ 韩理洲辑校：《全隋文补遗》，三秦出版社，2004年，第119~121页。

随着隋朝统一工作的结束，行台的历史使命也随之完成，面对行台地位高、权势大、机构繁杂、行政区划广大等特点，出于加强中央集权的考虑，隋文帝果断地结束行台的设置，转而以总管府代替行台。河北道行台最终于开皇九年正式废除，并州地区又迎来并州总管府这一新的管辖机构。隋朝的总管府脱胎于北朝时期的都督府制度，这一点严耕望先生已经做了详细考证①，担任过隋并州总管的先后有晋王广、卫王爽、王子相、晋王广（再任）、秦王俊、汉王谅、独孤楷。平陈之后，隋中央政府为了加强中央权威，弱化地方势力，采取将地方军政分离的措施，军事财政转由地方体系负担，军政与军令分离，府兵权归中央，总管刺史专主镇戍，镇戍部队由府兵填充，这样就形成中央控制府兵的调动和管理权，地方负责府兵的安置和部分经济供应，总管临事指挥的专门管理体系。

并州总管府的级别很高，掌管山西全境，不仅如此，甚至一度还管理今河北、山东域内诸州。开皇初，晋王杨广初就任之际，管州二十四，东界至太行山井陉口。而汉王谅就任时，并州总管府的管辖范围已经是"自山以东，至于沧海，南拒黄河，五十二州尽隶焉……。"②隋代总管府置员设有长史、司马、总管掾、列曹参军等职，其中长史、司马均为从四品，总管掾为正六品，参军为正七品。根据史料记载，秦王杨俊任并州总管期间，王韶、宇文弼、李圆通等先后任长史，段文振曾任司马，王仁恭曾为记室，学士有潘徽，库真车骑元成寿等。汉王杨谅任职期间，主要职员有担任司马的皇甫诞，豆卢毓为主簿，长孙行布为库真，裴仁基领王府亲信，记室尹式，府掾沈光，咨议参军王頍、兵曹参军裴文安等。

尽管总管府的设置维护了隋王朝的统治，如并州总管府的存在有效遏制了北方突厥势力的侵袭，但是随着杨坚诸子的日益成长，藩王们的野心也日益膨胀，他们依靠镇守地方的客观形势暗中积聚力量，最终威胁到隋中央政府的稳定。隋文帝对各藩王也多有防范，如开皇中侯莫陈颖迁瀛洲刺史，因涉嫌与并州总管秦王俊交通而被免官③；开皇十七年，并州总管秦王俊因奢纵而被免官，以王就第。开皇十七年，汉王杨谅被任命为并州总管以后，"自以所居天下精兵处，以太子谗废，居常怏怏，阴有异图……。"④以防御突厥为名积极进行武备。但隋文帝对杨谅的警惕性很高，《资治通鉴》载，隋仁寿四年，"突厥尝寇边，高祖使谅御之，为突厥所败；其所领将帅坐除解者八十余人，皆配防岭表。谅以其宿旧，奏请留之，高祖怒曰：'尔为藩王，惟当敬依朝命，何得私论宿旧，废国家宪法邪！嗟乎小子，尔一旦无我，或欲妄动，

---

① 严耕望：《严耕望史学论文集（上）》，上海古籍出版社，2009年，第226~235页。
② 《隋书·庶人杨谅传》。
③ 《隋书·侯莫陈颖传》。
④ 《隋书·庶人杨谅传》。

彼取尔如笼内鸡雏耳，何用腹心为！'……。"凡此种种，可见隋文帝对并州总管府的重视程度。隋文帝的这种担心并非没有道理，随着诸王因争嫡引发的矛盾越发激烈，在隋文帝去世以后不久，并州总管杨谅终于发动叛乱。据学者研究，实际上在隋文帝晚年，隋文帝就有意培植杨谅的势力以牵制晋王杨广[①]；开皇十八年，隋文帝甚至允许杨谅在并州立五炉铸钱。因此，在隋文帝"病死"以后，刚刚即位的杨广马上命令屈突通诏杨谅入朝，杨谅于是据并州反叛，所率军队达二十万之众，声势浩大，一时间"州县莫不响应……"[②]。由于杨谅军事战略举措失当，叛乱很快即告失败。隋炀帝随后对杨谅余党进行了残酷打击，并州军民因从乱而被株连流放的有二十余万家。不仅如此，大业三年，隋炀帝"敕并州逆党已流配而逃亡者，所获之处，即宜斩决……"[③]。大业五年，隋炀帝"大赦天下，开皇以来流配，悉放还乡。晋阳逆党，不在此列……。"[④] 可见隋炀帝对并州叛乱衔恨之深。

隋炀帝对于并州也十分重视，他曾经三次巡视并州，分别是大业三年（607年）、大业四年（608年）和大业十一年（615年）。其中大业三年，隋炀帝在与突厥启民可汗会晤之后，由楼烦关返回太原，下诏营建晋阳宫。隋炀帝在位期间，并州形势基本稳定。隋末，随着隋炀帝内政外交政策的失败，各种矛盾激化，全国形势极度不稳，各地起义风起云涌。隋大业十一年，隋炀帝任命李渊为山西、河东抚慰大使，处理突厥袭扰问题并镇压当地农民起义，并州政治形势旋即再度发生变化。

有隋一代，见载于史料、碑刻的并州地方官吏也不在少数，已经有学者进行过统计[⑤]，我们这里转载如下，以利研究者参考：

晋阳令：

孙孝敏，大业中，《全唐文补遗》有载。

刘文静，大业十三年，《旧唐书》《新唐书》本传有载。

姜谟，大业末年，《全唐文补遗》有载。

王雄，任职时间不详，《全唐文补遗》有载。

王儒，任职时间不详，《全唐文补遗》有载。

王茂，任职时间不详，《全唐文补遗》有载。

王韬，隋晋阳县令。

---

① 王灵善：《隋朝兴衰与山西之关系》，《史志学刊》2015年第2期。
② 《隋书·庶人杨谅传》。
③ 《隋书·炀帝纪》。
④ 《隋书·炀帝纪》。
⑤ 周晓薇、王其祎、陈英哲：《隋代令长辑存附考（下）》，《碑林集刊》（十六辑），2010年。

清源令：

李信，任职时间不详，《全唐文补遗》有载。

龙山令：

高斌廉，隋末，《旧唐书》《新唐书》有载。

太原令：

温大有，隋末，《旧唐书》《新唐书》本传有载。

罗穆，任职时间不详，《全唐文补遗》有载。

奇续，任职时间不详，《全唐文补遗》有载。

程政，任职时间不详，《全唐文补遗》有载。

刘贇，任职时间不详，《全唐文补遗》有载。

刘雅，任职时间不详，《全唐文补遗》有载。

汾阳（阳直）令：

杨积，任职时间不详，《全唐文补遗》有载。

祁县令：

王怀文，原为晋王府记室，任职时间虽不详，但应在文帝时。《全唐文补遗》有载。

郭湛，大业时，《旧唐书》《新唐书》有载。

柏季纂，隋末，《全唐文补遗》有载。

寿阳令：

刘某，任职时间不详，《全唐文补遗》有载。

榆次令：

陶崇，任职时间不详，《全唐文补遗》有载。

太谷令：

殷开山，隋末，《旧唐书》《新唐书》有载。

石艾令：

殷开山，隋末，《旧唐书》《新唐书》有载。

盂县令：

崔登，大业年间，《全唐文补遗》有载。

范重明，隋并州金谷王府军曹。

二、隋末唐初李渊集团对晋阳的经营

隋炀帝即位以后，国内政治经济形势出现日益恶化的局面，而出现这种局面的原因是非常复杂的，这里既有隋炀帝本人好大喜功、贪功冒进造成国内外矛盾激化，也有隋代统治集团内部激烈的政治倾轧，对此学者已有详述[①]。在多重因素作用下，隋炀帝大业九年以后，国内"群盗蜂起"，局面越发失控。大业十一年，隋炀帝巡视并州，被突厥围困于雁门，史称"雁门之围"。受此影响，隋炀帝再未到达并州。为了挽救国内局势，隋炀帝日益将统治重心放到江都。从大业十二年开始，反隋军事力量又有了新的壮大，李密、翟让领导的瓦岗军攻破隋金堤关，击溃隋将张须陀，据有荥阳诸县，接近东都洛阳。隋太原留守李渊见势于己有利，遂起兵西向，攻占隋都长安，并在接下来的时间里逐步收编、消灭各路起义军力量，建立了唐王朝。晋阳由此成为李唐王朝发家之地。

据史料记载，李渊是十六国时期西凉武昭王李暠的后代[②]。其祖父李虎是西魏时八柱国之一，也是宇文泰关陇贵族集团核心之一。李虎子李昞袭封，妻独孤氏是同为西魏八柱国之一的独孤信之女，而独孤信长女为北周明帝皇后，第七女即为杨坚之妻。李渊之妻窦氏为北周武帝外甥女，这种贵族间的姻亲联盟造就了李渊家族独特的政治地位，也使得李渊在杨坚代周建国之后继续保持着较高的政治地位。隋初，李渊袭封，并补千牛备身，之后历任谯州、陇州、岐州刺史等职。大业十二年[③]，李渊被任命为太原留守。大业九年以来，李渊实际上就有了反隋之心，尤其是被任命为太原留守以后，李渊的这种心理更加强烈。这得益于太原自北齐以来特殊的政治、经济、军事地位。前文已述，由于隋文帝对并州异常重视，加之晋阳处于抗击突厥的前线，积累了大量的军事物资。"并州强兵数万，食支十年，起义兴运之资……。"[④]其次，李渊到晋阳以后，留心吸纳当地士人，裴寂、刘文静、殷开山、武士彟、唐俭等人纷纷聚集于李渊周围，为李渊出谋划策，这也使得李渊集团的势力越发壮大。再次，李渊与突厥结盟，成功确保后方稳定。大业十三年（617年）五月甲子，李渊在太原起兵，并最终一统天下。

三、唐代晋阳的相关史实

有唐一代，晋阳不仅是李唐王朝的"王业所起"之地，同时也是唐都长安的重要屏障。唐武德二年，刘武周联合突厥，入图晋阳，唐军全军溃败，并州总管、齐王李元吉弃州奔还长安。山西大部尽归刘武周所有，唐王朝在黄河东岸仅剩晋西南一隅之

---

① 韩昇：《论隋朝统治集团内部斗争对隋亡的影响》，《厦门大学学报（哲学社会科学版）》1987年第2期。
② 陈寅恪先生认为李渊出自赵郡李氏，而非陇西李氏。
③ 关于李渊被任命为太原留守的时间，史料记载不一，汪篯先生认为当在大业十二年。详见汪篯：《唐太宗》，《北京大学学报（哲学社会科学版）》1979年第2期。
④ 《旧唐书·李纲传》。

地，关中受到极大震动，唐高祖甚至颁发"贼势如此，难与争锋，宜弃大河以东，谨守关西而已……"①的手敕。但是秦王李世民强烈反对，上表曰："太原，王业所基，国之根本；河东富实，京邑所资，若举而弃之，臣窃愤恨。愿假臣精兵三万，必翼平殄武周，克复汾、晋……。"②后李世民领兵收复晋阳。武德七年"八月戊辰，突厥寇并州，京师戒严。壬午，突厥退。乙未，京师解严……"③；武德八年"突厥寇并州，命勣为行军总管，击之于太谷，走之……。"④突厥频繁的入侵，给唐王朝带来沉重的压力。因此，唐太宗李世民即位迄始，即着手对突厥反击。

贞观三年（629年），"李靖为定襄道行军大总管，以伐突厥。九月丁巳，华州刺史柴绍为胜州道行军总管，以伐突厥。十一月庚申，并州都督李世勣为通漠道行军总管，华州刺史柴绍为金河道行军总管，任城郡王道宗为大同道行军总管，幽州都督卫孝节为恒安道行军总管，营州都督薛万淑为畅武道行军总管，以伐突厥……。"⑤李靖、李世勣等分道进击，擒颉利可汗，平灭东突厥，唐王朝北部边境终获安宁。之后，李勣行并州大都督府长史。在并州凡十六年，令行禁止，号为称职。太宗谓侍臣曰："隋炀帝不能精选贤良，安抚边境，惟解筑长城以备突厥，情识之惑，一至于此！朕今委任李世勣于并州，遂使突厥畏威遁走，塞垣安静，岂不胜远筑长城耶？……。"⑥

自贞观四年唐王朝平灭东突厥以来，"遂复定襄、常安之地，斥土界自阴山北至于大漠……"⑦。晋阳也因远离边界，获得百余年宝贵的发展时期。唐朝天宝十四年（755年），"安史之乱"爆发。由于承平已久，安禄山起兵后，唐朝各级官员或逃或降，叛军势如破竹，很快控制了河北道、河南道的大部，并占领洛阳、长安二都。之后，叛军分兵两路，分别向晋阳城和睢阳城进攻，决定唐王朝命运的晋阳之战、睢阳之战就此拉开帷幕。指挥晋阳保卫战的是"与郭子仪齐名，世称'李郭'，而战功推为中兴第一……"⑧的太原尹、北京留守李光弼。李光弼（708～764年），营州柳城（今辽宁省朝阳）人，契丹族。史载其"少从戎，严毅有大略"⑨。至德二年（757年），李光弼率众抵抗叛军50余日的围困，并趁着叛军动摇懈怠之际，"我怒

---

① 《资治通鉴》卷一百八十七。
② 《资治通鉴》卷一百八十七。
③ 《旧唐书·高祖纪》。
④ 《旧唐书·李勣传》。
⑤ 《新唐书·太宗纪》。
⑥ 《旧唐书·李勣传》。
⑦ 《旧唐书·李靖传》。
⑧ 《新唐书·李光弼传》。
⑨ 《旧唐书·李光弼传》。

而寇怠,光弼率敢死之士出击,大破之……"①,最终取得晋阳保卫战的完全胜利。

晋阳保卫战是我国古代以少胜多、以弱胜强的著名战例。晋阳保卫战的胜利是唐军在"安史之乱"初期获得的一次重大胜利,改变了唐军自战争初期溃败千里的局面,稳定了战局。唐军守住晋阳,既保卫了地处灵武的肃宗政权,又避免叛军势力连成一片。依托晋阳,唐军可以随时出兵井陉,截断叛军的归路,使叛军始终有后顾之忧而无法全力进攻。因此,晋阳保卫战的胜利是平定"安史之乱"的重要转折点,不仅为唐王朝的战略反攻赢得时间,也为唐王朝最终平定安史之乱奠定了基础。

四、唐末五代时期的晋阳

唐末五代时期,控制晋阳乃至整个河东的,主要是沙陀族的李克用集团。沙陀族系西突厥别部,与昭武九姓胡人有着密切的联系。该族以沙陀部落为核心,融合突厥、鞑靼、吐谷浑、回鹘、奚五部以及汉族等多民族成员,最终组成一个独立的族群体系②。沙陀人在唐初居于金莎山、蒲类海一带;唐中期为吐蕃所迫,迁至北庭一带;唐宪宗时期,沙陀酋长朱邪执宜内附;元和四年(809年),沙陀人从灵州迁徙至代北。沙陀族在唐末兴起于代北地区(今山西北部、河北西部和内蒙古中部一带),经历朱邪执宜、朱邪赤心(李国昌)、李克用三代。因沙陀族勇猛善战,多次参与唐廷的军事活动,并屡立军功,逐渐成为唐中央政府所倚靠的重要力量之一。当时的山西地方政府对他们也很重视,范希朝镇守河东期间,"希朝乃料其劲骑千二百,号沙陀军,置军使,而处余众于定襄川……"③;接任范希朝的河东节度使王鄂为了管理沙陀族更是将其"遂建十府以处沙陀……"④;唐文宗太和四年(830年),柳公绰任太原尹、北都留守、河东节度使,又对沙陀族采取招抚政策。《旧唐书·柳公绰传》:"……陉北有沙陀部落,自九姓、六州皆畏避之。公绰至镇,召其酋朱邪执宜,直抵云、朔塞下,治废栅十一所,募兵三千付之,留屯塞上,以御匈奴。其妻母来太原者,请梁国夫人对酒食问遗之。沙陀感之,深得其效……。"柳公绰更是将沙陀族三千人纳入河东军,任命朱邪执宜为阴山都督、代北行营招抚使。朱邪执宜死后,子朱邪赤心承嗣,咸通十年(869年),朱邪赤心因镇压庞勋起义有功,被赐李姓,改名李国昌,并任振武节帅。之后李国昌、李克用父子杀大同军防御使段文楚,欲控制代北,为唐廷所不容,发河东、幽州、昭义诸镇兵马征讨,李国昌父子大败,北入鞑靼。直至广明元年(880年),黄巢

---

① 《旧唐书·李光弼传》。
② 樊文礼:《试论唐末五代代北集团的形成》,《民族研究》2002年第2期。
③ 《新唐书·沙陀传》。
④ 《新唐书·沙陀传》。

起义军攻破长安，唐僖宗流亡川中，为消灭黄巢起义军，唐廷这才赦免李国昌父子，许其勤王助战。中和三年（883年）五月，李克用因镇压黄巢起义有功，被唐廷任命为河东节度使，以李克用为核心的沙陀集团借此据有河东，成为一方藩镇。

李克用据有晋阳以后，以晋阳为中心，逐步扩张，南取昭义（治潞州），北取大同（治云州），很快占领了今山西境内的大部分地区，成为以太原为中心的割据势力。与此同时，原黄巢起义军将领朱全忠在归降唐廷以后，被任命为宣武军节度使（治汴州，今开封），朱全忠以开封为根据地，以原黄巢起义军部分将领为骨干力量，逐步经营，初步控制了黄河流域。907年，朱全忠灭掉唐朝，建立后梁。朱全忠在扩张过程中，不可避免地与占据晋阳的李克用、李存勖势力发生激烈的冲突，自884年开始，双方相互争战达四十年之久，朱全忠甚至曾于唐末天复元年（901年）、天复二年（902年）两度兵临晋阳城下，几乎攻陷晋阳。李克用死后，李存勖继任河东节度使，当时朱全忠后梁政权的政治、经济实力达到顶峰，朱全忠一度控制太原南部的河中（今山西永济西）、晋州（今山西临汾）、泽州（今山西晋城）等地，对李存勖的晋阳势力形成包围态势。直至908年，三垂岗战役李存勖大败后梁军队，据有潞州，晋军的形势才为之改观。

李存勖继位后，以晋阳为中心，采取灵活机动的战略战术[①]，消灭卢龙刘仁恭部，并用15年时间，在极端困难的条件下最终灭掉后梁政权。然而尽管灭掉了后梁政权，但是此时以李存勖为代表的后唐势力并不能完全控制原来后梁的统治区域，很多区域仍处于朱梁藩帅控制之下，后唐政权一时不能尽夺之。李存勖只得认可原来后梁任命节度使，但这样一来，却造成后唐内部的分裂，后唐出现了代北集团、降附集团等多股政治力量，这些力量削弱了后唐的凝聚力。李存勖向各地节度使派遣监军以加强皇权的行为，又使得各地节度使的利益受损，引发代北集团的强烈不满，继而引发后唐统治集团的分裂，学者对此颇有论述[②]。后唐同光四年（926年），李克用养子李嗣源发动兵变，夺取后唐政权，是为后唐明宗。明宗即位以后，长兴二年（932年）十一月，为应对契丹不断袭扰，唐廷委派时任保义军节度使兼六军诸卫副使的石敬瑭出任河东节度使。石敬瑭出任河东节度使，实为避祸。《旧五代史·李崧传》："时晋祖为六军副使，以秦王从荣不轨，恳求外任，深有北门之望……。"作为六军副使的石敬瑭，为避免卷入政治斗争的漩涡，出任外藩，以图自保。果然，长兴三年（933年），后唐明宗病故，明宗第三子李从厚继位，即后唐闵帝。即位不久，为解决藩镇威胁，闵帝诏令石敬瑭与明宗养子潞王李从珂移防，直

---

① 方积六：《晋王李存勖灭梁之战及其军事谋略》，《南都学坛》1991年第4期。
② 刘冲、陈峰：《论后唐庄宗明宗嬗代事》，《人文杂志》2016年第1期。

接促成李从珂兵变，李从珂仅用十数日便占领洛阳称帝，是为后唐末帝。末帝继位以后，虽然为稳定局势，仍令石敬瑭镇守晋阳，但是末帝对石敬瑭早有猜忌，不欲令石敬瑭在晋阳坐大。清泰三年（936年），唐末帝令石敬瑭移藩，石敬瑭拒不奉诏，双方关系迅速恶化，后唐末帝遂以张敬达为主帅，遣数路兵马，围攻晋阳。晋阳城几被攻破，城中粮乏人困，石敬瑭岌岌可危。为了抵抗后唐，石敬瑭先后遣赵莹、桑维翰、何福等人向契丹求援，最终与契丹议定契丹出兵条件，即"约为父子、许以田土（燕云十六州）……。"是年九月，契丹主耶律德光亲率大军驰援石敬瑭，击败张敬达，晋阳围解。十一月，契丹册封石敬瑭为大晋国主。在契丹军队的帮助下，石敬瑭率军渡过黄河，占领洛阳，李从珂自焚而死。后晋建立以后，石敬瑭移都汴京，成为五代中第三个王朝的开国者。尽管石敬瑭以向契丹割地称臣的条件换来短暂的安宁，但是石敬瑭死后，后晋政权和契丹的矛盾爆发。辽会同五年（942年），石敬瑭死，其侄石重贵继位，双方因为种种原因，矛盾已经不可调和[①]。辽会同六年（943年），契丹大举南下，力图一举拿下黄河以北地区，但后晋顽强抵抗，契丹损失惨重。后晋开运三年（946年），契丹攻陷汴京，晋出帝被俘，后晋亡。不久，契丹撤兵。此时，镇守河东的节度使刘知远由晋阳出兵，占领汴京，并建立后汉政权。乾祐元年（948年），刘知远病亡，杨邠、郭威等人受顾命辅佐刘知远子刘承祐，是为后汉隐帝。乾祐三年（950年），后汉隐帝刘承祐处决枢密使杨邠、禁军指挥使史弘肇、三司使王章后等人后，又令澶州节帅李洪义等处决郭威、王殷等人，结果李洪义泄诏于郭、王二人，郭威遂起兵攻汴，后汉隐帝为乱军所杀。不久，郭威称帝，建立后周政权，亦定都汴京。此时，刘知远的弟弟刘崇在晋阳建立北汉政权，北汉政权控制范围只有十余州，国力贫弱，"内奉军国，外奉契丹，赋役繁重，民不聊生，逃入周境者甚众……。"[②] 北汉政权先后经历了刘崇、刘承钧、刘继元三代，刘崇时代欲"借大辽之力，以图霸中原"，刘承钧时代"增强实力、联辽自保"，至刘继元时已经是"取悦大辽，以求庇护"，晋阳愈困。但是北汉政权借助山西易守难攻的地理优势，抵御了后周、北宋的多次讨伐，直到979年，北汉终于灭亡，晋阳正式纳入北宋版图。作为胜利者的宋太宗，为了彻底解决河东独大的割据局面，做出毁城的决定。宋军"尽焚其庐舍，民老幼趋城门不及，焚死者甚众……。"[③] 宋廷不再于并州置节度使，新任并代都部署潘美驻军太原以北的三交口。自此，晋阳城不复存在，整个山西的政治地理形势从此以后也发生新的变化，本书不再赘述。

---

① 详见林鹄：《辽太宗与石氏父子：辽晋关系新说》，《北大史学》2013年第1期，第51~72页。
② 《契丹国志》。
③ 《续资治通鉴长编·太平兴国四年》。

第二节　隋唐五代时期晋阳城探微

一、史料中的隋唐五代时期晋阳城

史料中关于隋唐五代时期晋阳城城址信息亦很丰富，涉及城址布局、结构，城门信息，城内宫殿、里坊等方面。

（一）城址信息

城址信息分为城市布局、城市规模、内城布局等信息。

关于城市布局的资料有："今太原有三城，府及晋阳县在西城，太原县在东城，汾水贯中城南流……"①；"都城左汾右晋，潜丘在中……汾东曰东城，贞观十一年长史李勣筑。两城之间有中城，武后时筑，以合东城……"②；"初，州隔汾为东、西二城，（崔）神庆跨水联堞，合而一之，省防御兵岁数千……"③；"闰月，戊申，太原南城为汾水所陷，水穿外城，注城中，城中大惊扰。帝临长堤观焉。水口渐阔，北汉人缘城设障，为宋师所射，障不得施。俄有积草自城中飘出，直抵水口而止，宋师弩矢不能彻，北汉人因以施功，水口遂塞……"④；"晋阳县……在州南二里"。"（太原县）……在州东二百六十步……。"⑤ 由上述史料可知"唐北都晋阳城在唐早期是由"西城""中城""东城"组成的。

关于城市规模的资料有："都城左汾右晋，潜丘在中，长四千三百二十一步，广三千一百二十二步，周万五千一百五十三步，其崇四丈……"⑥；"都城，周回（四）十二里，东西十二里，南北八里二百三十二（步）……"⑦；"光弼曰：'城周四十里，贼垂至，今兴功役，是未见敌而自疲矣'"⑧；"五台山南行五百里至太原，都城周四十里……。"⑨

关于西城内城布局的资料有："晋阳宫在都之西北，宫城周二千五百二十步，

---

① 《元和郡县图志》。
② 《新唐书·地理三》。
③ 《新唐书·崔神庆传》。
④ 《续资治通鉴·宋纪五》。
⑤ 《元和郡县图志》。
⑥ 《新唐书·地理三》。
⑦ 《永乐大典》卷五二〇四《太原府志》引《晋阳记》。
⑧ 《旧唐书·李光弼传》。
⑨ 《诸山圣迹游记》。

崇四丈八尺……宫南有大明城，故宫城也……"①；"府城，故老传晋并州刺史刘琨筑。今按城高四丈，周回二十七里。城中又有三城，其一曰大明城，即古晋阳城也，姚最《序行记》曰'晋阳宫西南有小城，内有殿，号大明宫'，即此也。城高四丈，周回四里。又一城南面因大明城，西面连仓城，北面因州城，东魏孝静帝于此置晋阳宫，隋文帝更名新城，炀帝更置晋阳宫，城高四丈，周回七里。又一城东面连新城；西面北面因州城，开皇十六年筑，今名仓城，高四丈，周回八里……"②；"大业三年（607年）……壬寅，次太原，诏营晋阳宫……。"③

关于晋阳城历史变迁的资料有："燧以晋阳王业所起，度都城东面平易受敌，时天下骚动，北边数有警急，乃引晋水架汾而注城之东，潴以为池，寇至计省守陴者万人；又决汾水环城，多为池沼，树柳以固堤……。"④

（二）城门信息

《永乐大典》卷五二〇四《太原府志》引《晋阳记》明确记载了唐代晋阳城城门信息："门二十四，盖兼东西两城言之，其因事而见者，止此而已，余皆不可考知也……。"《晋阳记》记载唐代晋阳城城门信息如下，但这些城门之名是否延用北齐至隋代城门之名，尚不得而知，只能聊作参考。

乾阳门：正直宫南门路。
延夏门：焦山在其东北。
东阳门：东亭在其外。
延西门：钱坊在其外。
承明门：旧坊在其内。
大夏门：东北门也，今汾河渡口，俗犹呼之。
白虎门：今俗尚谓西门为白虎门。
水门：今城西晋水所入之道，尚名水窗门。
三门：今按，宫前东西路，犹谓之御街，地极平坦，以城东门路为三门道。
双门：在乾阳门街，有君臣箴碑，起义堂碑，在门内对立。

（三）宫殿信息

《永乐大典》卷五二〇四《太原府志》引《晋阳记》，对晋阳城内宫城也有较为

---

① 《新唐书·地理三》。
② 《元和郡县图志》。
③ 《隋书·炀帝纪上》。
④ 《旧唐书·马燧传》。

详细的记载:"宫南门曰景明门,次北曰景福门。门内有景福殿,殿后门曰昭德门,次后曰昭福门。门外东西厢各有小亭子一,或谓枫流亭子,或云封诸王、公主驸马于此。次北寝殿曰万福殿……殿北曰玄福门,又北曰玄德门,又北即玄武楼,楼下有门通城外。殿西曰西闱门,次西曰威凤门。殿东曰东闱门,又一门曰昌明门……殿院东少阳院,殿西射殿,次西院太液池亭子……东南九曲池……景福门西中书门下省,次西内侍省,省后嫔御院、内库……。"根据上述记载,我们可以大致推测宫城的布局、结构。此外,《晋阳记》还记载了唐代晋阳城内一些建筑,引用如下。

并州尚书省:唐太原府是也。

尚书令厅:唐文籍库。

右丞厅:唐司录南厅。

行台尚书省:《隋书》开皇二年,置河北道行台省于并州。

太原府署:齐并省也。

节度使厅:东壁有贞元中严绶壁记。

柏堂:北平王马燧所建。

节堂:在府东南隅,后为书记厅。

西斋:有大和中令狐楚《飞泉记》。

山亭:在西城上,长庆中裴度所建。

宾宴厅:有开成二年裴度诗。

北厅:长庆中裴度所建。

副使厅:有大和中副使李弘庆《大问诗》。

书记厅:有元和中李德裕为书记时壁记。

判官厅:有元和中李说书情诗。

使院:有大和中八月王建院记。

食堂:有大中八年判官李隋堂记。

碑楼:在使院大门内。

盐院:在西院,有郑儋桃《竹枝词》。

良宴厅:宴客之所也,在西城东崇福寺圃中。

起义堂:在北齐故宫东门外,唐高祖起义兵,号令于此。

兴国玄坛:隋开皇二年置,在潜丘上,唐为开元观,在尚信坊。

受瑞坛:在仓城中。

(四)佛寺信息

在佛教盛行的唐代,晋阳是全国佛教活动的中心之一。《旧唐书·裴休传》

载:"太原……近名山,多僧寺……。"成书于五代的敦煌遗书《诸山圣迹游记》(S0529)记载太原周围仅佛寺有"大寺十五所,大禅十所,小(禅)院百余,僧尼二万余人……",《佛祖统纪》卷四十二载:"太原府国家旧都,佛祠为最多……。"据专家考证①,唐代晋阳地区有普照寺(普光寺)、冶平寺、定国寺、崇福寺、法华寺(开化寺)、童子寺等前代名刹;也有由官衙名宅改建的天龙寺、正觉寺、义兴寺、开元寺等寺庙;还新建了奉圣寺、龙泉寺、千佛寺、闲居寺、多佛寺、圆通寺、华塔寺、大佛寺、仁寿寺等寺庙伽蓝。笔者在查阅史料中,还发现一些唐代晋阳城寺院信息,记录如下。

大安寺:"其寺前有五凤楼,九间大殿,九间讲堂,一万斤钟……"②,该寺还有大悲院、弥勒院、经藏院、文殊院、门楼院等,寺后有三学院等属院。

大崇福寺、大中寺、净明寺、童子寺:"三月十七日巡游诸寺,在河东城内。第一礼大崇福寺,入得寺门,有五层乾元长寿阁。又入大中寺,入得寺门,有大阁、有铁佛一尊。入净明寺,有真身舍利塔。相次城内游礼皆遍。又于京西北及正西山内,有十所山寺,皆遍礼讫。京西北有开化大阁,兼有石佛一尊。又正西有山,有阁一所,名童子像阁,兼有石佛……。"③

花岩下寺:"十三日平明,发,行十五里,到太原府……北门入,花岩下寺住……。"④

四众寺、度脱寺:"十五日,赴四众寺主请,共头陀等到彼寺斋。斋后,入度脱寺巡礼盂兰盆会……。"⑤

开元寺:"十六日,入开元寺,上阁观望……。"⑥

石门寺:"出城西门,向西行三四里,到石山,名为晋山,山门有小寺,名为石门寺。从石门寺向西上坡,行二里,到童子寺……。"⑦

雨花寺:"从童子寺南逾一岭,到雨花寺断中……。"⑧

武德寺:"开皇元年,乃于幽忧之所置武德寺……听众千余,堂宇充溢,而来者不绝……。"⑨

---

① 参见康玉庆先生:《晋阳佛教文化三题》,《太原大学学报》2008年第9期。
② 《五台山行记》。
③ 《五台山行记》。
④ 圆仁:《入唐求法巡礼行记》,上海古籍出版社,1986年,第133页。
⑤ 圆仁:《入唐求法巡礼行记》,上海古籍出版社,1986年,第133页。
⑥ 圆仁:《入唐求法巡礼行记》,上海古籍出版社,1986年,第134页。
⑦ 圆仁:《入唐求法巡礼行记》,上海古籍出版社,1986年,第135页。
⑧ 圆仁:《入唐求法巡礼行记》,上海古籍出版社,1986年,第136页。
⑨ 《续高僧传·慧觉传》。

大兴国寺："释洪林……住并州大兴国寺时……。"①

真智寺、义兴寺："大唐建义,四众归奔。乃率侣入城就人弘道。初住晋阳真智寺……引劳令止许公宅……乃诏满所住宅为义兴寺……。"②

开化寺、凝定寺："投并州开化寺慧瓒禅师……即率侣晋阳住凝定寺……。"③

以下寺院见于《永乐大典》卷五二〇四《太原府志》引《晋阳记》中记载：

斛律寺："昭宗杀宦者,晋王匿张承业于斛律寺……。"④ 今按《晋阳记》即正觉寺也……。

建国寺：唐法曹厅。

兴国寺：唐北崇福寺。

百官寺：在唐龙泉坊。唐为解脱寺,又废为球场。

永和寺：隋为德藏寺,唐为太原县。

骆王下寺：在唐廉平坊,齐将骆提婆置。

童子下寺：在唐常乐坊,上寺在龙山。

内城寺：在县西北。

定国寺：今天龙寺。

大兴国寺：本齐兴国寺。

德藏寺：唐谓之太原县。

武德寺：唐万福坊,隋文帝为伐齐战胜,开皇二年立寺（同前）。

庆卫寺：唐为甲坊慈圣寺。开皇初徙于其西,地入兴国寺。

惠光尼寺：在唐道元坊。

惠明寺：隋改净明寺,仁寿中,建舍利塔。

（五）里坊信息

《永乐大典》卷五二〇四《太原府志》引《晋阳记》记载唐北都的里坊,有龙泉坊、廉平坊、常乐坊、万福坊、甲坊、道元坊、存信坊（上党坊）、永宁坊、福昌坊、尚信坊、钱坊等十余个坊名。

龙泉坊：百官寺,在唐龙泉坊。唐为解脱寺,又废为球场。

龙泉坊：王韶宅,在唐龙泉坊,本北齐百官寺。开皇元年,赐韶为宅,后施为解脱寺。

廉平坊：骆王下寺,在唐廉平坊,齐将骆提婆置。

---

① 《续高僧传·洪林传》。
② 《续高僧传·智满传》。
③ 《续高僧传·志超传》。
④ 《五代史·宦者传》。

常乐坊：童子下寺，在唐常乐坊。上寺在龙山。

万福坊：武德寺，唐万福坊，隋文帝为伐齐战胜，开皇二年立寺。

甲坊：庆卫寺，唐为甲坊慈圣寺。开皇初徙于其西，地入兴国寺。

道元坊：惠光尼寺，在唐道元坊。

存信坊（上党坊）：高欢宅，在唐存信坊，欢避葛荣之难，自上党来居此坊，坊内皆上党人徒晋阳者，故一名上党坊。

永宁坊：徐之才宅，在唐永宁坊。之才世有医术，《北史》有传。

福昌坊：斛律明月宅，在唐福昌坊，唐为正觉寺。

福昌坊：单义云宅，在唐福昌坊，义云，齐黄门侍郎。

大化坊：萧瑀宅，在唐大化坊。唐为开元寺。

尚信坊：兴国玄坛，隋开皇二年置，在潜丘上，唐为开元观，在尚信坊。

钱坊：延西门，钱坊在其外。

本单位龙真先生根据太原地区历年出土墓志，又统计出晋阳里、吉遁里、安仁坊（里）、永安（坊）、淳风里、务善里、旧居里（坊）、崇禳里、汾阳坊、会同里、石狮子里、松树坊等十余个坊名。

二、考古资料中的隋唐五代时期文化遗存

隋唐五代时期，晋阳地区地下历史文化遗存亦可分为夯土遗存、地层堆积、墓葬遗存等（图四）。

（一）夯土遗存

1. 西北城角发掘点

位于大同—运城高速公路罗城收费站东侧。2002年发掘。发掘点坐标为东经112°28′42.3″，北纬37°44′33.2″。主体城墙之外有修补城墙……修补城墙内包含物有白瓷碗底、绳纹砖等。从包含物分析……唐代有修补[①]。

2. 西城墙第二豁口发掘点

位于地表现残存西城墙上豁口处。2005～2009年进行试掘。发掘点坐标为东经112°28′42.3″，北纬37°44′22″。通过发掘，发现了城墙两次大的营建过程和历代修补痕迹……在主体城墙的西侧还发现了两处比较明显的修补遗迹，时代为唐、五代[②]。

---

① 太原市文物考古研究所：《晋阳古城遗址2002～2010年考古工作简报》，《文物世界》2014年第5期。

② 太原市文物考古研究所：《晋阳古城遗址2002～2010年考古工作简报》，《文物世界》2014年第5期。

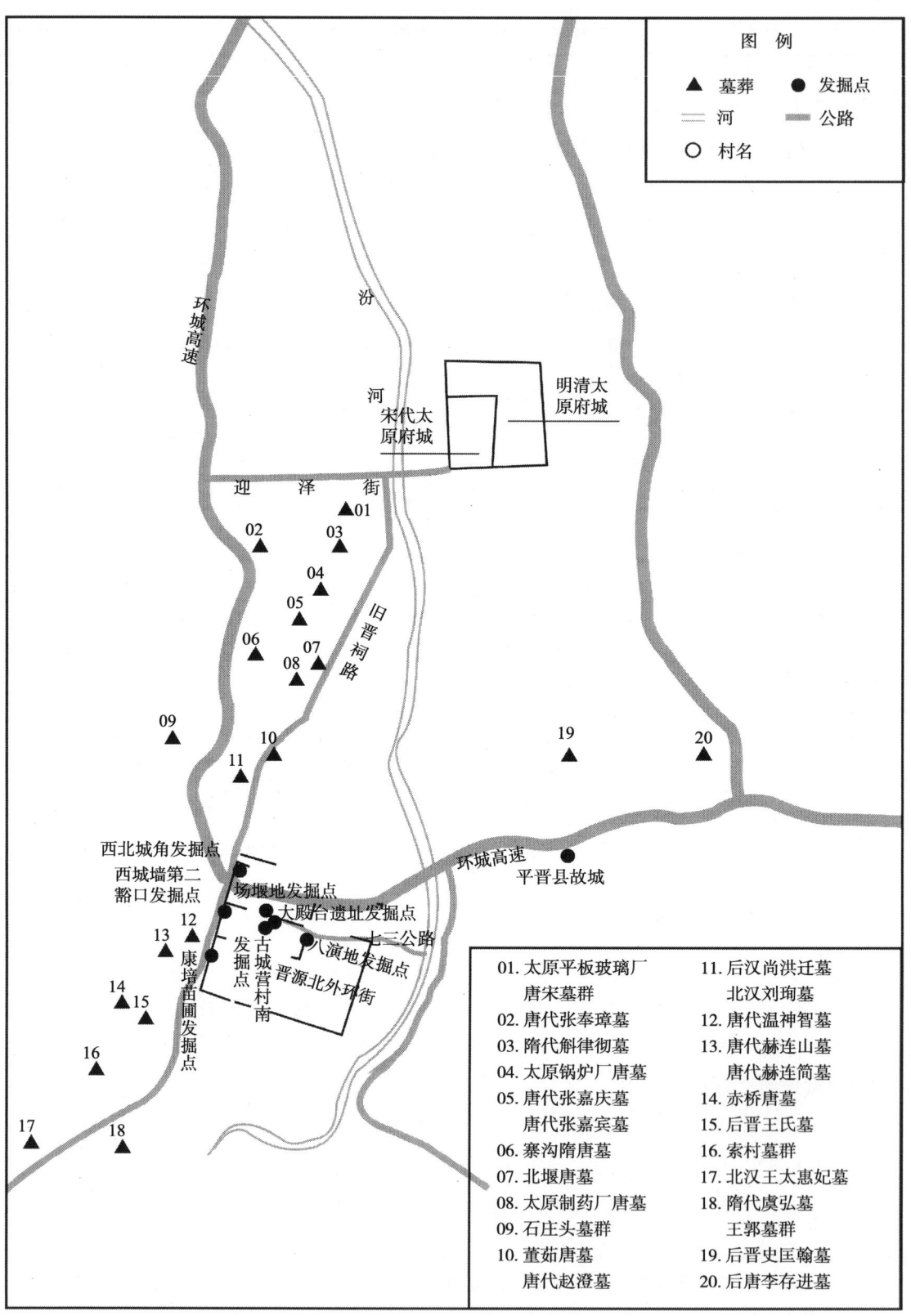

图四 隋唐五代时期晋阳文化遗存及晋阳城位置示意图

3. 康培苗圃发掘点

位于康培苗圃西北角、南距南城角村（目前定为晋阳古城西南城角，下同）处城角约1100米。2013年发掘。夯土分为7个部分，其中夯3：剖面呈斜带状，依附于夯2西壁外侧。浅黄褐色砂质黏土，较致密，硬度较大。残宽0.8米，厚1米。夯层明显，9层（单层夯层）厚6~10厘米，夯窝不明显。全部叠压夯2所增筑，未见基槽。夯3为城墙外侧第二次增筑形成的，出土遗物有汉代的粗直绳纹面布纹里板瓦片、陶片中有北朝至隋唐时期饼形器底，时代皆早于唐代早期，夯3为唐代早期所筑。夯4：剖面呈梯形，依附于夯3西壁外侧第三次增筑。残宽3.6米，厚3米，夯层共计24层。基槽部分为浅黄褐色砂质黏土，致密，坚硬，较为纯净。包含物有陶片、瓦片、石块等。夯4厚1.2米。夯层明显，共7层，单层夯层厚10~20厘米，夯窝明显，圆形圜底，直径4.5~6厘米。出土遗物有汉代的粗直绳纹面布纹里板瓦片、浅细绳纹面布纹里板瓦片，陶片有内壁饰同心圆和斜方格戳印纹的陶盆，玉璧形青釉瓷碗底等。夯3为唐代夯筑形成的[①]。夯6、夯7分别是内壁增筑，分别与夯3、夯4相同，略。

4. 场堰地发掘点[②]

2004~2005年发掘……西距西城墙1100米……本次发掘最重要的发现为两道夯土遗迹。地表之下1.2米发现东西向夯土一道，宽17米……平夯，夯层厚10厘米。在夯土两边有白灰刷抹……夯土内包含黑瓷片、白底褐花瓷片等，时代最晚当为明。其下（东西向夯土之下）亦为夯土，向北延伸16米，被一条沟打破。夯土内有木筋……夯土内包含物主要有白瓷片、素面陶罐残片等。从出土遗物分析，此夯土遗迹为唐五代时期。通过局部发掘，分析两道城墙可能为晋阳宫城的城墙或坊墙[③]。

[①] 晋阳古城考古队：《晋阳古城新发现城墙解剖》，《文物世界》2014年第5期。
[②] 太原市文物考古研究所：《晋阳古城遗址2002~2010年考古工作简报》，《文物世界》2014年第5期。
[③] 场堰地发掘点的考古发掘是笔者负责的，虽然未参与此部分资料整理，但是，笔者认为该部分描述略有瑕疵，凭记忆补充如下：a.发掘时间是2004年；b.场堰地发掘点在古城营村中南北向水泥路西侧100余米，现在按地图测算，其距西城墙近1400米；c.发掘区发现两道夯土墙，其中上层（东西向）夯土墙内有东西向木筋，该夯土可能与明初短暂的晋王府建设有关（"洪武四年，太原古城修建晋府宫殿，木架已具，一夕大风尽颓，遂移建于府城"）；d.下层夯土墙是发掘中发现的，该夯土南北向，开口于地表之下2米左右，因为在探沟外侧进行勘探时，无法勘探到此深度，故当时未找到该夯土的东西边界。此外，限于发掘经费，当时未进行扩方以寻找此夯土的东西边界，也未对此夯土进行解剖；e.下层夯土被一灰沟所打破，灰沟内出土了大量建筑瓦件；f.结合此夯土土色、密度、包含物等信息，推测该夯土可能是晋阳城内城南北向城墙。

（二）地层堆积

1. 大殿台遗址发掘点

位于古城营村大殿台，西距西城墙约 1400 米。2013 年发掘。共布设 3 条探沟，其中 G2 第 7 层为隋唐时期文化层：分布于探沟的东部，灰褐色土，土质较硬，土内包含有大量残石块、白灰粒、木炭粒，出土物有陶片、瓷片、石构件、琉璃饰件、"开元通宝"钱。可辨识的器形以陶罐、瓷碗为主。距地表深 0.77～1.74 米、厚 0.64～0.9 米[①]。

2. 康培苗圃发掘点

位于康培苗圃西北角，南距南城角村处城角约 1100 米。2013 年发掘。新发现城墙东西两侧地层第 5 层为唐代文化层：浅黄色粉砂土，较疏松，包含较多碎砖块、少量陶片、瓷片以及较多的瓦片。距地表深 2.35～2.89 米、厚 36～38 厘米[②]。

3. 晋源苗圃发掘点

位于太原市园林局晋源苗圃内。2009 年发掘。共布设 7 条探沟，探沟面积均在 20 平方米左右，宽 1.5～2 米、长 10～15 米。皆做到宋初火烧毁晋阳城时的地层，探沟内均发现有大量的唐五代时期建筑构件。发现有石子和砖铺设的南北向小路，石头墙基、建筑台基基础，烧炉等遗迹[③]。

4. 古城营村南发掘点

位于古城营村南 200 米。2012 年发掘。深 215～230 厘米、厚 10～20 厘米。包含有碎砖、板瓦残片等。该层有明显的水浸痕迹，为晚唐、五代、宋初地层。发现晚唐五代房址 1 座、窑址 1 座[④]。

（三）墓葬遗存

1. 隋代虞弘墓

位于晋源区晋祠镇王郭村南侧，北距南城角村约 5.5 千米。虞弘（533～592 年），字莫潘，鱼国尉纥麟城人（今地不详）。在北齐、北周、隋三朝为官，官至仪同大将军、仪同三司等，封广兴县开国伯。1999 年发掘，为砖砌单室墓，坐东北朝西南，墓室平面呈弧边方形，顶部无存。墓室中部偏北置一汉白玉石椁，由底座、椁身、顶三部分组成，为仿木构三开间，以及支撑石椁的石狮 8 件。石椁内外皆雕刻并

---

① 晋阳古城考古队：《晋阳古城大殿台遗址试掘简报》，《文物世界》2014 年第 5 期。
② 晋阳古城考古队：《晋阳古城新发现城墙解剖》，《文物世界》2014 年第 5 期。
③ 太原市文物考古研究所：《晋阳古城遗址 2002～2010 年考古工作简报》，《文物世界》2014 年第 5 期。
④ 晋阳古城考古队：《晋阳古城遗址 2012 年试掘简报》，《文物世界》2014 年第 5 期。

施彩绘，由 50 多个单体图案组成，内容有宴饮、乐舞、射猎、家居、行旅等，具有浓厚的中亚和波斯风格，有部分属于祆教内容。出土有汉白玉石柱 5 根及柱础，石雕人物桶、灯台、陶俑、白瓷碗以及墓主和其夫人墓志各 1 方[①]。

2. 隋代斛律彻墓

位于万柏林区小井峪乡沙沟村，西南距三角城所在义井村区域约 2.2 千米。斛律彻（562～595 年），字知通，朔州人，累官至右车骑将军、封崇国公。1980 年清理。为砖砌单室墓，坐南朝北，墓室平面呈弧边长方形，西侧有土砌不规则形棺床，上置木棺及人骨。出土有陶人物俑、动物俑、仓、灶、井、壶、罐，瓷尊、砚、罐、杯，铁器及开皇十七年（597 年）墓志等。志文记载墓主生平[②]。

3. 金胜唐代墓

位于晋源区金胜镇金胜村，南距罗城高速收费站约 3 千米。分为土洞和砖室两种。其中 337 号墓 1988 年发掘，为砖砌单室墓。坐北向南，墓室平面呈弧边方形，穹隆顶，长 2.9 米、宽 2.8 米。墓壁残存彩绘壁画 8 幅，每壁 2 幅，内容有侍卫、侍女、女童、树下人物等。出土有陶盆、陶镇墓兽、瓦当、陶三彩马、陶盘及铜钱、铜丝等[③]。

4. 王郭墓群

位于晋源区晋祠镇王郭村南侧，北距南城角村约 5.5 千米。面积约 3 平方千米。2001 年发掘墓葬 40 余座，其中唐墓 14 座。唐墓分土洞墓和砖室墓两种，多从北向南，砖室墓多呈圆形。出土有陶塔式罐、铜镜、钱币等[④]。

5. 石庄头墓群

位于晋源区金胜镇石庄头村，东南距罗城收费站约 3.1 千米、东北距义井村 4.5 千米。面积不详。封土无存。1956 年发掘墓葬 3 座，均砖砌单室墓，坐北向南。其中一座墓的墓室平面呈棺形，另两座呈方形。出土有陶罐、盘、碗、塔式罐、俑，铁剪，铜轴头，开元通宝钱及墓志 1 方等。志文漫漶不可识[⑤]。

6. 索村墓群

位于晋源区晋祠镇索村，东北距南城角村约 4.2 千米。面积不详。1957 年发掘墓葬 10 余座。其中两座有墓志。一座墓主生平不详，另一座墓主为马崇仙夫妇。马崇仙（711～795 年），曾任河东郡节度副经略史兼沁州刺史；夫人裴氏（739～773 年），闻喜

---

① 国家文物局：《中国文物地图集·山西分册·中》，中国地图出版社，2006 年，第 23 页。
② 国家文物局：《中国文物地图集·山西分册·中》，中国地图出版社，2006 年，第 19 页。
③ 国家文物局：《中国文物地图集·山西分册·中》，中国地图出版社，2006 年，第 22 页。
④ 国家文物局：《中国文物地图集·山西分册·中》，中国地图出版社，2006 年，第 22 页。
⑤ 国家文物局：《中国文物地图集·山西分册·中》，中国地图出版社，2006 年，第 22 页。

人。出土随葬品有陶罐、铜镜、青釉瓷碗、金花片、铜簪、水晶珠、骨梳及铜钱等[①]。

7. 北堰唐墓

位于义井街办北堰村，西南距罗城收费站约5.8千米，北距义井村约1.3千米。1958年发掘墓葬2座，均单砌砖室墓，坐北向南，墓室平面呈弧边方形。出土有陶盘、灶、碗、马俑、罐，铜带饰，开元通宝钱，铁镜及墓志等。志文漫漶不可识[②]。

8. 董茹唐墓

位于晋源区金胜镇董茹村，西南距罗城收费站约3.2千米，北距义井村约3.8千米。1954年清理残墓1座，形制和墓向不详。出土有陶俑、马、骆驼、牛车，石俑和绳纹墓砖。其中1块墓砖上有贞观十三年（639年）题记[③]。

9. 唐代赵澄墓

位于晋源区金胜镇董茹村，西南距罗城收费站约3.2千米，北距义井村约3.8千米。赵澄（？～696年），生平不详。1953年发掘，为砖砌单室墓，坐北向南，墓门外两侧残存耳室各1座。墓室平面呈长方形，穹隆顶，墓壁残存壁画10幅，内容有侍从、侍童、树下人物、斗拱等。出土有大周万岁登封元年（696年）墓志1方。志文记述墓主生平[④]。

10. 唐代张嘉庆墓

位于晋源区义井街道义井村，西南距罗城收费站约7.1公里，三角城附近。张嘉庆［？～780（原文如此）］，曾任开府仪同三司、太常卿等职。墓葬1984年暴露，为砖砌单室墓，墓室平面呈长方形。采集有陶器10余件及大历十四年（779）墓志，志文记述墓主生平[⑤]。

11. 唐代张嘉宾墓

位于晋源区义井街道义井村，西南距罗城收费站约7.1千米，三角城附近。张嘉宾（？～785年），曾任河东节度经略副使、封建康郡王。墓葬1984年暴露，为砖砌单室墓，墓室平面呈长方形。采集有陶器10余件及贞元元年（785年）墓志，志文记述墓主生平[⑥]。

12. 唐代张奉璋墓

位于万柏林区小井峪乡大井峪村，东南距晋源区义井街办义井村约2.2千米。张奉璋（？～769年），清河人（今山东省清河县西北）。历任河东节度右厢兵马使、太常

---

① 国家文物局：《中国文物地图集·山西分册·中》，中国地图出版社，2006年，第23页。
② 国家文物局：《中国文物地图集·山西分册·中》，中国地图出版社，2006年，第23页。
③ 国家文物局：《中国文物地图集·山西分册·中》，中国地图出版社，2006年，第24页。
④ 国家文物局：《中国文物地图集·山西分册·中》，中国地图出版社，2006年，第24页。
⑤ 国家文物局：《中国文物地图集·山西分册·中》，中国地图出版社，2006年，第24页。
⑥ 国家文物局：《中国文物地图集·山西分册·中》，中国地图出版社，2006年，第24页。

卿等。1982年清理，为砖砌单室墓，墓室平面呈方形。墓壁零星残存有四神、门吏等彩绘壁画。出土大历四年（769年）墓志1方，志文记述墓主生平[①]。

13. 寨沟隋唐墓

位于万柏林区小井峪乡寨沟村，东北距晋源区义井街办义井村约1.2千米。1956年清理砖砌单室墓1座，坐北朝南，墓室平面呈弧边方形，方锥形顶。出土有陶壶、罐和铜胎料镯各1件，小泉直一铜钱1枚[②]。

14. 唐代赫连山墓

位于太原生态工程学校，东南距南城角村1.2千米。赫连山（641～716年）。2014年清理。为砖砌单室墓，墓室平面呈弧边方形，墓壁有侍卫、侍女、树下老人图等[③]。

15. 唐代赫连简墓

位于太原生态工程学校，东南距南城角村1.2千米。赫连简（671～721年）。2014年清理。为砖砌单室墓，墓室平面呈弧边方形，墓壁有侍卫、侍女、树下老人图等[④]。

16. 赤桥唐墓

位于晋源区晋祠镇赤桥村，东北距南城角村2千米。2001年清理。为砖砌单室墓，墓室平面呈弧边方形，墓壁有侍卫、侍女、树下老人图等[⑤]。

17. 唐代温神智墓

位于晋源区乱石滩，东距晋阳古城西城墙约1.5千米。温神智（648～708年），太原人。2001年清理，为砖砌单室墓，墓室平面呈弧边方形。墓壁有四神、门吏、树下老人图等。出土陶瓶、陶罐、铁镜、头饰、墓志等[⑥]。

18. 太原平板玻璃厂唐宋墓群

位于太原平板玻璃厂厂区，南距罗城高速收费站约10千米、义井城址东北约2.5千米。

19. 龙氏家族墓群

位于小井峪乡小井峪村，南距罗城高速收费站约7千米、义井城址东北约1千米。1984年发掘砖室墓10余座。墓葬皆坐北向南，墓室平面呈弧边方形。共出土墓志6方，分属龙氏家族四代人，记述龙氏从北齐到唐开元年间几代人的仕宦经历。分别是龙润（561～653年），字恒迦，晋阳人（今山西省太原市南），曾任辽州（今山西省左权

---

① 国家文物局：《中国文物地图集·山西分册·中》，中国地图出版社，2006年，第19页。
② 国家文物局：《中国文物地图集·山西分册·中》，中国地图出版社，2006年，第19页。
③ 太原市文物考古研究所内部资料。
④ 太原市文物考古研究所内部资料。
⑤ 太原市文物考古研究所：《山西太原晋源镇三座唐壁画墓》，《文物》2010年第7期。
⑥ 太原市文物考古研究所：《山西太原晋源镇三座唐壁画墓》，《文物》2010年第7期。

县）长史；龙澄（？～661 年），龙润之子，字玄靖，曾任辽州刺史；龙寿（648～708 年），龙澄之子，字孝德；龙睿（？～741 年），龙寿之子，字思睿。另有龙义（？～645 年），字怀亮，晋阳人；龙敏（？～681 年），字玄达，南阳人（今河南省南阳市）[①]。

20. 太原制药厂唐墓

位于太原制药厂厂区，西南距罗城高速收费站约 5.5 千米，北距义井城址约 1.5 千米。1988 年发掘[②]。

21. 太原锅炉厂唐墓

位于太原锅炉厂厂区，西南距义井城址约 1 千米、距罗城高速收费站约 8 千米。1988 年发掘[③]。

22. 平晋县故城

位于小店区小店街办城西村东约 200 米，东北距黄陵村 2.7 千米。20 世纪 50 年代尚存南北二土疙瘩，高约 3 米，面积约 4000 平方米。现仅存南北走向土垅 7 条，残高约 1 米。20 世纪 60 年代曾出土陶灯、砖瓦等。清光绪《山西通志》载，宋太平兴国四年（979 年）毁晋阳城后，将晋阳、太原合并为平晋县，于汾河之东建该城。明洪武七年（1374）废[④]。

23. 后唐李存进墓

位于小店区黄陵街办郑村，西南距黄陵村 2.5 千米。李存进（855～921 年），振武（今山西省朔州人），本名孙重进，李克用收为养子后改名。官至北面招讨使，赠太尉。《旧五代史》有传。封土夷平，地表现存清泰三年（936 年）立神道碑 1 通。清光绪《山西通志》载："招讨使李存进墓，在太原县郑村……。"

神道碑（后唐）青石质，圆首，方座。通高 3.6 米、宽 1.26 米、厚 0.14 米，清泰三年（936 年）立石。碑文楷书，38 行，满行 95 字，共 3610 字记载李存进生平。吕梦奇撰文[⑤]。

24. 后晋史匡翰墓

位于黄陵街道大吴村，东南距黄陵村 1 千米。塘之子，晋高祖石敬瑭女婿。官至义成军节度使，赠太保。《新五代史》有传。封土夷平，地表现存天福八年（943 年）立墓碑 1 通。清光绪《山西通志》载，"后晋驸马史匡翰墓，在太原县东北皇陵村……。"[⑥]

---

① 国家文物局：《中国文物地图集·山西分册·中》，中国地图出版社，2006 年，第 18 页。
② 太原市文物考古研究所内部资料。
③ 太原市文物考古研究所内部资料。
④ 国家文物局：《中国文物地图集·山西分册·中》，中国地图出版社，2006 年，第 6 页。
⑤ 国家文物局：《中国文物地图集·山西分册·中》，中国地图出版社，2006 年，第 6 页。
⑥ 国家文物局：《中国文物地图集·山西分册·中》，中国地图出版社，2006 年，第 6 页。

25. 北汉王太惠妃墓

位于晋源区晋祠镇青阳河村，东北距南城角村 7.2 千米。王太惠妃（？～971年），2009 年清理。墓葬坐北朝南，由墓道、甬道、前室、过道、后室组成。墓道已毁，甬道为石砌、券顶，甬道壁面各绘有门吏一个。前室石砌，平面呈圆形、穹隆顶，四壁绘有青龙、白虎、玄武、朱雀及对鸟等图案，前室内有石砌棺床。过道、后室依山而凿，后室底部铺有石条。出土了塔式罐、陶罐、瓷罐、铜饰件、铜钱、铁器及墓志等遗物[①]。

26. 后晋王氏墓

位于晋源区晋祠镇晋祠社区，东北距南城角村约 2 千米。位于晋祠宾馆网球馆大门东约 10 米。2005 年对该墓葬进行了清理。墓葬坐北朝南，由竖穴式墓道、拱券式墓门及仿木结构砖砌墓室组成，占地面积 9.3 平方米。墓室平面呈圆弧形，穹隆顶。墓室为仿木结构，有立柱、门窗、斗栱等。墓中出土有白釉瓷碗、黑釉罐、塔式陶罐、银饰件、铜镜、铁犁和"开元通宝"铜钱。木棺下有腰坑，腰坑内放置墓志一合，墓志为一合两石，志盖呈盝形，顶部上刻有志文，志石上无文字，十字交叉分布着五个方孔，方孔内放有五色石共计 27 粒以及一些红色粉末。据墓志记载，墓主人为王氏小娘子，墓葬年代为五代后晋天福二年（937 年）[②]。

27. 后汉尚洪迁墓

位于晋源区金胜镇金胜墓群内，南距罗城高速收费站约 3 千米。1995 年发掘。为砖砌圆形单室墓。由墓道、甬道、墓室组成。斜坡墓道，坐北朝南。墓室砖砌，平面呈圆形，直壁设有白灰，在墓壁上用红色粗线绘制出四根立柱和斗栱。直壁之上分别有滴水各一周，滴水之上应为叠涩穹隆顶。出土有陶罐、墓志等。据墓志记载，墓主人为后汉尚洪迁，墓葬年代为五代后汉乾祐二年（949 年）[③]。

28. 北汉刘珣（何廷斌）墓

位于晋源区金胜镇金胜墓群内，南距罗城高速收费站约 3 千米。1995 年发掘。为砖砌圆形单室墓。由墓道、甬道、墓室组成。斜坡墓道，坐北朝南。墓室砖砌，平面呈圆形，直壁设有白灰，在墓壁上用红色粗线绘制出四根立柱和斗栱。直壁之上分别有滴水各一周，滴水之上应为叠涩穹隆顶。出土有陶罐、墓志等。据墓志记载，墓主人为北汉刘珣（何廷斌），墓葬年代为北汉天会五年（961 年）[④]。

---

① 太原市文物考古研究所内部资料。
② 太原市文物考古研究所：《山西太原晋祠后晋墓发掘简报》，《文物》2018 年第 2 期。
③ 发掘者介绍。
④ 发掘者介绍。

三、隋唐五代时期晋阳城研究

（一）已有研究成果综述

虽然 20 世纪中叶以来，文物工作者就已经对晋阳古城开展考古调查工作，并发表调查简报[①]。但是，受晋阳古城遗址地质条件复杂、埋藏较深等因素影响，晋阳古城的考古工作相对滞后。晋阳古城研究者根据史料和相关线索，发表了若干研究文章，涉及唐代晋阳古城城市布局的文章主要有：王剑霓《晋阳古城考——兼辨五百年来明清史志之误》，薛愈《略论古晋阳都城城垣问题……兼与王剑霓同志商榷》，芮祁《唐北都城城垣考辨……兼与王剑霓、薛愈先生商榷》，常一民《唐北都城址试探》，张德一、张继清《也论晋阳古城城垣……兼与王剑霓、常一民、薛愈同志商榷》，尹钧科《唐北都太原城初探》等。

上述研究文章皆以《新唐书·地理三》《元和郡县图志》《晋阳记》等史料为依据，结合已知西城墙；晋阳古城遗址故地内"东城角村""南城角村""城北村""罗城村""北河下村""南河下村""东圪垛地""城墙地"等村名、地名，对唐代晋阳古城城市布局进行了推测，主要观点有三种。

（1）王剑霓等先生认为：都城（州城）遗址位于"罗城老爷阁、南城角村、东城角村"之间，东西长4500米、南北宽3700米……都城内西北有府城、府城内又有大明城等三城。东城、中城无遗迹，按西墙偏东18°向东延伸看其方位，东城在河东大村。中城在大村与汾西的东城角村之间[②]。

（2）常一民等先生认为：北都、并州、太原府，三名其实一也……都城包含西城、中城、东城，周回四十余里。（西）城又有内城和外城之分。外城有二：一为北罗城，位于内城北；一为南城，内城以南有南罗城……内城是晋阳城的主要部分，晋源镇一带有古城一座，其东西长约4500米（西城墙至东城角村），南北长约2700米（南城角村至七三公路），此城墙是《元和郡县图志》及《太平寰宇记》所提及的府城即晋阳（内）城……内城西北部有三个小城……但是，文中同时还有"北都城就是这座南北3727米，东西4500米，周约33里的晋阳内城和北罗城遗址……"的论断。

中城长度在350米左右（引注为《元和郡县图志·河东道二》："（太原县）在州东二百六十步。"或曰二里百六十步……）。东城，既为太原县城，又是并州、北

---

① 谢元璐、张颔：《晋阳古城勘察记》，《文物》1962年第4、5期合刊。
② 王剑霓：《晋阳古城考——兼辨五百年来明清史志之误》，《山西地方志通讯》1987年第1期。

都的一部分，它的面积当大于一般县城，其周长最少也不应低于四里之数[①]。

（3）尹钧科等先生认为：北都城由西城、中城、东城组成。西城内又分为太原府城和晋阳县城两部分。其中，太原府城，简称府城，又称州城……唐北都西城的范围便可大致确定下来，其东城墙在今东关村西侧南北一线，西城墙在今罗城村东与南城角村一线，南城墙当在南城角村与北河下村北侧一线，北城墙当在今罗城村与城北村南侧一线。周垣大约有二十六华里，约合唐二十七里（取唐1尺合公制31.10厘米计）。

中城，根据《元和郡县图志》："……自州城中迁太原县治于汾河东旧理……在州东二百六十步"等，结合考证，推测中城长度为"二里百六十步"，合今公制839.7米？（笔者注，按其文章一里为二百四十步，每步五尺，每尺31.1厘米计算，二里百六十步应为995.2米）。东城，当在东城角村、梁家寨村、晋阳堡村之间[②]。

（二）晋阳古城遗址考古工作综述

自1920年，日本学者水野清一、日比野丈夫调查晋阳古城遗址以来；宿白先生曾于20世纪50年代对晋阳古城遗址进行过初步的调查；谢元璐、张颔先生在1962年田野调查的基础上，发表了《晋阳古城勘察记》[③]。晋阳古城遗址大规模考古调查工作始于1999年，至今已近20年。

1999年，山西省文物局指派太原市文物考古研究所承担晋阳古城遗址的考古调查工作。

2000年，调查晋阳古城西城墙。

2001年，为配合大运高速公路的建设，山西省考古研究所、太原市文物考古研究所、晋源区文物旅游局组建联合考古工作队，在今罗城收费站西北城角处发掘，解剖西城墙；在晋源北外环街南侧解剖晋阳古城护城河。

2002年，发掘出晋阳古城西北城角、调查北城墙（位于南城角村北3750米处、罗城收费站东南侧），发现垫土东西长560米、南北宽18～20米。

2003年，调查晋阳古城西城墙；调查七三公路两侧（南城角村北2700米左右）、西城墙至东关村区域东西向夯土；调查南城角村北1400米左右、东西向夯土及古城营村小城遗址。

2004年，调查晋阳古城南城墙（南城角村至新晋祠路之间），发现两道不同时期夯土；验证西城墙东2500米，七三公路至晋源北外环路之间南北向夯土，发现晋源

---

① 常一民：《唐北都城址试探》，《中国古都研究》1989年第4辑。
② 尹钧科，《唐北都太原城初探》，《中国古都研究》1993年第9辑。
③ 谢元璐、张颔，《晋阳古城勘察记》，《文物》1962年第4、5期。

北外环街与新晋祠路交叉口西南角处夯土拐角；对"古城营村小城遗址北城墙"、西城墙第一豁口、场堰地（七三公路南侧、西城墙东 1400 米处）、八演地（七三公路南侧、西城墙东 2500 米处）等区域进行考古发掘。

2005 年，调查晋阳古城南城墙（新晋祠路至南、北瓦窑村处东南城角之间）；调查西城墙东 2500 米、七三公路至南过境高速公路之间南北向夯土；对西城墙第二豁口进行发掘。

2006 年，调查晋阳古城东城墙（东南城角至东城角村之间）；调查七三公路两侧、东城角村至新晋祠路东侧东西向夯土；继续对西城墙第二豁口进行发掘，对现地表之上残存西城墙南端、疑是"水窗门"区域进行发掘；与西安石油大学合作，进行晋阳古城遗址区域物理探测研究；与山西省文物勘探中心合作，复查晋阳古城西城城墙与护城河；委托山西省基础地理信息院进行晋阳古城遗址区域的地形测绘；委托西安文物保护中心编制《晋阳古城大遗址保护规划》。

2007 年，调查东城角村正北、南过境高速公路北侧区域，发现东西残长 100 余米、南北宽 13 米的夯土遗存，但是此夯土遗存宽度与晋阳古城外城城圈平均宽度 18~20 米的数值略有出入；继续对西城墙第二豁口进行发掘；西安文保中心提交《晋阳古城遗址保护规划》；西安石油大学提交《晋阳古城遗址地球物理探测成果研究》。

2008 年，继续对西城墙第二豁口进行发掘。

2009 年，继续对西城墙第二豁口进行发掘；在太原市园林局晋源苗圃内发掘 7 道探沟，验证了文献中"火焚晋阳城"的史实。

2010 年，《晋阳古城遗址保护规划纲要》按程序上报审批；国家文物局公布了首批国家考古遗址公园名单，晋阳古城考古遗址公园等 23 个项目获得国家考古遗址公园立项。

2011 年，由中国建筑设计研究院历史建筑研究所编制的《晋阳古城遗址保护规划纲要》获得国家文物局批准，并公布实施。为了做好晋阳古城国家考古遗址公园建设，山西省文物局指派山西省考古研究所牵头，与太原市文物考古研究所、晋源区文物旅游局组建晋阳古城考古工作队，负责晋阳古城的调查工作；委托太原理工大学完成《晋阳古城遗址环境影响评估报告》；与山西省钻探中心合作开展晋阳古城遗址中心区"十"字横断面的考古勘探。

2012 年，完成晋源苗圃内探沟试掘。

2013 年，完成罗城村东部区域"十"字勘探，未发现文献记载的"故唐城"文化遗存；完成棘针村西南区域考古勘探，发现东西长约 1175 米、南北宽 20 米的夯土遗存。完成大殿台遗址调查、勘探、发掘；开展罗城村东马地"北城墙"（棘针村西南区域新发现夯土遗存）发掘工作；开展古城营村西夹子地（小殿台遗址）考古发掘；

开展"西南城门"遗址考古发掘，发现 1 号建筑基址。

2014 年，继续开展罗城村东马地"北城墙"发掘工作，确认该夯土遗存始修于汉代，可能沿用至西晋，不会晚于十六国时期；继续发掘古城营村西夹子地，发现战国时期墓葬 9 座；继续发掘西南城墙内的"1 号建筑基址"，发现北朝地层；开展"井"字形探沟试掘，试掘中，在晋源苗圃花窖内，发现了一组大型夯土建筑基址。

2015 年，完成罗城村东马地城墙遗迹的考古发掘。确认该夯土遗迹的始建和使用时代不早于汉代，废弃年代不晚于北朝，排除了此地为史料记载中筑于帝尧时期"故唐城"的可能性；开展晋源苗圃花窖内发现 2 号建筑基址的发掘工作，初步确认其为宫城内一处极为重要的建筑。

2016 年，扩大 2 号建筑基址发掘点发掘面积，发现唐晚期院落式建筑群。清理门址、道路、院墙等相关遗迹 100 余处、磉墩 130 余个，出土大量建筑构件及"……即隋之晋阳宫……"残碑。通过发掘，推断该发掘点可能就是北朝和隋代晋阳宫所在的区域。

2017 年，继续围绕 2 号建筑基址进行考古发掘；初步判断，在太原市侨友化工有限公司厂房门口、晋源北外环街以北发掘揭露的城墙可能为晋阳城内城的西城墙。

考古工作者及时公布了晋阳古城遗址阶段性考古工作成果，先后发表：《东周晋阳城建置蠡测》《晋阳涅槃、沧桑重现——晋阳古城城池遗址的考古调查》《晋阳古城遗址 2002～2010 年考古工作简报》《晋阳古城遗址 2009 年考古调查新发现》《晋阳古城"十"字探区东段考古勘探报告》《晋阳古城遗址考古新发现（2011～2014）》《晋阳古城遗址 2012 年试掘简报》《太原晋阳古城遗址二〇一二年考古新收获》《晋阳古城大殿台遗址试掘简报》《晋阳古城西南城墙水渠发掘简报》《晋阳古城新发现城墙解剖》《晋阳古城一号建筑基址》等。但是，上述成果多是对某一阶段、某一发掘点发掘成果的综述，关于晋阳古城系统性考古研究成果至今尚未正式发表。

（三）隋唐五代时期晋阳城研究

1. 西城内府城、三个小城位置、周回推测

前文已述，北周武帝曾两次下诏，去除"并、邺二所堂殿""废并州宫"。有了北周时期官方对晋阳城内宫殿的"除荡"，才会产生"东魏孝静帝于此置晋阳宫，隋文帝更名新城，炀帝更置晋阳宫……。"[①] 由于隋代存在的时间并不长，隋代晋阳城的周回当不大于北齐时期晋阳（周回二十七里）。

前文亦提及，唐代府城前身是"北齐或之前城址"，其周回当为二十七里。根

---

① 《元和郡县图志》。

据《元和郡县图志》"府城，故老传晋并州刺史刘琨筑。今按城高四丈，周回二十七里。城中又有三城，其一曰大明城，城高四丈，周回四里。又一城南面因大明城，西面连仓城，北面因州城，东魏孝静帝于此置晋阳宫，隋文帝更名新城，炀帝更置晋阳宫，城高四丈，周回七里。又一城东面连新城；西面北面因州城，开皇十六年筑，今名仓城，高四丈，周回八里……。"可知，隋代晋阳城内有"新城""仓城""大明城"三个内城。

目前，晋阳古城考古工作队在晋源北外环街北侧、西城墙东侧800米、太原市侨友化工有限公司门口发现南北向夯土1道，夯土宽11~13米，夯土方向同西城墙相同。考古队推测其为内城城墙，结合《元和郡县图志》对晋阳城三个内城位置的描述，我们认为，此夯土可能是"大明城"西城墙。"大明城"周回四里，如果此城是正方形，则其边长为531米，可能的四个城角分别位于：西南城角可能在太原市侨友化工有限公司厂门南430米处，西北城角可能在太原市侨友化工有限公司院内，东北城角可能在北外环街北500米、古城营村南北路西100米处，东南城角可能在明太原县城北门附近。

关于"新城"和"仓城"的位置、大小，《元和郡县图志》亦有较为详细的记载："（新城）南面因大明城，西面连仓城，北面因州城（此处未提其东面与州城的位置关系，可能州城东城墙与'新城'东城墙距离较远，或者未专门提及）……城高四丈，周回七里……"；"（仓城）东面连新城；西面北面因州城（此处未提仓城与大明城的位置关系），开皇十六年筑，今名仓城，高四丈，周回八里……。"

根据上文，我们可以得出"新城"[①]周回七里（折合今制为3717米）、"仓城"周回八里（折合今制为4248米）；"仓城"与"新城"共用一面城墙；"仓城"的西城墙、北城墙，"新城"的北城墙与州城城墙相近，"新城"南面为"大明城"[②]等结论。

目前已知"大明城"西城墙距唐晋阳城西城墙800米，故"仓城"城墙的东西宽

---

① 宿白：《隋唐城址类型初探》中认为"唐北都宫城区在今棘针村附近"。引文如下"隋大业三年（607年）所建的晋阳宫，《新唐书》说在'都之西北'，在我们的复原图上，北都西北隅的东部是一片低洼积水区和遍布乱砖碎石的地带，在现在的地图上，这片乱砖碎石的地带，被标为'废墟'。979年，北宋灭北汉，攻陷太原城后……对这座城进行了大规模的有意识的破坏，依据我国历史上的迷信，宫城一定是破坏最厉害的所在。例如，隋灭北周，就把北周的宫殿区划平了；灭陈后，又把建康宫犁为耕地。因此，我们认为，这片低洼积水区和'废墟'是人为制造的，它曾经是隋唐晋阳宫的所在地。宫城西部是属于宫城的仓城所在，宫城区之南有一条废河道，从西穿城东入汾水，这大概和洛阳城的洛河相同，利用河道将宫城和一般居民区隔开"。
② 《北齐书·冯子琮传》有"（大明宫）兼此北连天阙（晋阳宫，即唐代'新城'），不宜过复崇峻"的记载。但是，从姚最《序行记》"晋阳宫西南有小城，内有殿，号大明宫"的记载来看，"新城"似乎又在"大明宫（城）"的东北方向。

度≤800米，假设"仓城"是规则的，剔除测点可能不一致等合理误差，则"仓城"城墙南北长在1300米左右，"仓城"的长宽比为1∶0.616；假设"新城"城墙南北长与"仓城"城墙南北长度相当，即1300米，则"新城"城墙的东西宽度为558米，该猜测城墙长宽比为1∶0.429，由于此假设长宽比值较低，因此关于"新城"城墙长度、宽度的推测可能还需要进一步微调①。当然，如果关于"新城""仓城"东西宽度的推测无误，那么，"新城"的东城墙很有可能就是西城墙东侧1400米左右、场堰地发掘点处发现的南北向夯土。

2. 唐代晋阳古城城垣推测

（1）对已知史料的正确理解。

关于唐五代晋阳古城城市布局和尺寸的史料，主要有《新唐书·地理三》《元和郡县图志》《晋阳记》等。此外，《资治通鉴·唐纪三十五》《旧唐书·李光弼传》《诸山圣迹游记》等也有一些零星信息。

由于《新唐书·地理三》《元和郡县图志》《晋阳记》明确记载了晋阳古城的尺寸。因此，晋阳古城研究者一般依据此史料，结合一些迹象对晋阳古城城垣及布局进行解读。但是，上述解读普遍存在着某些方面的尺寸与史料不符的情况，为了合理解释这些数字上的差别，有的研究者用"大致""约略""相差无几"等词语一笔带过；有的研究者则会根据需要，精心考证史料的某一部分可能有误。

前贤的研究具有一定的参考价值，但是，笔者以为，在度量衡统一的朝代，经过官方机构测量，由官方机构出版史料中记载的信息②，就是关于晋阳古城城垣尺寸最直接的线索；如果没有新的、足以推翻史料记载的情况下，我们还是应当以上述史料为依据进行探索，其他线索如地名、路网等信息只是对史料线索的有益补充，提醒考古工作者在考古调查中应正确注意该信息的指向性。事实上，《新唐书·地理三》和《晋阳记》中关于晋阳古城城垣尺寸的记载差别并不大（表二）。

---

① 本段关于"新城""仓城"位置、大小的推测，仅是简单的数学运算结论，该结论推导出的两座小城为纵向长方形，但皆与"七三公路"南侧东西向夯土有打破关系。如果要避免打破这段东西向夯土（假设这段夯土城墙是"仓城""新城"的北城墙），那么只能将两座小城改为横向长方形。根据"七三公路"南侧东西向夯土与"大明城"北城墙间距≤750米的数值进行推导，则"仓城"东西长将达到1400米，这又与《元和郡县图志》中"仓城""大明城"的位置关系不符。这几个内城的研究还需要更多的考古资料来支撑。

② 《新唐书》是北宋欧阳修等人编著、《元和郡县图志》是唐宪宗元和年间（806~820年）宰相李吉甫撰、《晋阳记》是大中八年（854年）河东节度使李璋撰，上述史料成书较早，且作者有职务便利。按照版本学理论：一手资料、早期资料的价值＞第N手资料、晚期资料；官方出版资料的价值＞个人出版资料。因此，前述三本书籍的史料价值要远远高于后世诸如《太原府志》《太原县志》《读史方舆纪要》等第N手史料或者个人出版的研究性资料。当然，在没有资料的情况下，价值小的资料也有一定的参考价值。

表二 《新唐书》和《晋阳记》关于晋阳古城城垣对照表[①]

名称	出处	史料记载	唐代里步换算	折合今制
长	《新唐书》	长四千三百二十一步	4321 步	6373.48 米
	《晋阳记》	东西十二里	4320 步	6372.00 米
宽	《新唐书》	广三千一百二十二步	3122 步	4604.95 米
	《晋阳记》	南北长八里二百三十二步	3112 步	4590.20 米
周回	《新唐书》	周万五千一百五十三步	15153 步	22350.68 米
	《晋阳记》	周回（四）十二里	15120 步	22302.00 米

（2）唐代晋阳城各城的大小、位置推测。

按照"平行四边形相对边平行且长度相等"的原理，辅以辅助线，我们可以推算唐代晋阳古城各城的大小：

AB+BC+CD+DE+EF+FA=AG+GE+EF+FA，即实线部分周回与加上辅助线形成的周回是相同的（图五）。

AB+BC+CD+DE+EF+FG+GH+HI+IJ+JK+KL+LA=AM+MN+NL+LA，即实线部分周回与加上辅助线形成的周回是相同的（图六）。

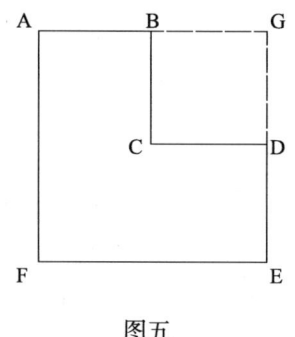
图五

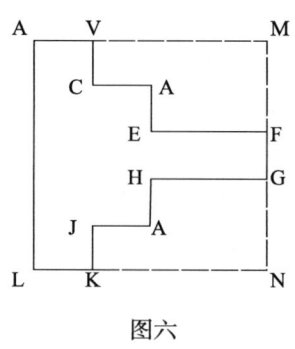
图六

根据前述原理，我们可以进行以下推算：

东城东西长度：结合史料记载晋阳古城东西十二里（长四千三百二十一步）、中城二里百六十步[②]，勘探发现晋阳古城东西长 4500～4780 米，1 唐里 =360 唐步、1 唐步 =5 唐尺、1 唐尺 =29.5 厘米计算。则东城东西长分别为 295.48 米、575.48 米，294 米、574 米。剔除测点可能不同、GPS 可能存在误差、西城是梯形，294 米太小等不合

---

① 参照陈梦家：《亩制与里制》，《考古》1966 年第 1 期结论，即 1 唐里 =360 唐步，1 唐步 =5 唐尺，1 唐尺 =29.5 厘米。

② 李裕民：《论太原的城防设施及其战略地位》，《中国古都研究》（第二十辑）——中国古都学会 2003 年年会暨纪念太原建成 2500 年学术研讨会论文集，山西人民出版社，2003 年，第 23～31 页。

理因素，上述数值中，东城东西长应当是 574 米左右，此数值与宿白先生《浅谈隋唐市布局》中所言"县城面积一般一里见方、州城一般周回八里"的论断相近，故唐晋阳城东城东西长当在 1 唐里（531 米）左右，其周回大概是 4 唐里。

中城的南北宽度：按照图五唐代晋阳古城周回应当为 AG+GE+EF+FA；图六唐代晋阳古城周回应当为 AM+MN+NL+LA。两种结构测算的周回都应当是（长+宽）×2，列表如下（表三）。

表三　史料记载与推算唐晋阳古城周回数值差距对照表

史料	长	宽	测算周回	史料周回	差值	折合今制
《新唐书》	4321 步	3122 步	14886 步	15153 步	267 步	393.83 米
《晋阳记》	4320 步	3112 步	14864 步	15120 步	256 步	377.6 米

产生前述误差的原因有：A. 测点不同产生的误差；B. 城墙不是正方形；C. 城垣有重复计算部分。

针对 A，测点不同产生的误差不会如此之大；

针对 B，按照图七：$BD^2+CD^2=BC^2$；已知 BD 长约 2700 米，CD 长约 280 米（4780 米－4500 米），那么 BC 长度约 2714 米，BD 与 BC 长度差别不大，故此原因可以排除；此外，东南城角的勘探结果略微有点问题（详见附录六），所以 B 设想暂时不予以考虑；

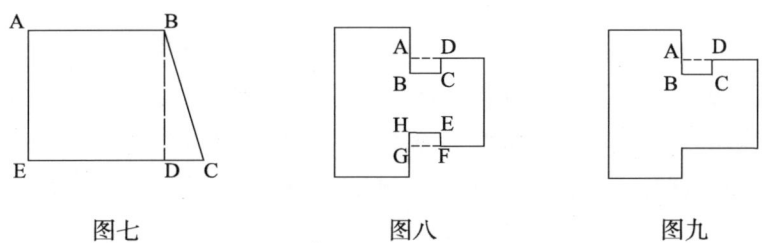

图七　　　　　　　图八　　　　　　　图九

针对 C，按照图八，重复计算部分为 AB+CD+EF+GH；按照图九，重复计算部分为 AB+CD；根据周回数值差距对照表，可知 AB+CD+EF+GH=393.83 米（或 377.6 米）；或者 AB+CD=393.83 米（或 377.6 米）。

中城宽度当为"东城东城墙长度"－重复计算部分 /2；假设东城东城墙长度为 1 唐里（531 米），则中城南北宽度为 334.09 米或者 342.2 米。

中城结构：前文推测，中城南北宽度为 334.09 米或者 342.2 米。中城南北宽度较大，则中城很有可能是南北两道城墙组成。由于中城是"跨水联堞"，故晋阳古城的中城应当是：夯土城墙—桥梁—夯土城墙组成。

中城东西长二里百六十步，按照《元和郡县图志》"汾桥，架汾水，在县东一里①……桥长七十五步，广六丈四尺"的记载，则中城在汾河以西部分夯土城墙东西为1唐里（531米）或更长；汾河之上部分东西长为75步（110.63米②）或更长；在汾河以东部分夯土城墙东西长为1唐里又85步（656.38米）或略短③。

汾桥宽"六丈四尺"，折合今制为18.88米，该数值与唐代晋阳城西城城墙宽度在18~20米的数值接近，推测中城城墙宽度也是18~20米。

综上所述，唐代晋阳古城中城是由南北两道夯土城墙—桥梁—夯土城墙组成的，南北两墙间距为334.09米或者342.2米，每道夯土宽度在18~20米。

唐代晋阳古城西城研究：《新唐书·地理三》记载唐晋阳城南北"广三千一百二十二步"，折合今制4604.95米；《晋阳记》记载晋阳城"南北长八里二百三十二（步）"，折合今制4590.2米。而目前经过考古勘探确定晋阳古城西城墙长度仅3750米，勘探数值较史料数值差854.95米或840.2米。既然我们认为史料记载是正确的，那么唐代晋阳城西城或者沿着已知罗城高速收费站处西北城角以北延伸；或者沿着已知南城角村处西南城角以南延伸；当然还有可能类似唐长安城，在罗城村处北城墙中部、向北侧延伸。

晋阳城西城墙向北还是向南延伸，研究者有不同的看法：宿白先生认为应当向北延伸"西北角的金胜村，根据附近唐墓所出墓志，知唐时名金城村。唐时洛阳郭城叫金城，北都这个金城村大概就是由于地近郭城（罗城）而得名的……（棘针村附近可能）曾经是隋唐晋阳宫的所在地……"④；常一民先生认为可能向南延伸："此外，据史书记载，晋阳城又有南城。《读史方舆纪要》卷四十：'宋开宝二年，亲征太原，雍汾、晋二水灌其城，北汉大恐，汾水寻陷其南'。《续资治通鉴。宋纪五》：'太原南城为汾水所陷，水穿外城，注城中，城中大惊扰。帝临长堤观焉。水口渐阔，北汉人缘城设障，为宋师所射，障不得施。俄有积草自城中飘出，直抵水口而止，宋师弩矢不能彻，北汉人因以施功，水口遂塞'。文中提及南城、外城应是晋阳

---

① 李吉甫：《元和郡县图志·卷十三》同时记载"汾水，北自阳曲县界流入，经县东二里，又西南入清源县界"，此处数值与文中数值有差异。数值略有差异的原因可能是"汾水在县东，由东北向西南流入清源县界"引起的（县东二里的数值可能是以晋阳城东北城角为测点得出的，汾桥可能是在县东南）。
② 汾河本身并不宽，至少今娄烦县汾河水库北侧汾河并不宽。
③ 中城的位置，理论上讲在晋阳县东北方向，汾水由东北向西南流入清源县界，故中城汾河西侧部分夯土城墙长度应当≥汾桥处的1唐里。
④ 宿白：《隋唐城址类型初探》，《纪念北京大学考古专业三十周年论文集》，文物出版社，1990年，第279~285页。

城南罗城无疑……。"①根据"晋阳宫在都之西北，宫城周二千五百二十步，崇四丈八尺……宫南有大明城，故宫城也……"②；结合笔者关于西城内三个内城位置的推测，笔者认为，唐晋阳城西城应当向南延伸。由于南城角村东侧约2700米处有北河下村，假设唐晋阳城确实在南城角村向南延伸，则南城角村南侧城墙南北长度≤850米、东西宽度≤2700米③。

3. 五代时期晋阳城推测

五代时期晋阳城四至范围当不超过唐代晋阳城西城四至范围，《新五代史·东汉世家》载："太原城方四十里，周师去城三百步，围之匝，自四月至于六月，攻之不克……。"说明五代时期晋阳城已由唐代的"凸"形改成"方"形。事实上，在唐代中晚期，晋阳城的"中城"和"东城"似乎已被废弃。《旧唐书·马燧传》载"燧以晋阳王业所起，度都城东面平易受敌，时天下骚动，北边数有警急，乃引晋水架汾而注城之东，潴以为池，寇至计省守陴者万人；又决汾水环城，多为池沼，树柳以固堤……。"有学者认为"'度都城东面平'是指东城东面"，但是笔者以为"引晋水架汾而注之东"理解为"引晋水架汾而注之东（城）"似乎更为合理，如果此推断属实，那么，晋阳城的"中城"和"东城"的废弃时间应当就是唐建中四年（783年）。

我们注意到太原西山山麓东侧先后出土后唐王公墓、后晋王氏墓、后汉尚洪迁墓、北汉太惠妃墓、北汉刘珣（何廷斌）墓等墓葬；同时，我们也注意到后唐李存进墓、后晋史匡翰墓在今小店区黄陵村附近的史实。而北宋太平兴国四年"火焚水灌"晋阳城后，"当令众庶永保安宁，其太原旧城并从毁废，仍改为平晋县，别于榆次县并立并州……"④，此时并州治所当在今小店区黄陵村处"皇陵城"附近。

---

① 常一民：《唐北都城址试探》，《中国古都研究》1989年第4辑。
② 《新唐书·地理三》。
③ 笔者推测，北齐时期晋阳城东西2500米、南北4600米。唐代继续使用并且中部区域向东扩展。
④ 《宋会要辑稿·方城六》。

第五章 结 语

  951年，郭威称帝建立后周后，后汉高祖刘知远的弟弟，河东节度使、太原尹刘崇据河东十二州称帝，国号汉，史称北汉。后周、北汉两个政权南北对峙，维持着表面的平衡。后周显德元年（954年），后周太祖郭威去世，养子柴荣继位。趁着后周世宗刚刚即位，人心不稳之际，北汉主刘崇联合契丹发兵南征，妄图一举灭掉后周。后周世宗柴荣亲率大军出征，双方在泽州高平县南（今山西晋城市高平市南）激战，北汉军大败，柴荣乘胜围攻晋阳，但是晋阳城坚难破，又逢连日大雨，士卒疲病，加之辽援军迫近，柴荣无奈退兵。"陈桥兵变"之后，赵匡胤建立北宋。先后于北宋开宝二年（969年）、开宝九年（976年），两度征讨北汉政权，但都无功而返。太平兴国四年（979年），在平灭南方割据势力后，宋太宗赵光义亲征晋阳，历时数月，终于平灭北汉政权。赵光义痛恨晋阳城的坚固难攻，痛恨晋阳军民的顽强抵抗，遂于同年五月十日下诏"乃眷太原，本维藩镇，曾以山川险固，城垒高深，致奸臣贼子违天拒命，因其悖逆，诖误军民。今既荡平，议须更改。当令众庶永保安宁，其太原旧城并从毁废，仍改为平晋县，别于榆次县并立并州……。"①不久，又下令火焚晋阳城，"乙未，筑新城。送刘继元缌麻以上亲赴阙。丙申，幸城北，御沙河门楼。尽徙余民于新城，遣使督之，既出，即命纵火……。"②"尽焚其庐舍，民老幼趋城门不及，死者甚众……。"③宋太平兴国五年（980年），宋太宗赵光义再次下诏"壅汾河晋祠水灌太原，隳其故城……。"④晋阳古城从此湮没于历史的长河中。宋太平兴国七年（982年），宋太宗令"徙并州治唐明镇……。"⑤唐明镇所在的今太原市区迎来了崭新的发展机遇。

  关于宋太宗"火焚水灌"晋阳城的原因，本地学者已经做出详细的分析，归纳起来有几种论点：①从地缘上讲，晋阳始终居于中原王朝的肘腋地位，且易守难攻。自晋阳攻打中原易，自中原攻击晋阳难。后周世宗、宋太祖、太宗数次围攻晋阳，才平灭北汉即是此证。②晋阳自古就是"治世之重镇，乱世之雄藩"，东魏北齐，高氏

---

① 《宋会要辑稿·方域六》。
② 《宋史·太宗一》。
③ 《续资治通鉴·宋纪十》。
④ 《宋史·太宗一》。
⑤ 《宋史·太宗一》。

父子多居晋阳，遥控邺城朝政；唐代，晋阳是李氏王朝的"龙兴之地"；五代时期就有沙陀三王朝起于晋阳而定鼎中原，因此，清代顾祖禹在《读史方舆纪要》就有"京师之安危，常视山西之治乱"的感叹。③有学者从"自古商参不相见"中国传统星相生克角度，解释宋太宗毁灭晋阳城的原因①。④有个别学者认为"太原城址的北移有利于与北方边塞形成掎角之势，东徙则较好地保证了前线的供给"②。各位学者的研究都有充分的论据支撑，但是，笔者以为，宋太宗毁灭晋阳城更多的是一种"胜利者的宣泄"，毕竟在中国数千年历史的长河中，屠其城，犁其宫城等行为层出不穷。

  赵光义"火焚水灌"晋阳城后，晋阳城故地成为废墟且没有大的建设，1000余年间，仅明初，在故城南关之上建有周回七里的明太原县城③。由于其瞬间毁灭且千余年间未有大的建设，故有学者将其视为"东方的庞贝城"。今天，晋阳古城遗址已被列为全国重点文物保护单位，并获得全国首批国家遗址公园立项。相信在不久的将来，这只涅槃的古城一定会沧桑重现。

---

① 王建业：《从中国传统星相生克学看晋阳城的毁灭》，《华北高等教育》1996年第3期。
② 张慧芝、朱士光：《宋代太原城址的迁移及其地理意义》，《中国古都研究》（第二十辑），山西人民出版社，2005年。
③ 清道光《太原县志》记载："太原县城即古晋阳之南关基也。明洪武八年改为太原县。景泰元年，知县刘敏因旧基始筑城，周围七里，高三丈，壕深一丈，门四……。"

附　　录

附录一　北魏至东魏时期并州刺史略考

汪波先生根据《魏书》和吴廷燮《元魏方镇年表》对北魏时期见诸史籍的并州刺史进行过统计，共统计北魏时期刺史 40 余名[①]，今借用其所列图表如下（表一）：

表一　北魏至东魏并州刺史统计表[②]

皇帝	刺史姓名	籍贯	家世（或与皇室关系）	出处
拓跋珪	拓跋素延	代	桓帝猗㐌之后代	《魏书》卷14本传（以下出自《魏书》者不再注明）
	奚牧	代	太祖称之仲兄	本传
	叔孙建	代	父为昭成母王太后所养，与皇子同列	本传
拓跋嗣	元六头	代	宗室	卷14《元屈传》
	元屈	代	宗室疏族	本传
	楼伏连	代	世为酋帅	本传
	苟孤	代	祖有勋于太祖	卷44《苟颓列传》
	丘堆	代	以忠谨亲侍	本传
	伊楼拔	代	宗姓	宋书卷95《索虏传》，《资治通鉴》卷119，宋纪1，营阳王景平元年（423年）
拓跋焘	元崇	代	陈留王虔子，昭成子纥根之孙	本传
	娥清	代	宗姓	本传
	尉力斤	代	衣冠世家	卷26《尉古真传附》
	刘殊晖	代	父为宣穆皇后之兄	卷83《外戚上·刘罗辰传附》
	李宝	陕西狄道	凉王暠之孙	本传

[①] 汪波：《魏晋北朝并州地区研究》，人民出版社，2001年，第201～202页。
[②] 原表中世宗朝录席法友为并州刺史，非。席法友系南齐所委任的"并州刺史"，并非真正意义上的并州刺史。因此删去。

续表

皇帝	刺史姓名	籍贯	家世（或与皇室关系）	出处
拓跋濬	乞伏成龙			卷5《文成帝纪》和卷30《陆真传》
	王宪	北海剧县	王猛之孙	本传
	薛野䐗	代	聊城侯达头之子	本传
拓跋弘	孙小	咸阳石安	父为姚泓安定护军	本传
元宏	孙小	咸阳石安	父为姚泓安定护军	本传
	元陵	代	华山王鸷祖	《魏华山王墓志铭》，《魏晋南北朝墓志汇编》342页
	赵尉	河南洛阳		《周书》卷33《赵刚传附》
	綦辰	代		卷81《綦儁传附》
	王袭	晋阳	大将军、太宰叡子	本传
	于果	代	世代公卿	本传
	元丕	代	烈帝三世孙	本传
	元鸾	河南洛阳	城阳王长寿次子	本传
	尔朱侯真	北秀荣	世为酋帅	卷75《尔朱彦伯传附》
元恪	李韶	陕西狄道	李宝之孙	本传
	王仲兴	赵郡南栾	殿中尚书天德之子	本传
	高聪	渤海蓨	员外郎法昂之子	本传
	秦松			本传
	元融	河南洛阳	章武王太洛之孙	本传
元诩	穆蔑	河南洛阳	累世公卿	本传
	崔延伯	伯陵	郡县望族	本传
	元徽	河南洛阳	城阳王长寿之孙	本传
	高绰	渤海	侍中高允之孙	本传
	杨津	弘农华阴	累世公卿	本传
	范绍	敦煌龙勒		本传
	魏承祖	广陵	寒士	卷71《裴叔业传附》
元子攸	元天穆	河南洛阳	高粱王子思六世孙	本传

续表

皇帝	刺史姓名	籍贯	家世（或与皇室关系）	出处
元晔	王绰	太原晋阳	王袭从孙，太府少卿翔之子	本传
	王祖干	太原晋阳	王袭之孙	本传
	尔朱兆	北秀容	尔朱荣从子	本传
元修	薛循义	河东汾阴	累世公卿	《北齐书》卷20本传
	高隆之	高平金乡	魏白水郡守之子，齐神武命为从弟	《北齐书》卷18本传
	孙腾	咸阳石安	祖通，仕沮渠氏为中书舍人	《北齐书》卷18本传

近年来，随着出土资料的不断问世和整理，有关北魏时期并州刺史的相关情况也得到一定程度的补充。因此，这份表格中的一些内容也需要再进行修订。就这一问题，本文在此略作探讨。

在探讨北魏时期历任并州刺史之前，我们要注意北魏时期曾经一度存在的、特殊的刺史制度。魏晋南北朝时期，军事活动频繁，刺史兼将军之职者，权责稍重，加督者权责更重。魏晋南北朝时期凡刺史领兵者，必加都督诸州军事衔，实则是以都督军事而兼任刺史。都督兼领刺史，则其只治理其所镇守之州，其余各州仍另置有刺史。专理民事的刺史又称为单车刺史。魏晋至南朝宋，领兵刺史秩第四品，单车刺史秩第五品。晋宋刺史领兵有加都督、加督与加将军三个等级，而北魏刺史之职与南朝全同。只是北魏前期，每州各置刺史三人，一为宗室，二为异姓。此制始于道武帝拓跋珪天赐二年（405年），《魏书·官氏志》："又制诸州置三刺史，刺史用品第六者。宗室一人，异姓二人，比古之上、中、下大夫也……。"这一制度一直延续到孝文帝改革之际。在天赐二年之前，史料中没有详细记载，如前所述，拓跋珪攻陷晋阳以后，建章立制的同时，也委任并州刺史，而委任刺史人数，史料阙如。我们推测，同时任职并州刺史的，可能不止一人，因为在《魏书》和《北史》以及《资治通鉴》等史料中，在道武帝皇始至天赐五年的九年时间内，出现了素延、叔孙建、奚牧、楼伏连、元六头等多人，这么短的时间，如果是前后继任，显然是不正常的。因此我们判断，天赐二年推行的这项刺史制度，应该在北魏据有并州以后，就已经开始尝试进行了。下面我们对北魏时期镇守晋阳并州刺史的相关问题进行详细的考证。

一、北魏时期并州刺史补遗

除表一外，我们通过进一步梳理史料和考古出土材料，发现还有一些人担任过、或可能担任过并州刺史而不在表一之中，他们分别是叔孙石洛侯、杨播、王定国、李显甫、穆建、裴瑗、薛庆之、李挺、司马遵业、胡乐世。

1. 叔孙石洛侯

北京图书馆藏有《魏故使持节都督三州诸军事骠骑大将军东梁州东徐州刺史当州大都督仪同三司兖州刺史临济县开国侯叔孙公墓志》拓本[①]。该墓志铭记载墓主叔孙固之祖为石洛侯、并州刺史、尚书令。有学者认为，叔孙固之祖为叔孙邻[②]。叔孙邻见于《魏书·叔孙建传》："俊弟邻袭父爵，降为丹阳公。少聪慧知名。稍迁北部尚书，有当官之称。转尚书令。出为凉州镇大将，加镇西将军。邻与镇副将奚牧，并以贵戚子弟，竞贪财货，专作威福。遂相纠发，坐伏诛……。"叔孙建、叔孙俊父子都深受北魏明元帝信任，叔孙邻受父兄荫庇，又因叔孙俊早殁得以袭爵，叔孙俊殁后，叔孙邻曾出任尚书令。后来在出镇凉州时因贪腐与副将奚牧一起被诛。《魏书·叔孙建传》仅言叔孙邻曾出任过尚书令，未言其曾出任过并州刺史。更为重要的是，叔孙邻当时有爵位，其袭父叔孙建丹阳王之爵，但因资历浅薄，降为丹阳公。《叔孙固墓志》称其祖为石洛侯，未言有爵位。"石洛侯"是其祖之名，"洛侯"一词，为鲜卑语之汉字记音，鲜卑族人以"洛侯"为名者数见于《魏书》，如《景穆十二王传》中有"广平王洛侯"，《陆真传》："陆真，代人也。父洛侯，秦州长史……。"《于洛侯传》："于洛侯，代人也。以劳旧为秦州刺史……"皆是其例。《叔孙固墓志》中仅录其祖鲜卑名，而未录汉名。另，叔孙固父名"俟憨"，亦是典型的鲜卑族名。从墓志上所载的叔孙固祖、父两代人的名讳来看，叔孙固一族当为鲜卑人。《魏书》称叔孙建为代人，其父名"骨"，此名具有一定程度上的鲜卑人名特征，因此，叔孙骨应当是鲜卑人或者与鲜卑人关系密切的代地汉人胡化集团中的一员。但"洛侯"的译意恐非是"邻"，或认为很可能是"贤"意[③]。还有一点需要注意的就是叔孙石洛侯所任职的并州刺史、尚书令是赠官还是实授，我们还不能确定。至于叔孙固本人，墓志称其生于洛阳，很明显其家族在北魏孝文帝改革以后定居于此，叔孙固"太和中，解褐奉朝请"，则其祖应是北魏太武帝年间生人才较为合理，这也与叔孙邻的活动年代存在着时间差距。是以综合判断，我们认为叔孙石洛侯是叔孙邻的可能性很小。因此，对于叔孙石洛侯的职官考证，还需要考古资料的进一步佐证。

2. 杨播

杨播，《魏书》有传。对于杨播的出身，魏收采取了保守的记录方法，称其"自

---

① 释文见赵超：《汉魏南北朝墓志汇编》，天津古籍出版社，1992年，第365页。
② 赵海丽：《北朝墓志文献研究》，2007年山东大学博士论文，第187页。
③ 曹汛：《北魏刘贤墓志》，《考古》1984年第7期。

云恒农华阴人也……"①，非不知也，是故意为之。杨播高祖杨结仕慕容氏，久在河北，是河北豪族，和关西弘农杨氏并无关系，杨播一族实际上是"辽东别部、冯燕故臣"②，后来入魏，冒托弘农杨氏。北魏世宗景明初，杨播被授予安北将军、并州刺史，但杨播固辞不受，转授安西将军、华州刺史。是以杨播并未就任并州刺史。杨播未就任的原因，可能与王定国曾任并州刺史有关（详见下文）。

3. 王定国

王定国，乐浪遂城（今朝鲜民主主义人民共和国首都平壤南）人，《魏书》《北史》均无传。西安碑林藏《魏故恒州治中晋阳男王君（祯）墓志铭》（以下简称《王祯墓志》）、《魏故处士王君（基）墓志铭》（以下简称《王基墓志》）铭文中均提及其祖王定国，其中《王基墓志》中提及王定国曾任"圣朝库部给事、冠军将军、并州刺史、博平男……。"③其父王班是高句丽乐浪大族，原仕后燕，国都中山被攻破后，被裹挟入魏居平城，后葬于平城，山西大同曾出土疑似王班夫妇墓志④。由于王班身份特殊，影响力大，北魏政府继续给予王班很高的政治地位。王班在北魏时期被封为晋阳侯，晋阳王氏自魏晋以来，已成高门，北魏时期更成为"四姓"之一。王班虽出自辽东乐浪，与晋阳王氏并无瓜葛，但也开始有意无意逐步托附晋阳王氏家族。这一点在杨播之母的籍贯上也可以反映出来。20世纪60～70年代，陕西华阴县五方村杨氏祖茔出土《魏故华州别驾杨府君（颖）墓志铭》（以下简称《杨颖墓志》）和《魏故中散杨君（阿难）墓志铭》（以下简称《杨阿难墓志》），言"母太原王氏，封新昌郡君，（母之）父融，幽州刺史汝南庄公……。"（引出自《杨颖墓志》），《杨阿难墓志》与其稍异，"母太原王新昌郡君，（母之）父融，幽州刺史汝南庄公……。"杨颖、杨阿难均是杨播之弟，一母所生。但是《魏书·杨播传》云其母"王氏，文明太后之外姑……"⑤，文明太后之外姑，是文明太后父舅之女，由此可知其父舅为王氏。这也暗示杨播一族并非出自弘农杨氏。王融为杨播外祖，王融其人见于《魏书·世祖纪（上）》，是辽东冯燕王朝旧臣。因此我们知道，杨播、王定国、王融等家族都出自辽东，同属殷宪先生所谓的"太和辽东政治圈……"，墓志中所谓的"太原王氏"，实为托附。王定国生卒时间，墓志未言，但大致推测其生活在公元5世纪早中期。如果王定国曾任并州刺史，其家族也在晋阳生息繁衍，那么很有可能已经形成一个具有一定政治地位的家族势力。而杨播很有可能考虑到这一点，

---

① 《魏书·杨播传》。
② 殷宪：《从北魏王礼斑妻舆砖、王斑残砖说到太和辽东政治圈》，《中华文史论丛》2006年第4期。
③ 赵超：《汉魏南北朝墓志汇编》，天津古籍出版社，1992年，第139页。
④ 殷宪：《从北魏王礼斑妻舆砖、王斑残砖说到太和辽东政治圈》，《中华文史论丛》2006年第4期。
⑤ 《魏书·杨播传》。

因此不愿前往。目前王定国墓志尚未出土，具体资料阙如，我们只能暂时存疑待考。

4. 李显甫

魏晋南北朝时期，官员任命类别较多。缺官未补、暂时以低级官职摄行高一级官吏之职务，谓之"行"，"行事"即"行某某事"的简称，也称"摄行州事""摄州事""摄理州事""摄行某州"。"行并州事"就是代替并州刺史行署并州事务。出现这种情况，主要是因为上一任长官亡故、离任或遭免职而暂时出现空缺，或者是出现战乱等情况临时需要而紧急任命。行事者的身份比较复杂，有太守、将军、长史、司马、参军、中央官吏、州主簿，等等。制定行事制度的目的就是保障军政事务得以顺利执行。李显甫就曾短期"行并州事"，《魏书·李灵传附》有记载："悦祖弟显甫，本州别驾，迁步兵校尉。从驾南讨，以功赐爵平棘子，行并州事。寻除河北太守……。"李显甫是李灵之孙，《北史》称其"素以豪侠知名，集诸李数千家于殷州西山，开李鱼川方五六十里居之，显甫为其宗主……。"太和十八年至太和二十二年左右，李显甫随孝文帝南讨，获得爵位，并受命短暂处理过并州事务。但李显甫为赵郡李氏宗主，其势力范围主要集中于河北，因而不久又回到河北，任河北太守。这意味着李显甫行并州事的时间很短，具体时间在太和十八至二十二年左右，之后李显甫开李鱼川，此时其已不在并州。

5. 穆建

穆建，字晚兴，鲜卑人，穆崇之后，尔朱荣妹婿。武泰元年，"兼尚书、北道行台、并州事……。"① 自孝昌以后，北魏政权多以刺史兼任行台职，并且与"道"结合。一般而言，"刺史所领州作为兼任行台所领'道'的驻治州……"②，由此可知，晋阳在北魏后期已然是北道行台的驻所。《魏书·宋弁传附宋纪传》亦记载宋纪"肃宗末，为北道行台。卒于晋阳……。"穆建任职北道行台、并州事的时间不长，可能也就是一到两年左右。武泰三年，北魏就任命杨津为"使持节、督并、肆、燕、恒、云、朔、显、汾、蔚九州诸军事，骠骑大将军、并州刺史、兼尚书令、北道大行台……。"③ 根据这条史料，我们可以知道穆建、杨津等人管理并州的时间先后顺序，并进一步明确北道行台管辖范围很大，当时北魏控制的山西、河北以及河南、陕西、内蒙古的部分地区都在北道行台管理范围之内，而晋阳俨然已经成了北方政治中心。

6. 裴瑗

裴瑗，字珍宝，北魏肃宗时期吏部尚书、西北道行台裴延俊族人。北魏肃宗末年

---

① 《魏书·穆崇传附穆建传》。
② 张鹤泉：《北魏后期的"道"考略》，《古代文明》2008年第1期。
③ 《魏书·孝庄帝纪》。

任太原太守，时任并州刺史是元天穆。元天穆是在南梁普通七年（526年）九月以后出任并州刺史，裴瑗应在这一年前后出任太原太守。这一时期尔朱荣也进入了并州，对并州官僚及士人展开拉拢，裴瑗作为太原太守，自然成为被拉拢对象。《魏书》称"属肃宗崩，尔朱荣初谋赴洛，瑗豫其事……。"①不仅裴瑗归附尔朱荣家族并为之谋划废立之事，裴氏家族成员也多有参与。作为河东大族，裴氏家族对于北魏朝廷的风雨飘摇已经看得相当清楚，尽管并没有证据表明作为宗族领袖的裴延俊参加尔朱荣集团（裴延俊后来死于"河阴之变"），但《魏书》中明确记载裴氏家族的另一位重要成员裴庆孙与尔朱世隆往来密切的事实。这可以证明裴氏家族内部一些成员已经开始另谋出路，寻找新的依靠。作为归附尔朱荣集团的回报，尔朱荣很快给予裴瑗很多勋荣，"封五原县开国子，邑三百户。寻行并州事，转平北将军、殷州刺史……。"②，以子爵行并州事，最后出任殷州刺史，让裴瑗的政治仕途走到顶峰。

7. 薛庆之

薛庆之，薛洪隆之子，出自河东薛氏家族。由尚书左丞兼任并肆行台，"赐爵龙丘子，行并州事……。"③薛庆之在并州任职时间不久，就迁任沧州刺史，"为葛荣攻围，城陷。寻患卒……。"④葛荣攻陷沧州，是在永安元年（528年）三月，薛庆之行并州事的时间，自然是在此之前。有关其任职时间的推测，详见下文。

8. 李挺

李挺，即李神俊，北魏孝文帝太和二年（478年）生人，兴和三年（541年）卒，《魏书·李宝传》有附记。李挺墓志出土于邺城西南墓区，今存拓片，见《北京图书馆藏中国历代石刻拓本汇编》⑤。史称其于东魏天平（534～537年）初年，"行并州事……。"⑥李神俊因触怒尔朱荣，"自求解官"，尔朱兆后骚乱洛阳，李神俊出逃民间，直至北魏孝武帝时期，政权稍定，李神俊才回到洛阳。永熙三年（534年），北魏孝武帝与高欢的矛盾公开化，高欢率军由晋阳南下，留心腹孙腾镇守晋阳，行并州事。孝武帝仓促西入长安，为稳定局势，高欢迁洛阳士民四十余万至邺城。李神俊也随之迁入。随着局势稳定，天平初年，高欢召孙腾回邺城，"入为尚书左仆射，内外之事，腾咸知之，兼司空、尚书令……。"⑦孙腾实际上负责监视东魏朝廷的一举一

---

① 《魏书·裴延俊传附裴瑗传》。
② 《魏书·裴延俊传附裴瑗传》。
③ 《魏书·薛辩传附薛庆之传》。
④ 《魏书·薛辩传附薛庆之传》。
⑤ 北京图书馆金石组：《北京图书馆藏中国历代石刻拓本汇编》（第6册），中州古籍出版社，1989年，第86页。
⑥ 《魏书·李宝传附李神俊传》。
⑦ 《北齐书·孙腾传》。

动。李神俊赴并州行并州事，可能就是在这一背景下进行的。作为北魏盛门，李神俊自然会受到高欢集团的笼络，政治地位不断提升。李神俊在并州任上时间很短，就转任"骠骑大将军、肆州刺史。入为侍中……。"回到邺城任职。

9. 司马遵业

司马遵业（489～552年），字子如，晋宗室司马兴龙之子，《北齐书》《北史》有传。其墓志民国时期出土①。司马子如在北魏晚期和东魏、北齐时期政治舞台中扮演着重要角色，他本人与尔朱家族、高欢等人交往甚密，先后参与尔朱荣、尔朱世隆、高欢等人的政治决策，职位显赫。《北齐书·司马子如传》记载"子如能自厉改，甚有声誉，发摘奸伪，僚吏畏伏之。转行并州事。诏复官爵，别封野王县男，邑二百户……。"《司马遵业墓志》则明确记载"迁鼎之后，帝业权兴，天网既阔，风俗颇驰。遂召公出使燕赵……寻行冀、并二州事……。"②高澄入朝辅政，是在天平三年（536年）以后，所以司马遵业行并州事，亦当在天平三年以后。在行并州事之前，他还先任职怀州大中正、行冀州事，是以我们知道，他赴晋阳，应该在李神俊之后。

10. 胡乐世

胡乐世，史书无传。仅见于《魏故胡昭仪墓志铭》，胡昭仪出自安定胡氏，其父胡乐世，《魏故胡昭仪墓志铭》称其曾任"散骑常侍、征虏将军、都督并州诸军事、使持节并州刺史、阴槃伯……"③，因史书未载，我们不得不通过梳理史料，来确定胡乐世是否真正担任过并州刺史。散骑常侍为从三品，征虏将军为从三品，均属散官性质，这种将军＋刺史的模式显然是属于赠官模式。这也就是说胡乐世生前可能并没有真正担任过并州刺史。

二、北魏时期并州刺史任职时间考

结合史料和出土墓志，我们对北魏时期历任并州刺史及短期行并州事的官员情况有了一个综合的了解。在此基础上，我们有必要对这些曾经主政并州官吏的任职时间进行一些必要的梳理，厘清他们的任职时间关系。

首先，是北魏初期，道武帝拓跋珪将各州刺史职数设定为三人，因此北魏初期见载于史册的并州刺史，很有可能是属于同僚关系，而非先后继任关系。这里面就有很多内容值得推敲，譬如元素延与叔孙建的任职时间前后问题、上述行事官吏的任职背景时间，等等。本书在此试图一一加以分析，以揭示历史真相。

---

① 叶昌炽撰，柯昌泗评：《语石　语石异同评》（考古学专刊丙种第四号），陈公柔、张明善点校，中华书局，1994年，第243～244页。
② 赵超：《汉魏南北朝墓志汇编》，天津古籍出版社，1992年，第391页。
③ 赵超：《汉魏南北朝墓志汇编》，天津古籍出版社，1992年，第209页。

根据史料的记载，我们至少可以确定元素延于皇始元年（396年）任并州刺史，此时的并州刺史是一人抑或多人，我们尚不得而知。此时的晋阳诸地局势并未完全稳定，屡经战乱的晋阳不可能马上稳定下来，西有后秦在侧，境内山胡杂布，坞壁堡主等观望者也不在少数，因此尽管素延在攻下晋阳的过程中出力甚多，也平定了皇始二年的那场叛乱，但是素延不善抚众，在追讨叛乱者的过程中杀戮过多，引发晋阳士人的不满。有鉴于此，拓跋珪不久就免去素延之职。

素延虽被免职，但何人接任，尚需探讨。我们认为，这一时期任并州刺史一职的可能有元素延和叔孙建两人，素延是宗室，叔孙建是拓跋珪所倚重代人集团中的勋贵，曾与拓跋觚出使后燕达六年之久，熟悉后燕风物。这样的职位配置，使得北魏鲜卑统治集团能够很快地掌握并州和晋阳这一重要地区，而另一位并州刺史叔孙建虽初步稳定了晋阳局势，缓和了北魏统治层面与晋阳士众之间的关系。但叔孙建在任时间可能甚短，史书称其在并州刺史任上因"公事免"，被拓跋珪罚至邺城"守邺城园"①。叔孙建在任期间，因何事免，史料阙言。我们怀疑，叔孙建终究是异姓，可能是在处理一些并州事务的过程中未能及时与拓跋珪沟通而被免职的。

叔孙建的继任者奚牧也是代人集团中的一员，我们同样有理由认为，奚牧接替的只是叔孙建的职务，而素延的职务应该是由元六头接任。奚牧任职时期，承担着维护并州境内安全的重要任务，此时后秦和北魏之间的关系正处于一种相对稳定却又时刻有破裂的微妙阶段。在一次姚兴的力量攻击到并州边境的事件发生以后，作为并州刺史的奚牧，给姚兴去书，在书信的款式上，奚牧采取了和姚兴对等的体例，称"顿首"②，而不是给予姚兴以皇帝的尊称。这让姚兴大为光火，姚兴向拓跋珪提出抗议。面对这样一次重大的外交事件，面对北方游牧民族的骚扰和新定诸州的治理困境，此时的拓跋珪并不想与后秦撕破脸面，因此将奚牧处死，以谢姚兴。奚牧被处死事件应当发生在公元402年柴壁之战之前，因为柴壁之战的爆发，意味着北魏已经和后秦正式打破了之前的和平相处关系。

在公元4世纪末和公元5世纪之初的这十余年间，晋阳地区的战事基本结束，晋阳城开始得到恢复。在奚牧之后，楼伏连接任并州刺史一职。楼伏连是鲜卑人，出自较早归附北魏的漠北部落贺楼氏，其常年征战，任并州刺史期间，主要是负责平息并州境内的胡族叛乱，他在并州刺史任上功勋卓著，先后对西河稽胡曹成等人进行招抚，并采取"以胡制胡"的策略，利用曹成等人对赫连勃勃在吕梁地区所设置的吐京

---

① 《魏书·叔孙建传》。邺城被北魏攻克，在398年，当年，拓跋珪视察邺城，叔孙建守园当在398年之后。
② 《魏书·奚牧传》。

护军进行袭击，袭杀三百余人，受到明元帝的嘉奖①。在楼伏连死后，他的儿子伊楼拔在后来也袭职担任过并州刺史一职②，楼伏连当是辅佐北魏宗室元六头负责并州治理工作的并州刺史。

元六头在《魏书》中无传，但事实上他却是北魏建国初年一位重要的地方行政领导者。元六头被任命为并州刺史，肯定是在道武帝拓跋珪时代，这一点无可置疑。《魏书·外戚传》中就记载清河王拓跋绍谋杀拓跋珪以后，贺泥及其旧部子弟召集应对，随后明元帝继位，召贺泥等人考课州郡，贺泥等人就弹劾并州刺史元六头的种种不法行径，由此可知元六头在明元帝继位之前，就已经是并州刺史。这也从另一个侧面证明在道武帝拓跋珪占领晋阳以后，并州刺史的职数至少为两人。很显然，元六头作为北魏宗室，是并州地区的最高管理者，他负责完成北魏最高领导者交给他的各项赋役任务，同时还肩负着传达和反馈并州同僚及地方士族们的活动情况，可以说，他的实际权力相当于后世的"监军"，但权限要大于后者。《魏书》等史料中关于元六头参加并州实务的记载是明元帝遣元六头负责平定平阳豪族黄苗叛乱。史料记载，元六头在并州的管理有很多问题，这引起一些代人和晋阳本地士族的不满。《魏书·安同传》就记载，安同与贺泥在赴并州考课的过程中发现元六头的种种问题，于是共同向明元帝上表弹劾：

"窃见并州所部守宰，多不奉法。又刺史擅用御府针工古彤为晋阳令，交通财贿，共为奸利。请案律治罪……。"

安同和贺泥称元六头荒淫怠事，居然安排一个针工古彤任晋阳令，贪污受贿，要求明元帝处理。明元帝于是免去元六头的职务，一时间，"州郡肃然……。"这一事件过去没有人进行过探讨，笔者认为，这很有可能是明元帝初立，为了树立威信，翦除异己的一场政治斗争。明元帝初登帝位，他的政治基础并不牢固，需要各地的封疆大吏们成为自己的支持者，尤其是并州这样的上州③。元六头很有可能没有和明元帝保持着这种一致性，再加上他治理并州多年，没有很好地照顾到并州及晋阳大族的利益。譬如古彤，并非并州本地士族，而是御府针工，就出任晋阳令这样重要的职位，很明显是不妥当的。因此，安同和贺泥的上奏或许本身就是明元帝的授意；或许是正

---

① 《魏书·楼伏连传》。
② 《宋书·索虏传》。姚薇元先生认为，伊楼拔是楼伏连之子，可从。详见姚薇元：《北朝胡姓考》，中华书局，2007年，第486页。
③ 范兆飞教授认为并州此时当属上州，笔者赞同其说。见范兆飞：《论北魏太原士族的群的集体复兴》，《社会科学战线》2012年第1期。

中明元帝下怀，总之，最终明元帝免去了元六头的并州刺史职务，改由宗室元成侯元屈"摄州事……。"

元屈也属于北魏宗室，但已属疏族，在明元帝继位之前，就已经长期围绕其左右。明元帝继位以后，元屈受到重用，一度与长孙嵩、崔玄伯等人处理政务，并升任左丞相之职，执掌军国大事。为了更好地掌控并州，同时也为了解决稽胡屡屡叛乱的问题，永安五年（413年），明元帝特令元屈率三千人镇守并州。这一时期，晋阳和并州地区的胡人数量远多于汉人。居于离石一带的稽胡，时服时叛，对晋阳乃至整个并州的安全造成了极大威胁。

明元帝为了解决各州郡豪族大姓势力强大，北魏统治不能深入的问题，发出诏令，令大族豪姓首领入平城接受职务，以加强控制。然而各大豪族首领对此颇有抵触，出现了逃亡现象，而在一些命令执行力度较大的地区，甚至引发叛乱，尤其是西河、建兴等地，当地局面甚至失控。明元帝对此始料未及，于是和元屈、崔玄伯、叔孙建等人商议，最终决定进行大赦，凡是聚众为乱的，解散则不予追究，事态逐步得到控制。但河西稽胡张外、建兴王绍等人为乱已久，不敢解散。王绍甚至一度向建兴郡进攻，但被元屈击败。此时吐京稽胡和离石稽胡连成一片，并外引赫连勃勃，对晋阳构成直接威胁。为此元屈居晋阳，督率会稽公刘洁、永安侯魏勤等人，向吐京稽胡及赫连勃勃所属军事势力发起进攻，但遭遇伏击，刘洁被俘，侯勤战死，晋阳震动。神瑞初年，"并州胡数万家南掠河内……"[①]，公孙表等人不能讨平。并州纷乱的局势引起明元帝的极度不安，召崔玄伯等人商议，崔玄伯推荐在道武帝时代被罢黜的并州刺史叔孙建[②]。于是叔孙建率军进入并州，最终平息了稽胡的大规模叛乱。元屈的无能无疑令明元帝感到震怒，于是明元帝"积其前后失，槛车徵还，斩于市……。"[③] 但是并州刺史由宗室和异姓共同担任的局面，没有改变。元屈之后，为了继续保持晋阳和并州地区的稳定，明元帝选派苟孤出任并州刺史。

苟孤是鲜卑人，其先为漠北若干氏，苟孤以忠直见称，其人较清廉，史书称其"不治产业，死之日家无余财，百姓追思之……。"[④] 此时的并州刺史亦非一人，史料显示，在神瑞初年，丘堆就随叔孙建一道征讨叛乱的稽胡[⑤]，北魏泰常二年（417年），丘堆参与对后秦的最后一战，姚泓死，后秦灭亡，丘堆被安排镇守并州，与苟孤一起，负

---

① 《魏书·太宗纪》。
② 《魏书·崔玄伯传》。
③ 《魏书·元屈传》。
④ 《魏书·苟颓传附》。
⑤ 《魏书·丘堆传》。

责晋阳及并州地区事务长达十年左右。丘堆为人忠谨，为明元帝所信任①，苟孤和丘堆治理并州期间，晋阳城市空间及城市结构得到了进一步发展，人口也不断增加。

北魏太宗明元帝时期，并州刺史包括叔孙建在内，基本上都是鲜卑人，这表明北魏统治者对于晋阳和并州地区的高度重视，此外，我们还需要注意：①在北魏初年，晋阳乃至整个并州地区，胡人人口数量要远远多于汉人人口，这就导致并州地区胡化情况十分严重，因此派遣代人并不一定能够驾驭当时的这种局面；②由于长期战乱，并州地区坞壁盛行，多数豪族大姓都远离晋阳等城市，据堡自固，这就使得并州士族力量显得尤为孱弱，在战乱年代，他们虽然可以据堡自保，朝降暮叛，但这些豪族大姓始终没有能够成为可以左右并州局势的主要力量，一直处于一种依附状态的存在。因此在北魏建国以后，北魏统治者对于他们的政策是恩威并施，既进行招抚，如给予各类官职，但也同时进行打击，比如强迫他们迁移至平城、晋阳等大城市中居住以便进行管制。直到北魏孝文帝改革前后，晋阳士族才真正实现全面复兴，并有机会出任并州刺史及下设各级职务，从而掌握一定地方权力。这是我们必须要清楚认知的。

北魏太武帝拓跋焘在位期间，致力于北方的统一。并州地区共计出现过五位刺史，他们分别是元崇、娥清、尉力斤、刘殊晖和李宝。太武帝继位以后，就着手谋划消灭赫连昌等割据势力。始光四年（427年），北魏遣宜城王奚斤率军大举进攻大夏，丘堆、娥清分别承担了相应的军事任务，而此时的并州刺史已是元崇。之后历任并州刺史的任职时间，史料上都有大致的记载。唯一需要我们注意的就是，需要将上述"行并州事"官员的任职时间进行廓清。

三、北魏时期并州刺史出身略考

北魏（含东魏）时期，共有56人担任过并州刺史或者暂行并州管理事务。我们可以通过对这五十六人进行简单分类，从而推断北魏政权内部结构的变化规律：

首先，由北魏宗室担任并州刺史的人数就达到10人，分别是拓跋素延、元六头、元屈、元崇、元陵、元丕、元鸾、元融、元徽、元天穆，约占全部人数的五分之一。其次，异姓代人人数共16人，分别是奚牧、叔孙建、楼伏连、苟孤、丘堆、伊楼拔、娥清、尉力斤、刘殊晖、乞伏成龙、薛野、綦辰、于果、穆薿、穆建、叔孙石洛侯，约占全部人数的四分之一多。再次，中原大族达到17人，分别是王宪、赵尉、王袭、王仲兴、高聪、崔延伯、高绰、杨津、李显甫、王绰、王祖干、薛循义、裴瑗、薛庆之、李挺、司马遵业、高隆之，大致占总人数的三分之一强。北魏宗室、代

---

① 《北史·崔浩传》中，明元帝曾评价丘堆"虽无大用，然在公专谨"，丘堆虽然能力有限，但是处理政务较为严谨。因此明元帝才委任他治理并州，管理晋阳。

人集团、中原大族基本上占到了近八成，剩下的任职官员则属于临时安排，如与皇帝关系密切的宦官孙小、秦松，如归顺北魏的河西李宝及其孙李韶，等等。一些河西和中原寒门出任如并州刺史这类高级别官员的机会，依然少之又少。整个北魏时期，出自寒门的并州刺史只有河西范绍和广陵魏承祖两人。

通过对这些并州刺史的具体分析，我们还可以感受到北魏政权对于晋阳和整个并州的高度重视。皇始元年，拓跋珪占领晋阳以后，就任命宗室素延出任并州刺史，在北魏初期，并州刺史职务均由北魏宗室和代人集团中的佼佼者担任，直到北魏中期开始，才逐渐将并州刺史一职向汉族士人开放。并州处"河山之要"，非与北魏中央同心者，不可能被任命为并州刺史。担任并州刺史的官吏大多数出自世家大族，任职者往往表现出众。如出自辽东家族的杨津，先后两次出任并州刺史，在任期间，"巨细躬亲，孜孜不倦……"[①]，受到孝文帝的高度信任。又如崔延伯，虽由南朝投靠北魏，但终因博陵崔氏大族出身，受到灵太后的信任，也曾被任命为并州刺史。再如宦官孙小，情形与其相仿。

宦官孙小、秦松能够出任并州刺史这种高级别职务，也从一个侧面说明太和改制以后，宦官、外戚势力逐步崛起，已深入到地方行政等多个领域，同时，也表明北魏皇室皇权的加强。至东魏时期，李挺、司马遵业、高隆之、孙腾等人先后成为并州刺史，这几人都和高欢关系密切，后来又都成为北齐勋贵，这就说明东魏时期，并州刺史一职基本上已经被高欢势力所垄断，高欢事实上就是东魏政权中最高统治者。

---

① 《魏书·杨播传附杨津传》。

附录二 太原地区北齐墓葬分布特征及晋阳至邺城等地迁葬现象研究

近年来,随着各项基本建设的展开,太原地区发现较多的北齐墓葬,一些位置明确并有墓志出土的墓葬资料,为研究北齐时期太原地区墓葬制度提供了新线索。

一、考古调查与发现

据不完全统计,截至 2016 年底,太原地区发现北齐墓葬 50 余座。这一时期太原地区的墓葬形制较为单一,分为单室砖墓和单室土洞墓两类,墓室平面为方形或长方形。我们根据墓葬规格可以将太原地区这一时期的墓葬分为大型墓葬、中型墓葬和小型墓葬三大类。

1. 大型墓葬

已发表大型墓葬的资料共有 4 座,分别是库狄迴洛墓、娄叡墓、徐显秀墓、韩裔墓。除库狄迴洛墓位于寿阳、韩裔墓位于祁县外,其余二座墓一座在太原西山区域的晋源区王郭村,一座在太原东山区域的迎泽区王家峰村。

娄叡墓位于太原市晋源区王郭村西南 1 千米,1979~1981 年发掘。该墓规模较大,封土已经被破坏,残存底径东西长约 17.5 米,南北长约 21.5 米。墓葬的墓道长 21.3 米,宽 2.8~3.2 米。墓葬出土遗物 870 余件,墓壁全部绘有壁画,现存壁画 71 幅,约 200 平方米,体现了北朝壁画墓的最高规模和绘画艺术的最高水平。墓主为北齐南青州东安郡王娄叡。

徐显秀墓位于太原市迎泽区王家峰村东,2000~2002 年发掘。该墓规模较大,封土堆夯筑,但已被破坏,现存底径长 13.6 米,宽 7 米。墓道长 15.2 米,宽 2.75~3.35 米。墓葬随葬器物 550 余件。徐显秀墓墓壁、墓室均绘有壁画,经过发掘清理出壁画 326 平方米,壁画中所绘人物与真人相仿,栩栩如生。墓主为北齐武安王、太尉徐显秀。

太原地区北齐时期大型墓葬均保留着高大的封土堆,高度在 5.2~12 米,虽历经风雨,仍屹立如初。几座墓葬均为砖室墓,墓道长 11.86~21.3 米;墓室平面呈方形或弧边方形,尺寸均在 5.5~6 米见方;甬道立面和墓室均有彩绘壁画,墓主人均为北齐勋贵和核心成员。

2. 中型墓葬

太原地区目前发现的北齐时期墓葬以中型墓葬为主,主要分布在晋源区开化村、寺底村一带和太原东山地区,也有几座零星墓葬分布于太原北部和西部地区。经正式发掘确认的北齐时期墓葬共有 7 座，即贺拔昌墓、夏侯念墓、窦兴洛墓、张肃俗墓、太原热电厂壁画墓、侯莫陈墓、赵信墓。这类墓葬封土保存较差，墓葬形制包括砖室墓和土洞墓两种。墓室平面呈方形，边长 2.5~5 米，部分墓葬有彩绘壁画，墓主人一般属于中级官吏。

3. 小型墓葬

小型墓葬数量较少，分布亦不均匀。目前发现的小型墓葬主要分布在晋源区开化村一带，太原东山地区也有零星发现。此类墓葬未见封土，形制较为简单，以土洞墓为主。墓道长多在 4 米以下，拱顶、无天井，墓室一端为窄长的斜坡墓道，洞室多前高后低，多以石块封门，石块多不规则。少数封门为土石混合结构。墓室底部多较平整，平面以长方形为主，边长 1~3 米。此类墓葬墓主级别较低，多为平民墓葬，墓葬中仅随葬陶罐、陶碗、铜钱等少量遗物。典型墓葬如山西太原开化墓群 M20。

二、墓群分布特征

根据目前的考古调查及发现，我们对太原地区历年出土的北齐时期墓葬进行辑录（见表一），结合历史文献和墓志记载，我们可以对太原地区北齐墓群的分布总结出一些规律。

表一　晋阳地区北齐墓葬埋藏地点位置一览表

墓主人	身份	葬年	志文记载葬地	出土地点
柳子辉	直荡都督	天保七年（556 年）	晋阳去城廿里汾水之左右	小店区郑村
库狄业	骠骑大将军、泾州刺史、领民都督、北尉少卿等	天统三年（567 年）	葬在看山之阳	山西省地方煤炭管理学校
贺娄悦	卫大将军、直荡正都督	皇建元年（560 年）	并州三角城南	神堂沟砖厂
南郊北齐壁画墓		天统年间	无墓志	晋源区金胜村
张海翼	司马、长安侯	天统元年（565 年）	并城西北	晋源区寺底村
贺拔昌	骠骑大将军、太子右卫将军	天保四年（553 年）	晋阳城北二十五里名山之下	万柏林区义井村
狄湛	车骑将军、泾州刺史、朱阳县开国子	河清三年（565 年）	晋阳城东北三十里	迎泽区王家峰村
窦兴洛	骠骑大将军、直斋都督	天统二年（566 年）	志文未载	晋源区开化村
侯莫陈	骠骑大将军、直正都督、高平县开国子西舞县开国男	天保六年（555 年）	并州城西山	晋源区开化村
娄叡	假黄钺、右丞相、东安王	武平元年（570 年）	葬于旧茔	晋源区王郭村

续表

墓主人	身份	葬年	志文记载葬地	出土地点
徐显秀	武安王、太尉、尚书令、太保	武平二年（571年）	晋阳城东北卅余里	迎泽区王家峰村
赵信	离石镇将、黄牛镇将	河清三年（564年）	唐坂石灰谷东北二里	晋源区开化村
夏侯念	优婆塞	天保三年（552年）	并州城西蒙山之下	晋源区开化村
韩祖念	骠骑大将军、太子右卫将军、武功王	天统四年（568年）	志文待刊	万柏林区小井峪村
刘贵	东夏州刺史	河清二年（563年）	黄陵城西北九里	小店区岗头村
□憘	大贤真备身正都督	武平三年（572年）	晋阳县黄陵城北四里之山	山西通用电池厂内
韩买奴			志文待刊	晋中市榆次区
张肃俗	张子霞第四子	天保十年（559年）	晋阳三角城外	晋源区寺底村
彭城太妃墓			未发掘	万柏林区黄坡村
开化北齐墓群			无墓志	晋源区开化村
太化集团北齐墓			无墓志	太化集团厂内
店坡北齐墓			无墓志	迎泽区店坡村

1. 太原地区北齐墓葬呈现"东西分布、都乡埋葬"的区域特征

太原地区的北齐墓葬应当存在着一定程度的规划。我们知道，北齐时期，在太原市汾河以东和汾河以西地区都有城址分布，各城址内部生活的各阶层人群在选择墓地时，也就有了多样性的选择。这里我们通过对已经发现的太原地区北齐墓志志文埋藏地点的记载，就可以得出一个初步的结论来。

通过表一，我们可以看出，在已经发现的北齐墓葬墓志中，有一定数量的墓志都比较清楚地记载了埋藏地点，而且这些地点基本上都是围绕在"并城""晋阳"附近。通过简单梳理，我们大体上可以看出：①在晋阳城西侧、悬瓮山东侧缓坡地区，由北至南，基本上都有北齐时期墓葬分布。目前这一地区北齐时期墓葬分布的最北端在小井峪村一带，最南端至王郭村一带。在此区域内分布着各个阶层人士的墓葬，著名的有娄叡墓、韩祖念墓、贺拔昌墓、张肃俗墓、太原热电厂壁画墓、侯莫陈墓、赵信墓等；②在今太原市东山地区西侧、山前坡地区域，北起王家峰村，南至黄陵村，也就是"看山"区域，同样分布着北齐时期墓葬区。先后出土徐显秀墓、憘墓、柳子辉墓、库狄业墓、狄湛墓、刘贵墓等重要墓葬，这些墓主人的级别同样不低。由于太原东、西山山前地带皆适宜用作公共墓地或家族墓地，因此太原地区北齐时期墓葬呈现"东西分布"的区域特征，这一点在山西考古界基本上有了共识。

前文我们已经考证北齐时期晋阳地区存在着多座城址：其中晋阳城及三角城位于汾河以西，故北齐很多高级官吏将墓葬置于"并城西北"一带，也有一部分人将自己葬于三角城外；黄陵城位于汾河以东，故东山山前地带也存在北齐时期墓葬区。如刘贵墓志就明确注明其葬于"黄陵城西北九里……"，□憘墓墓志注明其葬于"晋阳县黄陵城北四里之山……"。北齐时期墓葬在太原市东、西山区域的出土，表明当时在晋阳生活的各阶层人士有着就近安葬的习俗。北朝时期，盛行"因山为陵"的思想，尽管目前在晋阳地区没有发现北齐时期的帝陵，且根据历史文献的记载，北朝诸帝也没有在晋阳地区营造陵寝。但是"因山为陵"的思想无疑对当时的高等级贵族和上层官僚也产生了深刻影响。

此外，我们还注意到北京图书馆藏的一方墓志拓片中，有难得的一条内容："大原大陵都乡建昌里部　曲督宁朔参军吕猛妻马……。"尽管只是一方砖铭，却极其珍贵地保留了当时大陵城的里制信息。藉由这方砖铭透露出的信息，我们可以了解到，在当时的大陵城外存在着都乡、建昌里等基层乡里设置。那么包括三角城、皇陵城的晋阳地区诸城周边应该也有着相似的都乡设置。

根据现有的考古资料，我们目前还无法对太原地区东、西区域北齐时期墓葬孰轻孰重做出判断，但是目前来看，似乎晋阳西区墓葬等级和数量略强于东区，这种现象是否与并州州城在当时的晋阳诸城之中相对繁荣、高等级勋贵和官吏多居于此城有关，待考。

2. 家族墓地的"核心聚葬"

从已发表的太原地区北齐时期墓葬资料来看，北齐时期墓群中明显存在"家族墓"。如晋阳开化墓群就是很好的例证：开化墓群共发现北齐墓葬22座，分布在南北向的Ⅰ、Ⅱ、Ⅲ区内。开化墓群发现的北朝时期墓葬可以明显地分辨出"赵""贾""窦""侯"等数个家族，说明该墓地被长期使用并存在着家族分区。太原地区家族墓地和邺城地区家族墓地的分布特征较为相似[1]。按照沈丽华的研究，"目前在邺城地区发现的北朝时期墓葬一般包含前后两代人，或依长幼尊卑、自南向北排序排列；或分作南北两排，以南为尊，同辈则自东向西排列、以东为尊。墓葬均坐北朝南，夫妇合葬墓居多，因此前后相隔时间较长的二次葬较多……。"[2]

虽然目前太原地区发现的北齐时期墓葬多是以单体形式出现，但是我们还是从中可以发现一些"家族墓"的线索：如娄叡墓志就明确指出娄叡葬于娄氏家族旧茔，这就完全可以肯定在娄叡墓所在的区域，存在着娄氏家族墓地，有学者就曾经推测娄

---

[1] 沈丽华：《邺城地区东魏北齐墓群布局研究》，《考古》2016年第3期。
[2] 沈丽华：《邺城地区东魏北齐墓群布局研究》，《考古》2016年第3期。

叡之叔娄昭及其侄娄定远可能在其附近①。再如北齐时期的张海翼和张肃俗墓，两座墓葬都位于今太原市晋源区寺底村，有学者就曾经推断二者之间"或有一定的亲缘关系……"②，遗憾的是发掘者未能就张肃俗墓和张海翼墓的出土位置进行对比，周边也没有进行一定范围的考古勘探。

三、晋阳至邺城等地的迁葬现象

东魏北齐时期，晋阳城尽管已经是事实上的"国都"，但是名义上，邺城仍然是东魏北齐时期的都城。因此，在当时，很多人尽管卒于晋阳，但仍归葬邺城，还有一些人士移葬原籍。截止目前，至少有十余方墓志体现这一现象。我们将这些墓志信息汇总如下（表二）。

表二 墓志

序号	墓主	卒地	卒年	葬年	葬地
1	崔宣靖③	晋阳	永熙三年（534年）九月十七日	大象元年（579年）十月廿六日	临山之阳
2	崔宣默④	晋阳	永熙三年（534年）九月十七日	大象元年（579年）十月廿六日	临山之阳
3	高娄斤⑤	晋阳	天平三年（536年）九月七日	兴和二年（540年）正月廿四日	行唐县
4	宋氏（杨元让妻）⑥	晋阳	武定二年（544年）八月十日	天保四年（553年）八月廿四日	邺都漳河之北安和里
5	高欢妻（闾氏）⑦	并州王宫	武定六年（548年）四月十三日	武定六年（548年）五月三十日	邺城齐王陵北一里
6	李骞⑧	晋阳	武定七年（549年）四月廿七日	天保元年（550年）十二月十日	黄石山东十里
7	李思约⑨	晋阳	河清二年（563年）四月十二日	河清二年（563）五月二十七日	邺城西十五里
8	问度⑩	晋阳	大宁元年十二月（562年）廿七日		葬地不详

---

① 渠传福：《徐显秀墓与北齐晋阳》，《文物》2003年第10期。
② 李爱国：《太原北齐张海翼墓》，《文物》2003年第10期。
③ 叶炜、刘秀峰：《墨香阁藏北朝墓志》，上海古籍出版社，2016年，第198页。
④ 叶炜、刘秀峰：《墨香阁藏北朝墓志》，上海古籍出版社，2016年，第200页。
⑤ 叶炜、刘秀峰：《墨香阁藏北朝墓志》，上海古籍出版社，2016年，第38页。
⑥ 叶炜、刘秀峰：《墨香阁藏北朝墓志》，上海古籍出版社，2016年，第100页。
⑦ 叶炜、刘秀峰：《墨香阁藏北朝墓志》，上海古籍出版社，2016年，第70页。
⑧ 叶炜、刘秀峰：《墨香阁藏北朝墓志》，上海古籍出版社，2016年，第86页。
⑨ 叶炜、刘秀峰：《墨香阁藏北朝墓志》，上海古籍出版社，2016年，第126页。
⑩ 叶炜、刘秀峰：《墨香阁藏北朝墓志》，上海古籍出版社，2016年，第248页。

续表

序号	墓主	卒地	卒年	葬年	葬地
9	□洛①	晋阳	河清三年（564年）闰九月十五日		邺城西南廿里
10	元世雄②	晋阳	天统元年（565年）六月	武平二年（571年）十一月十七日	邺西
11	穆建③	并所	武平元年（570年）	武平七年（576年）十一月九日	邺城西南十余里
12	高清	晋阳	天保二年（551年）三月二日	乾明元年（560年）岁次庚辰四月壬午朔十六日丁酉	邺城西北廿八里

从上表所列墓志中可知，北齐一些皇室成员、上层官吏甚至中下层官僚死后多数迁回邺城（少数迁回原籍），这和当时社会风气有关。迁葬是东汉以来世族政治观念长期影响下的产物，世族门阀观念和制度的形成，自然而然地导致同一个门阀家族成员要埋葬在共同的茔域之内。尤其是一些世代门阀或政治核心家族，多将家族墓地置于政治中心的所在地，譬如东汉魏晋贵族墓葬多葬于邙山一带、东晋南渡大族在建康周围分置墓地，都是出于这种政治考量。北朝时期最典型的迁葬事例就是高欢在永熙二年将其父母高树生、韩期姬④由家乡怀朔镇迁至当时东魏的都城洛阳。

那么上表中墓主人迁葬或归葬的原因主要有以下几方面因素：

第一，本人或配偶在晋阳为官，死于任所。这在墓志志文中有所体现，且占到上表中的绝大比例。如穆建、元世雄、李思约、李骞、问度、□洛等人皆是在晋阳为官，而高娄斤、宋氏（杨元让妻）则是其丈夫在晋阳任职期间，随夫上任，却在配偶为官期间亡故，兹分别摘录如下：

穆建：……又除直荡都督，方欲立功塞北，勒燕然之山……有志不从，未秋先落。武平元年中亡于并所……。

元世雄：……寻转若曷直荡第二副，直斋，寻加广德将军……方应远道，穷彼遐纪，不图天道，遂乖人算……薨于晋阳……。

李思约：……以皇建二年辟为奉朝请，仍从銮舆，以备任使……以河清二年四月十二日卒于晋阳所……。

李骞：……后兼太府少卿，除给事黄门侍郎……。

问度：……皇建元年，除中常侍，仍典御……。

---

① 叶炜、刘秀峰：《墨香阁藏北朝墓志》，上海古籍出版社，2016年，第254页。
② 叶炜、刘秀峰：《墨香阁藏北朝墓志》，上海古籍出版社，2016年，第172页。
③ 叶炜、刘秀峰：《墨香阁藏北朝墓志》，上海古籍出版社，2016年，第190页。
④ 王连龙：《北魏高树生及妻韩期姬墓志考》，《文物》2014年第2期。

□洛：……除肆州诸军事、肆州刺史。政绩未融，奄焉遇疾，以河清三年闰九月十五日薨于晋阳……。

以上志主，都是死于任上，又归葬邺城。这些志主归葬的原因，有学者曾经进行分析，原因如下：①古代交通、信息流通不发达，正常情况下人口流通不大，外地做官的人口在流动人口总数中占了相当大的比例；②官员死于任上有归葬的经济保障[①]。

而妇女去世，一般也要归葬于夫家之祖茔：

高娄斤：葬于行唐县黄□之右……。

宋氏（杨元让妻）：……迁葬于邺都漳河之北安和里……。

是否合葬，墓志未言。

第二，在晋阳生活感染疾病非正常死亡。如崔宣默、崔宣靖二人。现在已发现的迁葬、归葬墓志中，只有崔氏兄弟二人的墓志表明他们是在晋阳染病而终：

崔宣默：……忽遘风霜，以永熙三年九月十七日卒于晋阳……。

崔宣靖：……郎署称僮子之美……风霜奄及，时年十七……。

尽管墓志志文称二人被广平王辟为幕府，但实际上这只是当时给予世家子弟的一种身份，并非实职。二人在晋阳生活，不幸染病，最终权葬于晋阳。

第三，皇室成员，有着严格的归葬规定。目前发现符合这一特点的有高欢之妻闾氏、高欢之子高湝二人。闾氏来自茹茹，根据志文可知，其一直居于晋阳王宫。作为王妃，死后必然要葬在位于邺城的王陵区。高欢生前未称帝，薨后诏赠齐王玺绂，谥号献武王，"葬于邺西北漳水之西……"[②]，武定二年时，高欢就已经开始营建自己的茔域：武定二年十一月，有司奏："齐献武王勋高德重，礼绝群辟。昔霍光陵邑亦置长、丞主陵。今请置长一人、丞一人、录事一人、户曹史一人、禁备史一人、侍一人，皆降帝陵官品一等，其侍依旧……。"诏可[③]。高欢死后，高澄即位，未称帝而遇刺身亡。高洋即位，最终称帝。天保初，追崇高欢为献武帝，庙号太祖，陵曰义平。闾氏薨后葬于义平陵北一里，因非正室，未与献武王合葬。

高湝归葬之事亦有载，北京市图书馆藏《高湝墓志》拓片：王讳湝，字修延，勃海修人也。太祖献武皇帝之第八子，以天保二年三月二日薨于晋阳，时年十六。以乾明元年岁次庚辰四月壬午朔十六日丁酉措于邺城西北廿八里。

以上志主迁葬、归葬的时间，各有不同。按照礼法规定，不同等级之人归葬时间也不同。《左传》云："王者七日而殡，七月而葬。诸侯五日而殡，五月而葬。大夫经时而葬。士及庶人逾月而已……。"魏晋南北朝时期，世家大族也十分重视葬制，

---

① 刘先维：《墓志资料所见唐代归葬习俗研究》，2010年华东师范大学硕士论文，第14页。
② 《北齐书·神武下》。
③ 《魏书·志十九》。

在目前发现的北朝墓志铭上也经常能见到"粤以□年□月□日窆于□地，礼也"的记载，即是此证。通过墓志志文记载的卒年和权葬、归葬时间，我们可以推断其家族是否守礼，如未能守礼，那么就需要结合史料来推断是什么原因导致未能守礼的情况发生。通过上述墓志，我们可以发现，北朝时期这些由晋阳归葬的人士并没有全部都按照儒家的礼法规定来完成葬礼。这些人的葬期大概有以下四种情形：

有直接将遗柩运回邺城的，如高欢妻阎氏，武定六年（548年）四月十三日卒，武定六年（548年）五月三十日即已入葬义平陵陵区；又如李思约，河清二年（563年）四月十二日卒，河清二年（563）五月二十七日就已经在邺城入葬。

有卒后先权殡数月然后归葬者，如李骞。武定七年（549年）四月廿七日卒，天保元年（550年）十二月十日方得归葬。历时一年零八个月。

有卒后权殡数年方得归葬者，如高娄斤、宋氏（杨元让妻）、元世雄、穆建、高清皆是如此，归葬时间由四年至九年不等。

有卒后权殡数十年方得归葬者。如崔氏兄弟，崔宣默、崔宣靖二人于永熙三年（534年）九月十七日卒，至北周大象元年（579年）十月廿六日方得归葬。

对归葬时间的选择，主要受政治环境、经济条件、路途远近、风水堪舆、季节等多种因素影响。由于目前能够展开研究的资料不足，本文不赘述。

附录三 僖墓墓志研究

一

□僖墓发现于 2001 年 6 月，由于种种原因，墓葬的考古发掘资料一直未能公布。2008 年，太原市三晋文化研究会、《晋阳古刻选》编辑委员会编辑出版《晋阳古刻选·北朝墓志卷》，公布了□僖墓墓志资料①。由于该墓墓志盖在发掘时缺失，墓主的真实身份成谜。有鉴于此，笔者对志文作一简略研究，以求教于方家。

墓志志文共 28 行，满行 29 字，总计 799 字。全文刊布如下：

公讳僖，字元乐，代郡平城人也。携趾千刃，导源万顷。英贤接踵，冠盖□□。祖世达，安南将军、仇池镇将。杖节临民，威加西域。父众德，仪同三司，恒州刺史，乘骖化俗，政著北疆。故以太岳降神，哲人修载。凤仪峻迈，识量道举。志在大成，行遗小节。端居衡沁，自得琴画。猛气逸群，雄才盖世。顾韩彭以齐足，眷吴邓而连轸。属神武皇帝龙飞冀野，虎扰信都。将谋□合，事资羽翅。乃除虎贲中郎将，亲信别将。抚坚城于旧业，覆勋敌于寒陵。控繁弱以先驱，奋干将而著绩。除京畿帐内都督，出建旌旗。长驱河济，剪鲸鲵于鲁地；筑京观于瑕丘。除车骑将军、右光禄大夫，而西贼宇文氏总率乌合，列阵芒阜，不异铜头之□将同铁胫之。言从灵武，鼓刀先入。涉血履肠，擒魁献泮。除车骑大将军，左光禄大夫，又加北襄县男。及臣子外叛，巨滑内侵，窃据颍城，关门反推，沐雨栉风，水攻陆战，刳都城于万，贾余勇于三军。除骠骑大将军，亲信都督，有魏褰裳，大齐应禄，勋参佐命，绩与兴王，封榆中县开国男，除大贤真备身正都督，食桑氏县干。又迁益州刺史，转瓜州刺史，玉垒迢遭，金微夐远，斜通积石，旁带流沙。兴言作镇，理钟时杰，直以皇威未洽，致使高轩停辔。除朱衣直阁，侍卫九重。为日已久，折冲千里，兄归时望。除假仪同三司，转大贤真内备身都督。而北狄西戎同恶相济，乘虚豕突，奋及晋阳，于是先登陷阵，溺骖漂杵。若烈火之焚毛，似惊风之扫叶。乃封景昌县开国子，寻除骁骑将军，又除北肆州六州都督，加仪同三司，居八命，衣画九重。比肩邓骘，齐跷羊祜。别封高都县开国伯。然十旬之病，不愈漳滨，

---

① 太原市三晋文化研究会、《晋阳古刻选》编辑委员会：《晋阳古刻选北朝墓志卷》，山西人民出版社，2008 年，第 333~350 页。

二竖之妖，忽游晋国。以武平二年四月廿四日薨于位，时春秋六十有三。一人哀悼，百人挥涕，似怀子产，如悲奉孝。诏赠使持节都督胶南青二州诸军事、开府仪同三司、卫尉卿、胶州刺史，礼也。以武平三年岁次壬辰十月己巳朔十六日甲申，葬于晋阳县黄陵城北四里之山，若夫历阳为水，沧海成田。刊令范于玄石，播美誉于黄泉。乃作铭曰：

珠生南海，玉出西昆。亦有名德，载诞高门。是称公子，实号王孙。文武兼运，智勇俱存。出作龙鳞，入为凤羽。年历两代，时经六主。翦除凶虐，赞扬威武。绩似刊山，功同建柱。朱骖爱□，黄阁佟开。位尊万里，□比三能。福谦无验，良木云摧。□市流泣，弃珙成哀。卜远称吉，同盟俱赴。驷转画轮，铙歌芳树。看山北峙，汾川南注。一□于斯，□千长鹜。

二

墓志记载了"憘"家族三代人，"憘"的祖父世达，"憘"的父亲众德。但遗憾的是，这三人均未见载于史料。对于"憘"的世系，我们只能通过志文做一点简单的推测。志文称"憘"为代郡平城人，由此推测其家族可能是北方勋贵。"憘"的祖父曾任安南将军、仇池镇将。仇池，在今甘南地区，自曹魏时期起，氐人杨氏长就长期控制这一地区，在南北朝时期先后建立前、后仇池国、武都国、武兴国、阴平国等多个政权，势力一度突破甘南，扩展到川西北和陕南。北魏太和元年（477年），魏将皮喜攻陷茄芦城，杀武兴王杨文都，彻底据有仇池及其周边地区。北魏太和十二年（488年）改仇池为渠州。

关于"憘"姓氏的推断，墓志提供了如下信息：①"憘"籍贯代郡平城；②祖父曾任"安南将军、仇池镇将。杖节临民，威加西域……"；③父曾任恒州刺史；④志文铭词称墓主"亦有名德，载诞高门。是称公子，实号王孙……。"因此其祖上曾经为"王"；⑤根据"憘"享寿与卒年推断，其生于公元508年，因此，其祖父必生于公元478年之前（按每代差15年计算）、父亲当生于公元493年之前。

根据上述条件，结合史料，我们认为，墓主"憘"很可能是皮喜（一名皮怀喜，见《北史·皮豹子附皮怀喜传》）之孙，原因有四：

第一，虽然史料上并未指出皮喜的生卒年，但是根据"道明第八弟喜。高宗以其名臣子，擢为侍御中散，迁侍御长。高祖初，吐谷浑拾寅部落饥窘，侵凉浇（一为洮）河，大为民患。诏假喜平西将军、广川公，领凉州、枹罕、高平诸军，与上党王长孙观讨拾寅。又拜为使持节、侍中、都督秦雍荆梁益五州诸军事、本将军、开府、仇池镇将,假公如故,以其父豹子昔镇仇池有威信故也……。"①由上文可知,皮喜在北魏孝文帝(471~499年)初期就任仇池镇将。

第二,志文颂扬其祖任职仇池期间"杖节临民,威加西域……。""杖节",执持旄节。古代帝王授予将帅兵权或遣使四方,给旄节以为凭信。据此知其祖必非本地族氏出任,而是由北魏中央政府所遣派的武将担任。皮豹子、皮喜、皮双仁父子三人任职仇池镇将期间,颇有威望:"又拜(喜)为使持节……仇池镇将,假公如故,以其父豹子昔镇仇池有威信故也。喜至,申恩布惠,夷民大悦,酋帅强奴子等各率户归附……。"②又,皮喜曾任安南将军,与志文所称的"安南将军、仇池镇将"吻合。

第三,志文铭词称墓主"亦有名德,载诞高门。是称公子,实号王孙……。"王孙者,必为王爵之后方可称之。皮豹子卒后,获赠淮阳王,谥襄,其子道明袭爵。若墓主为皮氏之后,称"王孙"亦合礼法。

第四,北朝有父子、祖孙同名之俗。陈垣先生曾在《史讳举例》一书中指出:"《廿二史考异》廿八,谓魏宗室多同名,列举同名者凡五十九人。有同父而同名者,景穆子,阳平、济阴二王,俱名新成,至称济阴为小新成以别之。《魏书·安同传》'同父名屈,同长子亦名屈'。此北俗也。然后魏献文帝名弘,其子孝文帝名宏;宋明帝名彧,其子废帝名昱,父子不避嫌名,而同在西纪四六五年至四七六年之间,固无分南北也……。"③墓主名"憘",与皮喜字虽稍异而音同。虽然"憘,代郡平城人……"与"皮豹子,渔阳人……"④的记载存在不符,此处差异可以理解为皮豹子子孙已改籍平城。综上所述,墓主"憘"很有可能是皮喜之孙,字元乐。此外,我们还可以推断,魏将皮喜可能字"世达"。笔者下文行文暂以皮憘代之,不再说明。

恒州属东魏侨置之州。皮憘之父皮众德史书无传,据墓志介绍,其曾任恒州刺史。据《魏书·地形志》,道武帝天兴年间(398~404年)设立司州,治平城。孝文帝太和(477~499年)中,改称恒州,以州近恒山之故。孝昌(525~527年)中陷,天平二年(535年)置,寄治肆州秀容郡城,领郡八,县四十四。皮众德系皮喜之子,若为恒州刺史,必在孝昌之前。《北史·皮豹子附皮怀喜传》记载皮怀喜有子名承宗袭爵,皮承宗、皮众德是否为一人,待考。

"属神武皇帝龙飞冀野,虎踞信都……。"指的是高欢信都建义。北魏普度元年(531年),高欢在信都举义旗,公开讨伐尔朱氏。当此之际,皮憘已在高欢军中。从身份上分析,皮憘无疑属于六镇豪强酋帅子弟。皮豹子本人是汉人,又是北边豪

---

① 《魏书·皮豹子传附皮喜皮双仁传》。
② 《魏书·皮豹子传附皮喜皮双仁传》。
③ 陈垣:《史讳举例》,中华书局,2004年,第77页。
④ 《魏书·皮豹子传》。

帅，自领兵马，《魏书·皮豹子传》："臣所领之众，本自不多，唯仰民兵，专恃防固……。"张鹤泉先生认为"民兵"是州军[①]，姜文祥先生认为是番兵[②]，这一点我们暂不讨论，但其提到"所领之众，本自不多"，这里提到的"所领之众"，无疑是属于他的私人武装。这就意味着，皮僖拥戴高欢，应当不是只身投奔，这在志文中也有体现。"顾韩彭以齐足，眷吴邓而连轸……。""韩彭"，指韩信、彭越；"吴邓"，指吴汉、邓禹。这些人都是武将，皮僖仰慕、崇拜这些武将，同时以彼等自诩，也说明了他的武将身份。投奔高欢以后，皮僖被授予虎贲中郎将、亲信别将职务。亲信制度，为尔朱荣所创，高欢继承了这一制度，亲信组织遂成为高欢禁卫系统中的一支重要力量。六镇起义以后，北魏政府曾规定，能够招募三千人即任为别将[③]，这也从另外一个侧面证明了皮僖所能掌控的族众人数。

皮僖投奔高欢后，先后参加了攻邺之战以及寒陵之战。攻邺之战在广阿之战以后，永熙元年，高欢击败尔朱兆部将刘诞，据有邺城。寒陵之战，即韩陵之战。邺城之战以后，高欢与尔朱兆展开决战，地点就在韩陵。此役以后不久，皮僖被授予京畿帐内都督一职。京畿帐内都督，以往墓志未见。帐内都督一职，东魏之际多见。《隋书·百官志下》："王公已下，三品已上，又并有亲信、帐内，各随品高卑而制员……。"帐内又分为左帐内、右帐内，职官有都督、大都督、直荡都督、军主、别将等[④]。东魏帐内都督因隶属不同，职务名称亦异。见于史书者有相府帐内都督，如娄叡、尉兴敬皆曾任此职；还有中外府帐内都督，中外府，即都督中外诸军事府的简称，綦连猛曾任此职。现据皮僖墓志的记载，让我们进一步了解到还有京畿帐内都督这一职官。京畿帐内都督应是京畿都督府内之职，直接听命于京畿大都督，京畿，应指京师洛阳。高欢于洛阳拥立元修，派遣高岳、娄昭等人于洛阳驻守，皮僖亦应随行。其时任京畿大都督的，正是高岳。《北齐书·高岳传》："天平二年，除侍中、六州军事都督，寻加开府。岳辟引时贤，以为僚属，论者以为美。寻都监典书，复为侍学，除使持节、六州大都督、冀州大中正。俄拜京畿大都督，其六州事悉诣京畿。时高祖统务晋阳，岳与侍中孙腾等在京师辅政……。"是为其证。"出建旌旗"，"旌旗"即旗帜，皮僖作为帐内都督，被赋予有出建旌旗的权力，镇守洛阳。"长驱河济，剪鲸鲵于鲁地；筑京观于瑕丘……。""瑕丘"，位于山东兖州。此当指皮僖随娄昭、邸珍等讨伐樊子鹄。樊子鹄当时据有以兖州为中心的徐、青、齐、南青、西兖、南兖等地，即今鲁中南、苏北、豫

---

① 张鹤泉：《北魏都督诸州军事制度试探》，《社会科学战线》2001年第6期。
② 姜文祥：《"民兵"一词的溯源》，《辞书研究》1987年第1期。
③ 唐长孺：《试论魏末北镇镇民暴动的性质》，《山居存稿》，中华书局，1989年，第39~48页。
④ 张庆捷：《〈虞弘墓志〉中的几个问题》，《文物》2001年第1期。

东、皖北一带。永熙三年七月，东魏孝武帝讨伐高欢，高欢迎战，很快，孝武帝就战败西投宇文泰。高欢攻占洛阳。樊子鹄等人继起反对高欢，高欢遣娄昭率军出击，根据出土墓志材料，我们知道，同时参加此次剿灭樊子鹄的还有封延之，《封延之墓志》[①]也记载了此次战役："天平之始，兖州刺史樊子鹄据州反噬……顽抗王师，公受命忘身，椎锋卫国，旬月之间，剋殄凶丑……。"可知此次战役持续约月余时间。此次战役之后，因参战有功，皮憘晋升车骑将军、右光禄大夫。

公元543年，东西魏之间爆发邙山之战，皮憘随高欢出征，"列阵芒阜"。邙山之战以东魏大获全胜而告终，此役之后，皮憘又被封为车骑大将军，圣光禄大夫，并获得北襄县男的爵位。

"及臣子外叛，巨滑内侵，窃据颖城……。"此当指侯景叛乱。东魏武定五年（547年）正月，高欢病重濒死，高澄诈书召河南道大行台侯景入朝。侯景"拥重十万，专制河南……。"且素于高澄不和，"虑及于祸"，遂发动叛乱。"颖城"，即颖川州城，北齐之际治长社（今河南许昌）。侯景反叛以后，"颖州刺史司马世云以城应之……"[②]，侯景遂据颖川城自固，并投诚西魏。高欢病死，侯景叛乱，震动朝野。高澄调兵遣将，对侯景展开围剿，司空韩轨受命率军出征。是年五月，武卫将军元柱与侯景在颖川城北交战，元柱大败。但侯景先前已联系南梁，请求内附，此时正待南梁羊鸦仁援军，是以一直据颖川州城自保。这就给了韩轨等人机会，韩轨率军包围了颖川城。侯景惧，"割东荆、北兖州、鲁阳、长社四城赂魏（即西魏，笔者注）以求救……。"[③]侯景首鼠两端，是以皮憘墓志志文称侯景为"巨滑"。此时的皮憘应在韩轨军中，至于隶属何将，暂不得知。在接到侯景割地求援的请求之后，西魏遣王思政、李弼、赵贵等将兵东出，以解侯景之围。韩轨闻西魏军将至，遂引兵回邺。西魏军至，侯景被迫让出颖川城，南屯悬瓠（今河南汝南县）。七月，羊鸦仁率军至悬瓠；八月，南梁遣萧渊明伐东魏，与侯景成犄角之势，战事越发复杂。南梁萧渊明决泗水以淹东魏彭城，高澄派大将高岳、潘乐、慕容绍宗救彭城，东魏军与梁军在寒山激战，慕容绍宗等大败梁军，生擒萧渊明及胡贵孙等人，彭城之围遂解。南梁兵败，侯景欲东行，攻谯城不下，转夺城父（今安徽亳州），又据涡阳自保（今安徽蒙城）。慕容绍宗、刘丰等率军至涡阳，慕容绍宗用相持之计，耗尽侯景粮草，又动员侯景所辖之众北归，高岳、慕容绍宗、刘丰、段韶等夹击之，"景众大溃，争赴涡水，水为之不流……。"侯景大败，南奔南梁。涡阳之战结束以后，东魏又腾出兵力讨伐因侯景之乱占据颖川的王思政等西魏军。双方在颖川（即长社）展开决战。高

[①] 张季：《河北景县封氏墓群调查记》，《考古通讯》1957年第3期。
[②] 《魏书·孝静帝纪》。
[③] 《资治通鉴》卷一百六。

岳、刘丰、慕容绍宗诸将合围长社，刘丰建议决洧水灌城，淹城数月，高澄亲至，长社城陷，获王思政等，颍川之战结束。从武定五年侯景反叛到武定七年王思政被擒，前后共历时近两年，据志文可知，皮憘均参与其中，水攻陆战，屡立战功。是役结束以后，皮憘被授予骠骑大将军，亲信都督等职。亲信都督是东魏时期一个重要的中级武官职务，段韶、斛律光、库狄盛、元景安等人都曾经担任过此职。皮憘应是随高岳出征，因在颍川之战前，皮憘就已经是车骑大将军、左光禄大夫，按照北魏《后职员令》的记载，车骑大将军、骠骑大将军是仅次于都督中外诸军事一职的。东魏晚期，都督中外诸军事一职，一直由高氏父子担任。当然，此时的车骑大将军已经成为虚职，仅为荣誉之象征，但这仍可以说明，皮憘是高氏父子军中重要武将。需要指出的是，颍川之战以后，皮憘才获授亲信都督，此前已经有段韶、库狄盛、元景安、尉兴庆先后担任过此职，说明之前皮憘无论军功抑或资历，还都逊于上述诸将。颍川之战以后，皮憘才成为高澄心腹之一。

"有魏褰裳，大齐应禄，勋参佐命，绩与兴王，封榆中县开国男，除大贤真备身正都督，食桑氏县干……。"公元550年，高洋建立北齐，分封诸贵，皮憘也获得了开国男的爵位，并被授予大贤真备身正都督一职。"大贤真备身正都督"一职，目前担任过此职的，可知有三人，即娄子产（娄叡之子）、郁久闾可婆头以及皮憘。备身一职，始见于北魏时期，"备身正副都督"以及"备身"等官，均为皇帝之禁卫人员。关于"大贤真"，日本学者平田阳一郎认为，此职是"鲜卑系的近官"[1]。由于平田阳一郎的文章笔者未能得见，仅就其观点言之，需要我们进行思考，究竟"大贤真"是何种程度的"近官"。《北史·恩倖传》记载韩长鸾曾任"大贤真正都督"，罗新先生曾认为"疑即所谓帐内领民、帐内亲信之类……"[2]，现在看来，失之于疏。"大贤真正都督"，应和"中外府帐内都督"一样，是一种省称，"大贤真正都督"可能就是"大贤真备身正都督"的省称，二者指的都是同一官职。可以肯定的是，"大贤真"是北语汉译之名。"大贤真"这个名字至少在唐代还有保留，人们还能理解它的含义。如宋代陈旸的《乐图》就记载："《唐乐图》所载，大横吹部有节鼓、角、笛、箫、笳、觱篥七色……惟大横吹二十四曲……二十曰《大贤真》……。"有学者提出两种可能，即或为官职名，或为地名[3]。很显然，大贤真并非地名。鲜卑、柔然带"真"的人名和职官很多，这一点是有史料支撑的，考察鲜卑、柔然官制及鲜卑人姓名，都可以证明这一点。如柔然有首领名步鹿真、吐贺真、无卢真（鲜卑部），鲜卑还有乌贺真、折纥真、斛洛真，鲜卑人名中有元真、

---

[1] 速水大、王博：《2015年日本隋唐史研究》，《中国史研究动态》2017年第3期。
[2] 罗新：《北齐韩长鸾之家世》，《北京大学学报（哲学社会科学版）》2006年第1期。
[3] 韩宁：《乐府诗集"鼓吹曲辞"、"横吹曲辞"研究》，2006年首都师范大学博士论文，第162页。

奴真、封真、庾真、尉古真，等等。这些都说明，"真"字或同音词在鲜卑人的语言体系中占有重要地位。白鸟库吉曾根据《康熙字典》谓"北魏呼官吏为'真'"的记载，认为拓跋语中的"真"就是蒙语之"cin"[1]，饶宗颐先生更是认为，北魏"羽真"之名当是"乌矮真"之急读[2]。刘凯曾认为，"羽真"当是拓跋乃至北族使用的"类官号"[3]，可从。北魏以来，这种"类官号"并没有被废除，尽管《魏书》《北齐书》《北史》等官修史书在编纂之际已经逐步退化了这些带有民族色彩的"类官号"，但东魏以来，上层胡化之风转盛，这些"类官号"在当时依然被使用，这一点从当时留存的碑刻材料以及出土墓志等材料中，完全可以看到这种烙印，"羽真""大贤真"就是此类典型的例子。另外，《唐乐图》所载大横吹二十四曲中保留的另一首曲目《乌揽真》很有可能就是"乌矮真"之讹。所以，"大贤真备身正都督"的句读应该是"大贤真、备身正都督"。韩长鸾、娄子产、郁久闾可婆头、皮憘等人都曾获得过这一"类官号"，而不是"领民亲信"之类的具体职务。此外，根据语言学家的研究，鲜卑语、契丹语、满语之间有着密切的联系[4]，满语中的"额真"为"头领"之意，我们推断，鲜卑、柔然这些北族语中的"真"也可能含有"头领"之意。也就是说，羽真、大贤真、乌矮真等"类官号"实际上也具有某种意义上首领的意思。稍后，皮憘又被封为"大贤真内、备身正都督"。"大贤真内"，应该和"内行羽真"的性质一致，"大贤真内"当是"大贤真内行"之省。

"又迁益州刺史，转瓜州刺史……。"北齐并未实际据有过益州和瓜州地区，是以这些官职都是虚封，如《北齐书·列传三十九》曾记载王道习死后被追赠瓜州刺史，皆是此例。皮憘在生前被授予这些官职，只是为了增加皮憘的荣誉。其后的志文也能印证这一点。"玉垒迢遰，金微复远，斜通积石，旁带流沙。兴言作镇，理钟时杰，直以皇威未洽，致使高轩停轸……。""玉垒"，即玉垒山，在成都附近。"迢遰"，即"迢递"，指路途遥远。"金微"，金微山，即今阿尔泰山。"复远"亦指遥远。"兴言作镇"，言及作镇，实未至也。也就是说，皮憘被授予益州刺史也好，瓜州刺史也罢，均没有能够上任，所以才有了"皇威未洽，致使高轩停轸……"之语。这一点墓志志文说得十分透彻。

"而北狄西戎同恶相济，乘虚豕突，奄及晋阳……。"此是指河清二年（563年），

---

[1] 白鸟库吉：《东胡民族考》，商务印书馆，1934年。
[2] 见饶宗颐：《北魏冯熙与敦煌写经——魏太和写〈杂阿毘昙心经〉跋》，《饶宗颐史学论著选》，上海古籍出版社，1993年。但"羽真"并非"乌矮真"之急读，学者已指出其非，见张庆捷、郭春梅：《北魏文成帝〈南巡碑〉所见拓跋职官初探》，《中国史研究》1999年第2期。
[3] 刘凯：《北魏羽真考》，《学术月刊》2015年第2期。
[4] 戴光宇：《试论鲜卑语、契丹语和满语的关系》，《满语研究》2014年第2期。

北周杨忠率突厥阿史那木汗等二十余万人，攻打北齐，并于河清三年抵达晋阳城下。此事亦见载于《徐显秀墓志》："匈奴合骑，黠羌结党……。"① 是役周军及突厥军大败，"人畜死者相枕，数百里不绝……。"② 志文"若烈火之焚毛，似惊风之扫叶……"是从墓主角度体现了北齐军队的大胜。是役之后，皮憘因军功被封为景昌县开国子。

"又除北肆州六州都督，加仪同三司，居八命，衣画九重……。""六州都督"，全称应该是"六州流民大都督"，斛律金和孙腾都曾经担任过此职，但之后一些州郡为了管理北地流民，也都专门设置了六州都督一职。"北肆州六州都督"顾名思义，就是在北肆州管理六州流民的大都督。北肆州，不见于《魏书》《北齐书》，但数见于北齐时期金石文字，顾名思义，北肆州亦应是北齐侨置之州。《魏书·地形志》："肆州，治九原。天赐二年为镇，真君七年置州……。"《太平寰宇记》记载："《后魏书》云，天平二年置肆州，寄理秀容城……。"王仲荦先生发现，《元和郡县图志》仅载"周宣帝大象元年，自九原城移肆州于今代州理……"，而未言肆州移治之事，他认为这是《元和郡县图志》之略③。施和金先生也发现这个问题，他认为，"盖魏书、隋书、元和郡县志著者时代不同，各人皆据当时行政建置及名称而言，故给人一种言人人殊之之感觉……。"④ 现在看来，当是王、施两位先生忽视了"北肆州"的存在。

《魏书·地形志》称肆州治九原。九原者，非内蒙古之九原，而在山西忻州。这一点，施和金先生据《元和郡县图志》已经指出，按照《元和郡县图志》的说法，肆州在魏宣武帝以前，治所在忻州西北十八里之处⑤。而《隋书·地理志》楼烦郡秀容县下云："旧置肆州，后周徙雁门……。"一个肆州，只能有一个治所，不可能既在忻州西北，又在秀荣县。这就只有一种可能，在九原治所的是肆州，在秀容治所的，是北肆州，史书漏载之。如前所述，恒州当时也是侨置在秀容治所。这也就意味着，皮憘所担任的北肆州刺史，实际上是一个侨置刺史和侨置地的流民都督，负责管理流民。

武平二年，皮憘病逝，享年六十三岁，翌年下葬。

三

皮憘墓志给我们留下了大量史料以及一些新的信息，这里我们略作分析。

---

① 山西省考古研究所、太原市文物考古研究所：《太原北齐徐显秀墓发掘简报》，《文物》2003年第10期。
② 《北齐书·帝纪第七》。
③ 王仲荦：《北周地理志》，中华书局，1990年，第878页。
④ 施和金：《北齐地理志》，中华书局，2008年，第170页。
⑤ 施和金：《北齐地理志》，中华书局，2008年，第170页。

第一，皮憘墓志完整保留了其家族信息和他的经历。皮豹子是北魏时期著名的军事将领，此次发现的皮憘墓志首次揭露了其家族情况，其信息相当珍贵。通过皮憘墓志志文透露出来的信息，我们基本上了解了其家族脉系。皮氏家族自皮豹子开始因讨伐西域仇氏政权起，便参与到这一地区的管理事务中去，皮豹子父子两代人都在这一地区颇有经营，这一点史书和墓志彼此印证，对于我们研究仇池国历史有一定的参考意义。此外我们可以以皮氏家族为例来探讨北魏时期大家族发展兴衰过程。藉皮憘墓志可知，尽管皮氏家族在当时可能仍为地方大族，但皮氏家族至皮憘时已无人在北魏中央担任要职。出现这种情况，可能的原因是：北魏政权至孝昌年间，地方局势已然失控。六镇起义严重动摇了北魏政权的统治基础，北魏政权摇摇欲坠。很多大族纷纷自保，皮氏家族也在这一时期将主要精力放在稳固家族在地方的势力上。如皮憘之父曾任恒州刺史，前文已述，恒州作为地方行政单位，曾经发生过多次变化。孝文帝迁都洛阳以后，司州改为恒州。但孝昌之际，战乱频仍，恒州名存实亡。是以志文称皮众德任恒州刺史，"政著北疆"，应只是负责聚拢流民，以图自保而已。但不可忽视的是，皮氏家族在这一时期仍然具有一定的地方实力。公元531年，高欢在信都建义，皮憘举众投奔，而没有投靠尔朱家族，最大的可能是皮憘就在流民集团之中，当然也可能是皮憘具有一定的政治眼光，能够认识到高欢在群雄之中具有较高的领导水平。六镇起义以后，北魏政府通过借助柔然军事力量，内外绞杀，最终将破六韩拔陵等率领的义军击破，六镇子弟二十余万人分散到河北就食，也就是在这一时期，高欢随流民进入河北，并依附于尔朱荣。在其任晋州刺史期间，开始不断积蓄力量。为了获得对流民集团的管理权，高欢可谓是煞费苦心。《北齐书·神武帝本纪》就对此有着明确的记载。皮憘墓志称"属神武皇帝龙飞冀野，虎拠信都……。"实际上点明皮憘加入高欢阵营的时间，正是随流民东迁之际，皮憘作为皮氏家族的宗主，选择跟随高欢。至此，这个历史事实已然明晰。

第二，志文记载了皮憘加入高欢阵营以后的历史活动，可和史料相互印证，更加深我们对于史料的认识。据志文所载，皮憘先后参加邺城之战、寒陵之战，进而进驻京师，讨伐樊子鹄，南讨侯景，抵御北周杨忠进犯等。可以说，皮憘基本上参加了东魏北齐时期高欢、高洋父子时期的历次重要战役，是高氏鲜卑集团中的重要武人之一。志文所载，补充了这一时期的有关史实，尤其珍贵。

第三，皮憘死后，葬在"晋阳县黄陵城北四里之山……。"这一信息也十分重要。志文所载埋葬地点对于我们今日认识北齐时期"黄陵城"位置以及北朝时期晋阳县的地理规划，有着极大的帮助。皮憘墓发现于今太原市小店区黄陵乡龙堡村。据志文，我们知道，皮憘葬于晋阳县。晋阳县的设置我们在之前已述，北齐河清四年之前，晋阳县位于汾水以西。河清四年以后，晋阳县迁至汾河以东。现据志文可知，东至今太原市黄陵乡一带，仍在当时的晋阳县辖境之内。同时，志文也明确地告诉我们，晋阳县东，尚存有一座黄陵城。这对于我们认识北齐时期晋阳城市布局有着极为重要的意义，值得高度重视。

四

志文镌刻以隶书，字形结体宽博，点画上更为追求俊秀飘逸之感，结体收敛，撇画和横画有"折刀头"的形态，保留着魏晋以来隶书的峻整之态。这和北齐别都晋阳出土墓志有着广泛的一致性，是北齐墓志中较好的书法作品之一。

最后值得探讨的是，皮憘虽任职于邺城，但最终葬于晋阳，这并非偶然，而是由当时的葬俗决定的。很多代朔之人，都选择将最后的归宿置于晋阳，这是一个非常值得探讨的话题，本文于此不再赘述。值得重视的是，在皮憘墓附近，应当还存在着北朝时期其他墓葬。加强此区域的考古调查，对我们进一步加深北朝历史的研究，有着重要的意义。

附录四 刘贵墓志研究

2003年4月,太原市文物考古研究所在太原市小店区岗头村收缴一批文物,2008年,太原市三晋文化研究会、《晋阳古刻选》编辑委员会编辑出版《晋阳古刻选·北朝墓志卷》,公布了刘贵墓墓志资料[①]。据志文可知,墓主人为北齐东夏州刺史刘贵。北齐东夏州刺史刘贵史书无传,亦不见于其他志籍。此处就墓志所涉及的问题略为考证。

一

志文整理如下:

君讳贵,字至迁,河涧武垣人也。自颜表相,步骤区中;日角称奇,/华英宇内。[降]绵胤侯王,系绪槐棘。基构与崐嵩等峻,源流共河/汉俱泻。祖因游宦,遂家于显州,为大酋长。父恶奴,为莫河弗。君/命世挺迈,[ ]时杰出。风仪魁岸,器度弘远。抽刀涌泉之气,俦功曩/昔;开石饮羽之伎,比事起前。献武皇帝练石断鳖,经启王/业。思徨俊乂,共康治道。引为亲信,隐若腹心。开除奉车都尉,加/中坚将军。又除镇远将军、步兵校尉。封同官县开国男,食邑二/百户。迁征虏将军、第一副都督。寻除安北将军,转男为子,别封/汝南县开国男,食邑三百户,迁抚军将军、若曷直荡正都督,食/新昌县榦。乾明之初,除乡郡太守。未及之官,转除高都、长平二/郡太守。君性闲制锦,志解棼丝。门有留驹,路无佩犊。去蝗集凤, /风烈可想。持今望古,彼亦何及!迁使持节都督东夏州刺史。而/天道瞑昧,与善无征。未穷上寿,忽焉下世。朝廷嗟伤,追赠假仪/同三司,都督郑州诸军事,骠骑大将军,郑州刺史,卫尉卿。品爵/如故。以河清二年五月九日,窆于黄陵城西北九里。将恐桑田/有徙,陵谷匪恒。高山景行,无由慕仰。刊石泉门,贻诸来世。其词/曰:/长源淼淼,层构巍巍。八宏再穆,九五重辉。绵联轩盖,交袭黻衣。/积德斯在,余祉攸归。珠岸齐荣,玉山等闰。丹穴峻举,青丘高引。/事主毕忠,在朋居信。利见之始,如明之晋。灵夔远震,枢斗高悬。/雄才逸伎,开石飞泉。专城宠德,裂地襃贤。一随物化,永逐风烟。/唯名不朽,金石攸镌。

[①] 太原市三晋文化研究会、《晋阳古刻选》编辑委员会:《晋阳古刻选北朝墓志卷》,山西人民出版社,2008年,第177~186页。

据志文可知，墓志刘贵，字至迁，著籍河涧武垣。河涧，即河间郡。武垣，即河间郡武垣县。《魏书·地形志》载河间郡领武垣、乐成、中水、鄚四县，北齐因之。刘贵是汉化的鲜卑人，其祖、父俱是部落酋长。其父名恶奴，曾任莫河弗。莫河弗，又称莫何、莫弗、莫贺弗，是北方游牧民族的重要官职之一，莫河弗的含义，学界多有讨论。最著名的，当属日本学者白鸟库吉的解释，他认为莫河弗源自蒙语，意为勇健者，转而为渠帅之尊称[①]。周伟洲先生认为，莫河弗起初确有勇健者之意，但随着北方游牧民族的发展，莫河弗逐步演变为酋长的专称[②]。尽管不少学者曾对此进行专门讨论[③]，但是学术界并没有能够对莫河弗的级别形成一个清晰的认识。我们认为，根据志文上下文可知，刘恶奴所任莫河弗的级别明显要高于刘贵祖父所担任的大酋长一职，由此可以确定，不论莫河弗本意如何，莫河弗在北齐时期就已固定为正式的官秩。而且这一职位不会太低，至少和州郡行政长官的级别大体相当。这为我们深入研究莫河弗的职官演变提供了新的材料。

"献武皇帝练石断鳌，经启王／业。思径俊义，共康治道。引为亲信，隐若腹心……。""献武皇帝"，即高欢。"练石断鳌"，"练"，通炼。出自《列子·汤问》："然则天地亦物也，物有不足，故昔者女娲氏鍊五色石，以补其阙，断鼇之足，以立四极……。"喻高欢起兵，建功立业。在高欢起兵之际，刘贵就加入高欢阵营，并成为高欢的心腹。先后担任奉车都尉、中坚将军、镇远将军、步兵校尉、征虏将军（从三品）、第一副都督、安北将军、抚军将军、若曷直荡正都督（从四品）、乡郡太守、高都、长平太守、东夏州刺史等职。奉车都尉秩从五品，掌御乘舆车，是皇帝身边侍从人员。也就是说，高欢起兵之际，刘贵负责高欢的乘车出行工作，刘贵曾任的步兵校尉也是皇帝禁军系统中的官秩，说明刘贵在高欢身边工作时间较长，深得高欢信任。"第一副都督"，也是刘贵在东魏北齐时期禁军系统中所任的官职。北朝时期很多官职都有第一第二之分，如领民第一酋长、前锋第二副都督、直荡第一副都督等皆是其证。刘贵还曾担任过"若曷直荡正都督"一职，"若曷"之意，史家向无解释。笔者以为，"若曷"是音译，当是鲜卑语，似有英勇、果敢之意。唐初曾有吐谷浑可汗名慕容若曷钵，"若曷钵"作为人名，也是音译，应当和"若曷"之意近似。"直荡"是北朝禁军系统的左右卫府下的官职。《隋书·百官志中》载左右卫府下有御

---

① 白鸟库吉著，方壮猷译：《东胡民族考》，商务印书馆，1934年。
② 周伟洲：《敕勒与柔然》，广西师范大学出版社，2006年，第169页。
③ 对于莫河弗进行讨论的先后有白鸟库吉、姚薇元、聂鸿音、韩儒林、陈三平、陈发源、刘春华、张庆捷等多位学者，详见杜晓宇：《柔然官制研究》，2008年内蒙古大学硕士论文，第28～30页；刘春华：《"莫贺弗"试析》，《西北民族研究》2001年第4期；张庆捷：《〈虞弘墓志〉中的几个问题》，《文物》2001年第1期。

仗、直荡、直突、直卫、直阁等属官，是"直荡为左右卫所领之一营"①。以上刘贵在禁军任职经历，证明其与高欢的关系较为密切，志文称"隐若腹心"，应当属实。

在禁军任职期间，刘贵获得爵位，先后获封同官县开国男、同官县开国子、汝南县开国男。乾明初，刘贵不再担任禁军职务，出任地方官员。这可能和当时的皇帝废立、政治派系倾轧有一定关系。刘贵先后担任过乡郡太守、高都、长平太守、东夏州刺史四个地方官职务。乡郡，治乡县。《魏书·地形志》载乡郡领阳城、襄垣、乡县、铜鞮四县。刘贵出任此职，当是由高氏霸府并州出任之。然而刘贵还未就任乡郡太守，就转除高都郡太守，后又任长平郡太守。高都、长平二郡的设置时间，过去一直存有争议。《隋书·地理志》云："丹州，旧曰高都，后齐置长平、高都二郡，后周并为高平郡，开皇初郡废，十八年改县为丹川"。王仲荦教授对此颇有怀疑："按地形志建州有高都、长平、安平、泰宁四郡，是长平、高都二郡非北齐所置，此隋志之误。盖齐废长平郡，以长平之属县高平改隶高都郡，北周平齐，又改高都郡为高平郡也"。施和金先生亦赞同王说②。现在根据刘贵墓志志文观之，可以确认，高都、长平二郡至少在北齐时期就已经存在，乾明之际，尚未见废。

河清二年（563年），刘贵卒于东夏州刺史任上。东夏州之名，见《魏书·地形志》，延昌二年置，领四郡九县。东夏州由夏州析出，缘于北魏永平四年（511年）山贼扰乱夏州，为讨贼便宜，薛和议立，事见《魏书·薛辩传》。后来，在东、西魏分裂斗争过程中，先后形成四个"夏州"③，而东夏州多次被易手。至西魏废帝三年（554年）正月，东夏州已被西魏更名为延州。刘贵任东夏州刺史之际，东夏州已不复为东魏所有，其所任职之东夏州，恐系侨置之州。《魏书·地形志》有西夏州，"寄治并州界……。"学者疑在今山西晋中市寿阳县下州、太安村一带④。然不知东夏州侨置所在，待考。

河清二年（563年）刘贵葬于当时的黄陵城西北九里处。前文已述，刘贵墓位于小店区岗头村，我们知道，北齐时期一尺折合今制约29.6厘米⑤，以六尺为一步（陈梦家认为北齐时期1尺折合今制约34.66厘米），三百步为一里⑥，九里，合今4795.2米。据此，我们可以推测黄陵城的大概位置在今晋中市南砖井村一带。黄陵城是晋阳城的重要组成部分，刘贵生前可能在黄陵城中置有宅邸，而非居于北齐时期晋阳城。

---

① 罗新：《跋北齐可朱浑孝裕墓志》，《北大史学》，2001年，北京大学出版社，第135~151页。
② 施和金：《北齐地理志》，中华书局，2008年，第248~249页。
③ 艾冲：《北朝时期"河曲"地域行政区划建制的演替》，《陕西师范大学学报》2013年第2期。
④ 施和金：《北齐地理志》，中华书局，2008年，第203~204页。
⑤ 吴慧：《魏晋南北朝隋唐的度量衡》，《中国社会经济史研究》1992年第2期。
⑥ 陈梦家：《亩制与里制》，《考古》1966年第1期。

二

志文隶书，杂糅篆字，运笔起收已经多有楷意，体现了北齐时期的书法特色。志文有一些字词，较为少见，于此专门解释一二。

（1）自颜表相，步骤区中。"表相"，意指表彰。《文选·班固〈典引〉》："故先命玄圣，使缀学立制，宏亮洪业，表相祖宗，赞扬迪喆……。""自颜表相"，即自相鼓励之意。暗指其先出自鲜卑。"步骤"，即行走，李贤注引《孝经钩命决》："三皇步，五帝骤，三王驰……。""区中"，指人间、宇内。《宋史·志第八十八》："威加海外，化洽区中……。"此句意为行走宇内。

（2）日角称奇，华英宇内。"日角"，额骨中央部分隆起，郑玄《尚书中候注》："日角谓庭中骨起，状如日……。"

（3）［降］绵胤侯王，系绪槐棘。此处衍一"降"字。"槐棘"，周人种三槐、九棘，公卿大夫分坐其下，以定三公九卿之位。后以"槐棘"代指公卿。

（4）基构与崐嵩等峻，源流共河/汉俱泻。"基构"，即基坛。崐嵩，泛指高山。西安北周《王瑱墓志》："峻峙排云，齐昆嵩而概日……。"当与上句意同。

（5）抽刀涌泉之气，侔功曩昔；开石饮羽之伎，比事起前。"抽刀""涌泉"连缀使用，较为少见，概指抽刀而致泉水迸出，气势激烈；"开石饮羽"，即"射石饮羽"，形容刘贵武艺高强。

（6）君性闲制锦，志解棼丝。闲，爱好。"制锦"，源出《左传·襄公三十一年》："子有美锦，不使人学制焉……。"喻贤者出任县令。"棼丝"，即乱丝。典故亦出《左传》。《左传·隐公四年》："臣闻以德和民，不闻以乱。以乱，犹治丝而棼之也……。"此句是说墓主出仕地方行政官职，志在处理问题，化解矛盾。

（7）门有留驹，路无佩犊。"留驹"，源出《诗经·白驹》："皎皎白驹，在彼空谷……。"孔颖达《疏》："言有乘皎皎然白驹而去之贤人，今在彼大谷之中……。"此句喻门有贤人。"佩犊"，语出《汉书·龚遂传》："遂见齐俗奢侈，好末技，不田作，乃躬率以俭约，勤民务农桑……民有带持刀剑者，使卖剑买牛，卖刀买犊，曰：'何为带牛佩犊！'……。"喻弃其本业或不务正业者。此句即路无弃农或不务正业者。

（8）去蝗集凤，风烈可想。去蝗，即如字义，谓去除蝗虫之害。"集凤"，谓凤停于树。南朝陈贺循《赋得夹池修竹诗》："来风韵晚迩，集凤动春枝……。"喻聚集贤才。"风烈"，即风教、德业之意。司马相如《子虚赋》："（齐王）问楚地之有无者，愿闻大国之风烈，先生之馀论也……。"此二句谓墓主执政有方，风范俨然。值得说明的是，第6、7、8三句与2012年发掘的太原市开化墓群出土的《赵信墓志》[①]基本相同，唯《赵信墓志》中"志解梦丝"作"志解烦丝"。由此可知此三句皆为当时墓志撰写所用习语，亦知当时中低级官吏墓志铭撰写，多有当时专门书手书就，声名不彰者则套用习语，以图简便。

（9）八宏再穆，九五重辉。此句系习语，八宏寓意为天下，九五，语本《易·乾》："九五，飞龙在天，利见大人……。"孔颖达疏："言九五，阳气盛至於天，故云'飞龙在天'。此自然之象，犹若圣人有龙德、飞腾而居天位……。"

（10）绵联轩盖，交袭黻衣。带篷盖的车。显贵者所乘。南朝·宋·鲍照《咏史》："明星晨未稀，轩盖已云至……。"古代一种礼服，绣有黑与青相间的花纹。张衡《思玄赋》："袭温恭之黻衣兮，被礼义之绣裳……。"

（11）积德斯在，余祉攸归。余祉，祖先留下的福祉。攸，所。归，归宿。

（12）利见之始，如明之晋。"利见"，亦出于《周易》。《易·乾》："见龙在田，利见大人……。"孔颖达疏："若圣人有龙德飞腾而居天位，德备天下，为万物所瞻觐，故天下利见此居王位之大人……。"后因称得见君主为"利见"。东晋葛洪《抱朴子·任命》："愿先生委龙蛇之穴，升利见之涂……。"南朝·宋·颜延之《三月三日诏宴西池》诗："河岳曜图，圣时利见……。""如明之晋"，也是出于《周易》。《易·晋》："《象》曰'晋，晋也，明出地上。'顺而丽乎大明，柔进而上行。……《象》曰：明出地上，君子以自昭明德……。"

（13）灵夔远震，枢斗高悬。传说中的奇兽。《文选·左思》："想涬实之复形，访灵夔於鲛人……。"

（14）雄才逸伎，开石飞泉。开石，即射石，语出《史记·李将军列传》："广出猎，见草中石，以为虎而射之，中石没镞，视之，石也。因复更射之，终不能复入石矣。广所居郡闻有虎，尝自射之。及居右北平射虎，虎腾伤广，广亦竟射杀之……。"飞泉，源自《后汉书·耿恭传》："闻昔贰师将军拔佩刀刺山，飞泉涌出……。"此句喻刘贵之勇。

（15）专城宠德，裂地褒贤。亦作"褒贤"。嘉奖贤人。《晋书·天文志上》："南斗六星，天庙也，丞相太宰之位，主褒贤进士，禀授爵禄……。"南朝·宋·傅亮《为宋公修楚元王墓教》："夫褒贤崇德，千载弥光；尊本敬始，义隆自远……。"此句是指刘贵获得了北齐政权的肯定与褒奖。

[①] 山西省考古研究所、山西大学历史文化学院、太原市文物考古研究所、太原市晋源区文物旅游局：《山西太原开化墓群2012~2013年发掘简报》，《文物》2015年第12期。

三

《北齐书》有《刘贵传》，但此刘贵非彼刘贵。墓主刘贵不见于史书，其在禁军，所任皆为中级军官，后转任各郡郡守，级别不高，是以无传。但墓主刘贵与北齐书所载刘贵所处时代一致，笔者推测，墓主刘贵，恐另有鲜卑名，此汉名恐平时不用。此《刘贵墓志》在以下三个方面，值得我们注意。

第一，志文明确记载，墓主刘贵系高欢心腹。这是目前发现的北朝墓志中唯一注明墓主是高欢"心腹"的墓志。根据志文中刘贵历任职官的记载，我们可以初步得出墓主刘贵曾一度任高欢贴身卫官的结论。墓主刘贵的履历较为简单，由高欢的近侍卫官逐步转任地方官员，志文所载内容并无过于突出的内容。只是据此我们可以知道，在高欢的亲信系统中，很多人都是鲜卑贵族或部落首领出身。这一点，是需要我们在研究北齐历史时加以注意的。

第二，志文记载刘贵死后葬于"黄陵城西北九里……。"随着黄陵城周边墓葬发掘的逐步增多，让我们对于"黄陵城"有了初步的了解。黄陵城的城市布局、墓葬分布等都是我们下一步要进行探索的内容。

第三，东夏州的出现让我们有必要重新审视北齐时期侨置州郡的相关内容。在东魏北齐与西魏北周对峙期间，双方都有侨置州郡的安排，目前相关方面的研究尚不够充分，学术界对此也没有给予相应的关注。北朝晋阳乃至整个山西境内的侨置州郡以及相应的行政区位变化，当是我们未来研究的重点。

附录五 《唐尺研究》之再研究

学界关于唐尺折合今制有不同的看法：吴承洛在《中国度量衡史》中认为"1 唐尺折合今公制 0.311 米……"；杨宽在《中国尺度考》中认为"1 唐尺折合今公制 0.295 米……"；陈梦家在《亩制与里制》中也认为"由此可知唐尺约在 29.5 厘米左右……"；胡戟在《唐代度量衡与亩里制度》中则认为"为了现在计算应用方便，需要初步确定一个唐尺量值，寓意可暂定唐大尺长度近 29.5 厘米……。"上述研究多采用 2 种方式进行研究：①就传世和出土唐尺进行研究；②结合史料记载和考古实测数据进行推算。上述研究方法给了我们许多启发，但是由于研究者未能全面把握相关资料，上述研究都存在着些许瑕疵。

一、传世和出土唐尺之再研究

就传世和出土唐尺而言，胡戟在《唐代度量衡与亩里制度》[①]记载了 17 种唐尺，引用如下（表一）：

表一

尺名	量值（厘米）	出处	藏地
石尺	28.00	1956 年西安郭家滩 6 号唐墓	陕西省博物馆
雕花木尺	29.00	1966 年吐鲁番阿思塔纳 44 号唐墓	新疆博物馆
木尺	29.30	1966 年吐鲁番阿思塔纳 191 号唐墓	新疆博物馆
木尺	29.50	1966 年吐鲁番阿思塔纳 191 号唐墓	吐鲁番文物保管所
铁尺	29.50	1955 年长沙丝茅冲唐墓	
铜尺	29.60	1956 年陕西刘家渠唐墓	
人物花卉铜尺	29.67		故宫博物院
铜尺	29.71	1958 年武昌何家垄唐墓	湖北省博物馆
鎏金刻花铜尺	29.97		中国历史博物馆
镂牙尺	30.23		上海博物馆
鎏金镂花铜尺	30.40		中国历史博物馆
残铜尺	30.67	1956 年西安郭家滩唐墓	陕西省博物馆
残错银铁尺	30.70		故宫博物院
鎏金铜尺	30.80	1964 年洛阳涧西 22 号唐墓	洛阳博物馆
刻花铜尺	31.00	1956 年西安韩森墓	中国历史博物馆

---

① 胡戟：《唐代度量衡与亩里制度》，《西北大学学报（哲学社会科学版）》1980 年第 4 期。

续表

尺名	量值（厘米）	出处	藏地
铜尺	31.00	新中国成立前出土于嵩县房从会墓	
鎏金镂花铜尺	31.35		中国历史博物馆

上述 17 把唐尺，长度在 28.00～31.35 厘米之间，如果 1 唐尺折合今制是 28.00 厘米的话，则折合今制 31.35 厘米的唐尺，其误差率在 11.96%［（31.35-28.00）÷28.00］；如果 1 唐尺折合今制 31.35 厘米的话，则 28.00 厘米的唐尺，其误差率在 10.69%［（28.00-31.35）÷31.35］；如果 1 唐尺折合今制 29.5 厘米的话，则 28.00-31.35 厘米的唐尺，其误差率在 -5.08% 到 6.27%。对于大一统的唐朝而言，上述误差显然是极不合理的。事实上，唐代对度量衡器的管理是十分严格的，《唐六典》云："凡官私斗、秤、度尺、每年八月诣寺校印署，无或差缪，然后听用之……"；《礼记·月令》云："仲春、仲秋，日夜分，则同度量，平权衡，正钧石，角斗甬……。"上述史料表明，为了保证度量的准确，唐王朝规定定期对度量衡器进行校验。

造成上述唐尺数值差距较大的原因有以下几点：

（1）对唐尺的现场实测可能存在着测量误差；

（2）不同材质的唐尺在不同环境影响下存在着一定程度的变化，例如，1966 年吐鲁番阿思塔纳 191 号唐墓出土的两把唐代木尺，其数值就不一样。

我国古代多以铜作为制作度量衡的原材料，就是考虑铜受自然因素改变引起的变化较小。"凡律度量衡用铜者，铜为物之至精，不为燥湿寒署变其节，不为风雨暴露改其形……"①；李商隐《太仓箴》也有"合升斗斛，何以用铜？取寒署暴露，不改其容……"的记载。因此，上述唐尺中，除铜尺以外，其他材质唐尺折合今制的数值，并不能作为唐尺研究的准确依据。

（3）同样都是铜尺，前述表格中所列铜尺亦分为鎏金铜尺、刻花铜尺、镂花铜尺和普通铜尺等类型。我们知道，唐代度量衡器的制作是由太府寺完成的②。《唐六典》中又有礼品类唐尺由中尚署制作的记载③；《新唐书·李泌传》云："泌请'废正月晦，以二月朔为中和节，因赐大臣戚里尺，谓之裁度'……。"因此，上述唐铜尺中，鎏金铜尺、刻花铜尺、镂花铜尺等唐尺很有可能是礼品或把玩品，其制作单位

---

① 《汉书·律历志上》。
② 《唐六典》载"太府寺掌邦国财货之政令，以二法平物：一曰度量，度谓分、寸、尺、丈，量谓合、升、斗、斛"。
③ 《唐六典》云："中尚署令掌供郊祀之圭璧……每年二月二日，进镂牙尺和木画紫檀尺"。

不是由"专业"的太府寺完成，且刻花铜尺等在形制或材质上与"纯"铜尺存在着差异。因此，这些异型铜尺也不能作为唐尺研究的参考依据。

综上所述，前述传世或出土唐尺中，仅有几把普通铜尺可以作为唐尺研究的参考依据。当然，由于上述铜尺在出土时间、地点、保存状况等存在着一定的差异，测量时测量仪器、测量手段也有可能存在着误差。因此，若要上述数值更有说服力，需要在"仲春""仲秋"等特定时间，用同一标准校对过的测量仪器对保存在恒定温度下铜尺进行补测，这样得出的数值才是"相对科学"的数值。之所以用"相对科学"这个中性词语，是因为我们即便按照前述条件进行了补测，由于我们并不知道上述铜尺的制作年代[①]，以及是否校验等信息，我们也只能保证补测数值尽可能的准确，但无法保证上述铜尺所代表"唐代度量数据"的准确性。

二、根据史料记载和考古实测数据进行推算

陈梦家先生在《亩制与里制》一文中，根据史料记载和考古实测数据，推测"由此可知唐尺约在29.5厘米左右"。对于史料记载与考古实测数据不一样之处，他认为"这种差误可能由于南北地面有较大的坡度、横街和城墙如何计入、以及文献传本记载有误……。"[②] 陈先生的论证很扎实，也分析产生误差的原因，陈先生分析产生误差的原因有以下几方面：①文献传本记载有误；②坡度等因素；③横街和城墙如何计入。

笔者认为陈先生的论点①，只是出于研究者的本能，有此可能，但是，这不能作为论证依据；关于论点②，笔者认为，坡度、测量等因素产生的误差是合理的，我们不能强求古人的测量精确，但是我们可以保证自己测量的"尽可能精确"；笔者认为，陈先生提出的论点③，即"横街和城墙如何计入"或者说"古今城址测点不同"是产生前述误差的真正原因。

我们知道，相互平行两道城墙内边间距离与相互平行两道城墙外边间距离是不一样的，二者数值差30米宽（按城墙厚15米计算）；相互平行两道城墙底部内边间距离与相互平行两道城墙内边顶部间距离也不相同，二者数值差近6米（按墙基15米宽、顶部9米宽计算）；如果以城墙外角角楼处为测点，所测城墙长宽又会有新的不同；同样，如果我们考古得出的结论，如"九坊""十街"等，并不是古代实际的"九坊""十街"，那么不同结论产生的测量数值是无法比较的。

以现在笔者对唐尺的研究为例，笔者既不知道唐代人在测量长安城时的测点及测量精度，也不知道20世纪中叶考古工作者测量长安城时的测点和测量精度。笔者仅仅知道，相同情况下，用于进行古今对比城墙的长度越长，产生的误差就应该越小；即

[①] 乱世度量衡的管理和使用与盛世度量衡的管理和使用是存在一定差异的。
[②] 许多研究者在遇到史料记载与现实数据不符时，经常会以史料可能有误而一笔带过。

便有合理误差，古今度量数值的换算肯定是一个恒定的比值（可以用 1 唐尺 =X 厘米 ±Y 厘米表示，但是 Y 数值应当 ≤ 0.1 厘米）。为了更科学地解决诸如唐尺数值的换算比值，笔者以为：①需重新勘探、并公布城墙内、外角、里坊、街道等所有数据；②采用现代技术对各遗迹现象进行测量，以保证现代测量精度；③增加统计数量，对同时期、考古工作相对扎实的所有城址古今数值重新进行换算。只有这样，才能寻找到最有可能的唐尺比值数据。

综上所述，本文《唐尺研究之再研究》只是提出"提高相关研究的科学性、准确性"的方法，由于短时间内笔者不可能掌握更多的基础数据，故有关唐尺古今换算数值有待更详细数据的公布。目前，我们的研究还是参照陈梦家先生提出的"1 唐尺约在 29.5 厘米左右（1 唐里约在 531 米左右）"为宜。

附录六　晋阳古城遗址考古勘探工具、考古勘探方法概述

2002~2006 年，笔者参与晋阳古城遗址的调查工作。期间，笔者负责城墙遗存的考古勘探事宜，同时，参与 3 处发掘点的考古发掘工作。5 年间，虽然在地图上留下一道较为"完整"的城圈，但是，勘探过程中的零星细节无法在图中体现，借此，将记忆中的细节陈述如下。

一、工作情况及勘探中的细节

2002 年，参与高速收费站东侧区域发掘工作，找到晋阳古城西北城角[①]；调查北城墙（位于南城角村北 3750 米处，罗城收费站东南侧），发现夯土东西长 560 米，南北宽 18~20 米。

2003 年，调查晋阳古城西城墙[②]；七三公路南侧（南城角村北 2700 米左右）、西城墙至东关村区域东西向夯土[③]；南城角村北 1400 米左右、东西向夯土[④]；古城营村小城遗址。此外，在七三公路北侧、西城墙以东 500~800 米区域、南北向田间道路上发现若干夯土迹象，可能是坊墙，也可能是城内建筑基础。

2004 年，调查晋阳古城南城墙（南城角村至新晋祠路之间）[⑤]；验证西城墙东

---

① 2002 年晋阳古城西北城角的考古发掘是在 2001 年大同—运城高速公路罗城段抢救性考古发掘基础上的补充发掘。2001 年发掘时，布探方 34 个，找到了北城墙内边。2002 年笔者在现场发掘时，根据最南侧探方内西城墙东边的位置、其与北城墙的距离，结合谢元璐、张颔先生在《晋阳古城勘察记》中记载的"晋阳古城西城墙方向是北偏东 18°"等信息，用数学方法，推算出"晋阳古城遗址西北城角内城角在现 141 探方西侧、向西扩方 3 米即可找到其西北城角"，按照此思路，指导工人对 T141 探方西侧进行发掘，结果在其西侧 2.7 米处，找到晋阳古城西北城角内城角。
② 西城墙七三公路北侧夯土与南侧夯土在土质、密度等方面并不一致。
③ 七三公路南侧东西向夯土西半部分（古城营村小城西侧）为红褐色，东半部分为灰褐色；2004 年，在对东半部分夯土（场堰地发掘点）解剖时，发现灰褐色夯土为该发掘点晚期夯土，可能是明初遗存。
④ 晋源北外环街北侧东西向夯土为灰褐色、较疏松，与西城墙夯土不是一个时期。
⑤ 南城角村东侧、龙天庙北侧发现两道东西向夯土：北侧夯土在地表之下 3 米左右发现，方向约 90°，东西向夯土长 100 米左右后向北转折而去；南侧夯土在地表之下 5 米左右发现，方向约 108°，当为大城城圈。由于当时的主要精力是用于寻找大城圈，故未进一步研究北侧夯土。

2500 米、七三公路至晋源北外环街之间夯土①，发现晋源北外环街城角②；在西城墙东侧 2000 米左右、七三公路南侧发现南北向夯土，此夯土不宽，可能是城内坊墙。

2005 年，调查晋阳古城南城墙（新晋祠路至"东南城角"之间）③；调查西城墙东 2500 米、七三公路至南过境高速公路之间夯土。

2006 年，调查晋阳古城西城东城墙（东南城角至东城角村之间）④；调查七三公路两侧、东城角村至新晋祠路东侧夯土。

二、晋阳古城遗址考古勘探方法概述

晋阳古城遗址区域地质条件十分复杂，探索出符合晋阳古城遗址地质条件的勘探方法是做好晋阳古城遗址调查工作的前提和基础。2002～2006 年，笔者在负责晋阳古城遗址调查中，经过与探工反复实践，摸索出一套符合当地地质条件下的勘探经验，勘探发现各时期夯土遗存 2 万余米。

1. 晋阳古城遗址区域地质情况概述

（1）晋阳古城遗址区域地质条件总体上讲是含砂量大、地下水位高。

（2）西城墙及其东侧 1000 米的区域，处于西山山前冲积区域，虽然此区域地下遗存埋藏较浅，但是此区域地表之下卵石众多。

（3）晋阳古城西城墙以东 1000～2500 米的区域，卵石开始减少，但是地表之下 2.5 米，开始出现地下水。且地下遗存的埋藏自西向东逐渐加深，即西城墙处城墙在地

---

① 西城墙东侧 2500 米左右，有两道南北向夯土：早期夯土在地表之下 5 米左右，勘探时发现此夯土土质、土色、包含物与西城墙类似。2004 年，在"八演地"发掘点试掘中，因为塌方严重，未能解剖该夯土；"晚期夯土"在勘探时并未发现。但是，2004 年发掘时，发现地表之下 0.5 米左右出现黄黑相间土层，该土层厚约 1 米。上述土层皆呈坡形（东高西低？），其中黄色土层纯净、较疏松，不见花土点；黑色土层略杂、整体发"亮"。黑、黄土层表面，未发现夯土层上部常见的"硬面"（此处描述与《晋阳古城遗址 2002～2010 年考古工作简报》一文，在发掘点名称、黄黑相间土层埋藏深度、早期夯土埋藏深度等描述略有不同，可能笔者记忆有误；但是对于此黄黑相间土层的认识，笔者当时就怀疑其非夯土）。
② 此处地处晋源北外环街、晋祠路复线交叉路口西南角，地方狭小，且为林地。记忆中仅找到内城角，因为主要精力放在寻找大城圈上，当时未进行进一步勘探工作。
③ 当时未能在现场观察每一个探孔土样。据现场技术人员讲，"东南城角"处发现数道夯土拐角，当时怀疑其中外侧夯土可能是防御用的羊马城、进攻用的长围城等类似的遗存，因为寻找大城圈的需要，未进行进一步勘探工作。
④ 晋阳古城西城墙以东 4500 米有东城角村，晋阳古城研究者就"东村角村"是"晋阳古城西城的东北城角"还是"东城的西北城角"展开了激烈的争论。笔者认为"此处既然有可能埋藏晋阳城城角，那么不管此城角是向东拐（东城的西北城角）还是向西拐（西城的东北城角），东城角村南侧某个区域可能有南北向城墙。根据此推断，结合数学方法推算东城角村南北向城墙可能存在的位置及埋藏深度，本人确定勘探地点、规定勘探深度，果然找到了此南北向城墙。

表之上，西城墙以东 2500 米区域，地下遗存在地表之下 5～6 米。

（4）西城墙东侧 2500～4700 米的区域，地下遗存的埋藏由地表之下 5～6 米，逐渐增加到东城角村处 9～10 米及南北瓦窑村之间"城墙地"处的 14～15 米。在此区域进行勘探，除了受地下水位高和埋藏较深等困扰外，地表之下 8～10 米有一层"板结砂层"（很干的纯砂层）、10～12 米有一层"管涌层"（勘探到此地层时，往往是探杆提起不久，探孔四周的淤土就会很快地将前一个探铲的工作成果毁掉）。

2. 晋阳古城遗址调查中试用过的勘探工具

（1）白蜡杆接竹竿法。

传统考古勘探工具是洛阳铲铲裤之上接白蜡杆，如需钻探深孔，用皮筋将竹竿与白蜡杆绑定即可使用。此法在普通土质情况下可以勘探 10 余米。由于晋阳古城遗址埋藏较深且遗址区域不是卵石层就是含水量大的砂土层，而白蜡杆特别是竹竿较软。因此，工地在试用了几天后就不再使用此法（用绳接洛阳铲铲裤的"绳接法"同理）。

（2）地质钻机。

白蜡杆接竹竿法被否定后，我们又试用了地质钻机。理论上讲，此机械可以下探 20 余米（单位购买地质钻机所配备钢丝的长度为 30 米）。在北城墙勘探期间，一个班组需要 6 人左右，8 米深的深孔一天可以打 6 个左右（可能是大家还不太熟悉地质钻机的缘故）。

但是此机械过于笨重，占地大、移动费劲，取土样较难，加油麻烦，换探头费事（探头有数个型号，可根据地质条件决定使用不同的探头），晚上需要看护，最主要的是带上来的土受到挤压，不易辨识（开始没有经验，好多土都觉得是夯土，后期找到规律，只需辨识土样的中间部分即可判断）。地质钻机在 2002 年北城墙西侧调查中用过半个月，由于此法太过费事，随后的五年中基本不用了。（2011 年，在晋阳古城"十"字探区东段考古勘探中，晋阳古城考古队又委托地质部门用地质钻机进行钻探，有一定收获，但是费用较高。）

（3）子母口探杆。

子母口探杆是大家群策群力发明的（后来知道，当时其他省市有过类似的设施），方法是将 6 分的铁管锯成 1 米长，分别在两端安上类似于螺丝和螺母的铁件。使用时，通过旋接螺丝、螺母形铁件将铁管接长，这样可以勘探埋藏较深的遗迹。在晋阳古城遗址这种地质条件下，使用此法可以勘探到地表之下 18～19 米（更深的深度没有进行尝试）。

（4）钩形探杆。

钩形探杆是河南安阳技工提出的子母口探杆改进型。此种探杆是将子母口探杆的螺母和螺丝部分分别改成"钩"和"环"，通过"钩"接"环"的方式将探杆加长。此法的优点是铁杆较轻（子母口探杆由于需要焊接，铁管壁必须较厚），连接方便（子母口探杆必须用管钳将两个铁管连接），但是此法的缺点类似于白蜡杆接竹竿法：①不易过卵石层；②深度太深的情况下，探杆有些摆。虽然我们试着将"钩"和"环"的尺寸和角度做了多种调整，但是并无大的改进。

（5）其他设计。

在使用子母口探杆过程中，为了制造符合晋阳古城遗址区域地质条件的勘探设备，我们又研制了"锥形器"（类似于凿子，可以打穿石头）、"套筒"（套铲的加长版）、"一字把手"（勘探深度过深时，不易拧动探铲，在探铲顶端接一个"一字形把手"，可以省很多力）、"支顶杆"（钻探深孔、探杆太长时，有一个探工用一头带环的铁杆支顶探杆上部，可以保证探杆不过于弯曲）等工具，这样，符合晋阳古城遗址地质条件下的探杆终于在摸索中定型。

3. 不同地质条件下的勘探方法

如前所述，晋阳古城遗址的地质条件较为复杂，且埋藏较深。经过实践，我们摸索出不同地质条件下的勘探方法：

（1）卵石层。

卵石层在晋阳古城遗址区域大面积的存在，西半区则更为集中。此类地层的勘探方法：①在勘探中如果在0~30厘米遇到硬物，理论上讲应该换孔再打；如果感觉硬物不大，可以把探孔打得大一些，之后用手取出；②30厘米之下如遇硬物，首先要判断其材质，如果质地较脆，则坚决地打穿之；如果质地较坚硬，则视其大小、坚硬程度，决定是否用锥形器打穿之（石子很大且较硬时，必须换孔另打）；③如果石子不大，可以试着用套铲（套筒）带上来，如果带不上来，可以试着用探铲向卵石四周较软处使力，看有无可能穿过此障碍物（这时的探孔会成为斜孔）。总之，在晋阳古城遗址区域卵石层的勘探中，使用前述方法，20%~30%的探孔可以勘探到预定深度。

（2）含水砂土层。

勘探含水砂土层时，原则上需要两个人进行配合，即1人使用探铲，另1人用手铲刮掉探铲内的砂土，并且负责辨识土样及记录。如砂土层含水量过大，则可以一边勘探，一边向探孔内扔较干的地表土，用铲头略加搅拌后，即可带上含水砂土层。

（3）板结砂层。

晋阳古城遗址东侧地表之下8~10米有一层"板结砂层"，此层为纯砂层，较纯净且很干，勘探此类地层的方法是：①将探铲缓慢放置于此砂层，轻打、轻拧、缓慢上提（些许震动就可能使探铲内的砂层脱落，脱落后的砂层基本上就带不上来）；②找些半干半湿的土，扔到探孔中，用探铲将土与板结砂层充分拌匀后，再用探杆将此土一点点带上来；③如果此类砂层中含有些许土，或者砂很细的话，可以将探铲放到探孔中，之后顺着探杆向下倒水，待砂层充分湿润后，使用套铲钻探即可。通常情况下，2个人带上1个5升的水桶，1个小时左右即可将1米多厚的板结砂层打穿。

（4）管涌层。

晋阳古城遗址东侧部分区域地表之下10~12米有一层"管涌层"，此层含水量极大，呈泥糊状，探铲上提后，如果不及时再放下探铲，则附近的淤泥就会将前一铲的成果毁掉。有时，如果间隔时间过长，这些管涌的泥糊甚至会慢慢上升1~2米。此类土层的勘探，有3种方法：①人歇铲不歇，快速打穿此层，并快速下探；②不管此层，用力下按，直接取此层之下的土样（此方法更适用于此层之下即为夯土遗存的区域）；③如探工临时有事，可将探杆置于已打好的探孔中，这样，管涌层的管涌速度会缓慢很多。

（5）埋藏较深夯土层。

埋藏较深夯土层的勘探也需要一定的技巧，首先，下铲太快或者用力过大会使探铲深入夯土中不易取出，最好的方法就是将探铲接触夯土面后，轻轻使劲，使探铲深入夯土中4~5厘米，之后上提探铲；将探铲旋转180°后，再将探铲深入夯土中4~5厘米，之后边旋边提，也不用多费力，即可轻松地将夯土带上来。

（6）其他。

在含水量大、埋藏较深的情况下，勘探时探工无法感觉夯土"一层软、一层硬"的特性。但是，含水量大地质条件下夯土的辨认方法很简单：在一堆稀泥状土中，突然发现探铲带上的土，四周有些许泥糊，但中部是"硬块"，此种情况下，只要"硬块"是花土，基本上就是夯土（胶泥土也是四周呈泥糊状，且中间为硬块，只是胶泥土较纯净），这时顺着夯土两边勘探，即可找到夯土边。

使用各种勘探技巧，5个人（1个人使用探杆，1~2人用管钳和拧铁管，1人用支顶杆，1人刮土及记录）4~5个小时可以完成1个深度在15米左右探孔的勘探工作。根据晋阳古城遗址埋藏深度的规律，我们推测"东城的东城墙区域，可能在地表之下18~19米"。为此，我们进行了相关试验，在晋阳古城地质条件下，理论上讲4~5个人1天能完成1个深18~19米探孔的勘探工作。

三、晋阳古城遗址下步勘探工作要点

2002~2006年晋阳古城遗址勘探工作的重点是寻找大城圈，当时仅有6~10个探工，且越到东部地下遗存埋藏越深。所以当时的勘探，基本上隔上200~300米，才会打一排探孔，勘探工作有很多不如意的地方。2007年初，笔者离开晋阳古城考古工地后，留下许多推测、诸多遗憾，总结如下，供晋阳古城考古队参考。

（1）《新唐书·地理三》明确记载晋阳城"广三千一百二十二步"，折合今制4605米，《晋阳记》则记载晋阳城"南北长八里二百三十二（步）"，折合今制4590米，二者数值相差不大。上述两数值与目前已勘探发现晋阳古城西城墙长度3750米，相差800余米。晋阳古城西城肯定还要向南或向北延伸（是否是在西城墙处延伸待定）。既然西城上述区域的调查是解决唐代西城布局的关键点，那么需要抽调力量在已发现南北城墙的南北区域进行勘探。

（2）晋阳古城研究者曾就西城墙东侧4500米的"东城角村"，是"晋阳古城西城的东城角""还是东城的西北城角"展开了激烈的争论。笔者认为"既然是城角，那么不管此城角是向东拐（东城的西北城角）还是向西拐（西城的东北城角），东城角村南侧某个区域可能有南北向城墙"。因此，在推算东城角村南侧城墙可能存在的位置及埋藏深度的基础上，很快找到了此处南北向城墙。

同样，已知晋阳古城是由"西城""中城""东城"组成；既然不能确定东城角村南侧南北向城墙是"晋阳古城西城的东城墙""还是东城的西城墙"，那么，由于"中城"近"西城"和"东城"区域应当有夯土城墙（中城跨水连堞，可能是夯土—桥—夯土结构）。因此，只要在东城角村南侧南北向城墙东、西两侧50～100米的区域布设南北向探孔数排，就有可能找到可能存在的中城夯土遗存。

（3）如果史料无误，东城还存在残迹的话，那么在东城角村至南北瓦窑村区间东侧、距西城墙6300～6400米范围（东城东城墙位置）打数排东西向排孔是寻找东城的办法之一，考虑到晋阳古城西高东低的实际，根据南北瓦窑村遗迹埋深在15米左右，建议东城东城墙区域的勘探深度在18～19米（此勘探深度人力尚可办到）。

（4）加强晋祠路复线两侧、晋源北外环街南侧至晋阳古城南城墙间可能存在南北向夯土的调查工作，此区域勘探深度在地表之下6～10米。

（5）如正文所说，现晋阳古城遗址西北侧金胜村区域发现大量战国时期中、小型墓葬。因此，推测旧晋祠路东侧、金胜村区域可能有同时期城址。目前，大同—运城高速公路罗城收费站北侧亦发现东西向夯土，而宿白先生认为金胜村南侧的棘针村一带可能是唐晋阳城宫城区[①]。因此，有必要对此区域开展专题调查。

（6）需要进一步确定西城墙东2500米处南北向夯土、东关村北段夯土的走向，加强此夯土西侧、南过境高速公路两侧区域的勘探工作。

晋阳古城遗址大规模的考古调查工作已近二十年，如读书一样，我们对晋阳古城这本"天书"的认识，由开始的"薄"到现在的"厚"。相信随着考古工作的进一步深入，晋阳古城这本"天书"一定会被破解，期待这一天的早日到来。

---

① 宿白先生在《隋唐城址类型初探》中介绍"金胜村"即"金城村"，认为晋阳古城宫城区在金胜村南侧的棘针村一带。

附录七　晋阳古城相关论著初步统计

晋阳古城历史文化研究类论文

郭象升：《晋阳城考》，原载民国《民国快览》

郝建梁（树侯）：《晋阳城史徵（上）》，原载《山大学报》创刊号 1947 年 5 月

郝树侯：《太原史话（节录）》，山西人民出版社，1957 年

玄常：《太原史话（节录）》，中华书局，1979 年

张友椿：《太原故城》，孙安邦按：本文为未刊稿

薛愈：《晋渠考》，《山西大学学报》1983 年第 3 期

庞汉杰：《晋阳古城的变迁》，《山西地方志通讯》1985 年第 3 期

杨光亮：《论晋阳城的创建与毁灭》，《城市研究》1987 年第 4 期

谢琛香：《现代太原地名与古太原城的复原》，《地名知识》1989 年第 2 期

渠传福：《我国古代陪都史上的特殊现象——东魏北齐别都晋阳略论》，《中国古都研究》1989 年第 4 辑

马剑东：《晋阳古谊》，《文物季刊》1990 年第 1 期

（日）水野清一、日比野丈夫著，孙安邦、李广洁、谢鸿喜译：《山西古迹志（节录）》，录自《山西古迹志》，山西古籍出版社，1993 年

王剑霓：《晋阳古城遗址（节录）》，《太原文史资料》，1994 年

丹英、爱国：《晋阳古城遗址（节录）》，《太原文史资料》，1994 年

王建业：《从中国传统星相生克学看晋阳城的毁灭》，《华北高等教育》1996 年第 3 期

陶正刚：《晋国早期都城"唐"地考》，《三晋文化学术研讨会论文专集》，1998 年

董恩林：《简论太原与隋唐兴起》，《三晋历史文化学术研讨会论文专集》，1998 年

李润英：《"晋阳起兵"与"玄武门之变"》，《三晋历史文化学术研讨会论文专集》，1998 年

靳生禾、康玉庆：《试论古都晋阳的战略地位》，《中国古都研究》（第十二辑），1998 年

康玉庆、靳生禾：《论晋阳城肇建的地理环境因素》，《中国古都研究》（第十二辑），1998 年

康玉庆、靳生禾：《晋四卿晋阳之战》，《中国古都研究》（第十六辑），1999 年

韩建业：《唐伐西夏与稷放丹朱》，《北京大学学报》2001 年第 4 期

王继祖：《太原建置史略》，《晋阳学刊》2001 年第 6 期

李钢：《从考古发现追溯晋阳文化渊源》，《晋阳学刊》2001 年第 6 期

靳生禾、康玉庆：《晋阳古城之文化积淀及其历史地位》，《山西师范大学学报》2002 年第 2 期

靳生禾：《古都晋阳刍议》，《太原大学学报》2003 年第 4 期

田建文：《天上掉下晋文化（上）》，《文物世界》2004 年第 2 期；《天上掉下晋文化（下）》，《文物世界》2004 年第 3 期

靳生禾：《晋阳古都刍议》，《中国古都研究》（第二十辑），2005 年

邵秀英：《古晋阳的区位条件与地缘价值浅析》，《中国古都研究》（第二十辑），2005 年

李裕民：《论太原的城防设施与其战略地位》，《中国古都研究》（第二十辑），2005 年

王尚义：《太原建都已有四千四百七十年的历史》，《中国古都研究》（第二十辑），2005 年

任健美、常琳宁、牛俊杰：《太原古城建制的地理因素分析》，《中国古都研究》（第二十辑），2005 年

杨东林：《晋阳古城长盛不衰的区位原因与启示》，《中国古都研究》（第二十辑），2005 年

李书吉：《论太原在古代中国的历史地位》，《中国古都研究》（第二十辑），2005 年

李广洁：《太原在中国古代史上的地位》，《中国古都研究》（第二十辑），2005 年

薛瑞泽：《先秦秦汉以太原为中心的交通线路》，《中国古都研究》（第二十辑），2005 年

康玉庆：《先秦时期太原地区的民族活动——兼论赵国初都晋阳的民族文化背景》，《中国古都研究》（第二十辑），2005 年

渠传福：《再论东魏北齐时代的晋阳》，《中国古都研究》（第二十辑），2005 年

邢富华：《略论隋唐时期太原、洛阳祆教》，《中国古都研究》（第二十辑），2005 年

王振芳、李红：《论马燧在太原的建树及功绩》，《中国古都研究》（第二十辑），2005 年

马玉山：《论晋阳古都的文化内涵》，《中国古都研究》（第二十辑），2005 年

王尚义、谢鸿喜、王杰瑜：《关于晋阳古城研究中的几个问题》，《中国古都研究》（第二十辑），2005年

沈乔：《古城太原历史遗存刍议》，《中国古都研究》（第二十辑），2005年

王革勋、陈文道：《古都名城话太原》，《中国古都研究》（第二十辑），2005年

孟昭彦：《晋阳古城与邺城有着共同的文化渊源》，《中国古都研究》（第二十辑），2005年

朱文民、姚瑞忠：《春秋莒晋两国关系史略》，《中国古都研究》（第二十辑），2005年

康玉庆、靳生禾：《晋阳城肇建的地理环境因素》，《太原大学学报》2005年第2期

李非：《晋阳文化综论》，《晋阳学刊》2006年第4期

王尚义、张慧之：《唐陪都地位对太原城市文化的影响》，《中国古都研究》（第二十三辑），2007年

王杰瑜、王尚义：《晋阳县建置沿革与辖境考》，《晋阳学刊》2008年第5期

晋阳古城遗址研究类论文

王剑霓：《晋阳古城考——兼辨五百年来明清史志之误》，《山西地方志通讯》1987年第1期

薛愈：《略论古晋阳都城城垣问题——兼与王剑霓同志商榷》，《山西地方志通讯》1987年第4期

芮祁：《唐北都城城垣考辨——兼与王剑霓、薛愈先生商榷》，《山西地方志通讯》1988年第5期

常一民：《唐北都城址试探》，《中国古都研究》（第四辑），1989年

薛愈：《再论晋阳北都城垣问题——兼与王剑霓、芮祁同志商榷》，《山西地方志通讯》1989年第4期

尹钧科：《唐北都太原城初探》，《中国古都研究》（第九辑），1993年

常一民：《晋阳宫城址浅探》，《大同高等专科学校学报》1998年第2期

张德一、张继清：《也论晋阳古城城垣——兼与王剑霓、常一民、薛愈同志商榷》，《晋阳古都研究》，山西古籍出版社，2002年

常一民：《试论晋阳古城的遗存特征》，《中国古都研究》（第二十辑），2005年

李并成：《一批珍贵的太原历史资料——敦煌遗书中的太原史料综理》，《中国古都研究》（第二十辑），2005年

张德一、陈涛：《晋阳古城的创建时间与城垣探讨》，《中国古都研究》（第二十辑），2005年

常一民：《东周晋阳城建置蠡测》，《文物世界》2014 年第 5 期

晋阳古城遗址考古类论文

谢元璐、张颔：《晋阳古城勘察纪》，《文物》1962 年第 1 期

侯毅、王俊：《晋阳古城一角：城墙的年代》，《文物天地》2002 年第 11 期

沈宏雁等：《晋阳古城遗址地球物理探测考古有效性研究》，中国地球物理学会第二十三届年会论文集，2007 年

冯钢：《晋阳涅槃、沧桑重现——晋阳古城城池遗址的考古调查》，《中国文化遗产》2008 年第 1 期

山西省考古研究所：《晋阳古城遗址 2012 年试掘简报》，《文物世界》2014 年第 5 期

晋阳古城考古队：《晋阳古城"十"字探区东段考古勘探报告》，《文物世界》2014 年第 5 期

晋阳古城考古队：《晋阳古城遗址考古新发现（2011~2014）》，《文物世界》2014 年第 5 期

太原市文物考古研究所：《晋阳古城遗址 2002~2010 年考古工作简报》，《文物世界》2014 年第 5 期

晋阳古城考古队：《晋阳古城新发现城墙解剖》，《文物世界》2014 年第 5 期

韩炳华：《太原晋阳古城遗址二〇一二年考古新收获》，《中国文物报》2013 年 7 月 19 日

晋阳古城考古队：《晋阳古城大殿台遗址试掘简报》，《文物世界》2014 年第 5 期

晋阳古城考古队：《晋阳古城西南城墙水渠发掘简报》，《文物世界》2014 年第 5 期

晋阳古城考古队：《晋源苗圃内 1 号夯土解剖》，《文物世界》2014 年第 5 期

太原市文物考古研究所：《晋阳古城遗址 2009 年考古调查新发现》，《文物世界》2014 年第 5 期

山西省文物勘测中心：《高密度电阻率法在晋阳古城考古勘探中的应用》，《文物世界》2014 年第 5 期

申喜旺等：《高密度电阻率法在晋阳古城西城墙勘察中的应用》，《山西建筑》2015 年第 24 期

王彦汶等：《晋阳古城遗址西城墙墙体病害研究》，《山西建筑》2015 年第 24 期

中国地质大学：《综合地球物理方法在晋阳古城墙遗址勘测中的应用研究》，《文物保护与考古科学》2016 年第 1 期

晋阳古城考古队：《晋阳古城一号建筑基址》，科学出版社，2016 年

晋阳古城遗址地上遗存类论文

罗哲文《太原龙山、蒙山的几处石窟和建筑》,《文物参考资料》1954年第4期
史岩:《龙山石窟考察报告》,《新美术》1980年第2期
李裕群:《天龙山石窟分期研究》,《考古学报》1992年第1期
李裕群:《太原姑姑洞与瓦窑村石窟调查报告》,《文物季刊》1995年第3期
张德一:《北齐童子寺考》,《山西文史资料》1996年第5期
崔正森:《山西古塔的考察》,《佛学研究》1997年
李裕群:《晋阳西山大佛和童子寺大佛的初步考察》,《文物季刊》1998年第1期
李爱国:《太原市晋阳古城遗址出土北朝汉白玉石造像》,《文物》2001年第5期
常盘大定、陈昭:《山西龙山石窟概说》,《敦煌研究》2002年第1期
李裕群、阎跃进:《晋阳城的童子寺——太原龙山北朝佛寺遗址》,《文物》2003年第10期
武新华:《天龙山石窟研究概述》,《文物世界》2004年第6期
李利安:《试析晋阳佛教文化的内涵、特色与开发利用》,《晋阳学刊》2007年第6期
中国社会科学院考古研究所边疆考古研究中心等:《太原市龙山童子寺遗址发掘简报》,《考古》2010年第7期

太原地区考古发掘类论文

山西省博物院:《太原圹坡北齐张肃墓文物图录》,中国古典艺术出版社,1958年
山西省考古研究所等:《太原南郊北齐壁画墓》,《文物》1990年第10期
太原市文物考古研究所:《太原市神堂沟北齐贺娄悦墓整理简报》,《文物季刊》1992年第3期
山西省考古研究所等:《太原晋国赵卿墓》,文物出版社,1996年
山西省考古研究所等:《太原隋代虞弘墓清理简报》,《文物》2001年第10期
太原市文物考古研究所:《太原北齐狄湛墓》,《文物》2003年第3期
太原市文物考古研究所:《太原北齐厍狄业墓》,《文物》2003年第3期
太原市文物考古研究所:《太原北齐贺拔昌墓》,《文物》2003年第3期
太原市文物考古研究所:《太原市尖草坪西晋墓》,《文物》2003年第3期
太原市文物考古研究所:《太原北齐徐显秀墓发掘简报》,《文物》2003年第10期
渠传福:《徐显秀墓与北齐晋阳》,《文物》2003年第10期
郑岩:《北齐徐显秀墓墓主画像有关问题》,《文物》2003年第10期
张庆捷、常一民:《北齐徐显秀墓出土的嵌蓝宝石金戒指》,《文物》2003年第

10 期

　　李爱国：《太原北齐张海翼墓》，《文物》2003 年第 10 期

　　山西省考古研究所：《太原西南郊北齐洞室墓》，《文物》2004 年第 6 期

　　太原市文物考古研究所：《太原市晋源区乱石滩唐左政墓发掘简报》，《文物世界》2005 年第 5 期

　　山西省考古研究所等：《北齐东安王娄睿墓》，文物出版社，2006 年

　　左正华：《从考古材料看西汉时期太原手工业发展情况——兼论太原出土的西汉器物特点》，《文物世界》2008 年第 6 期

　　太原市文物考古研究所：《山西太原晋源镇三座唐壁画墓》，《文物》2010 年第 7 期

　　山西省考古研究所等：《山西太原开化墓群 2012～2013 年发掘简报》，《文物》2015 年第 2 期

　　太原市文物考古研究所：《太原晋源果树场唐墓简报》，《文物世界》2015 年第 4 期

其他类

　　王银田：《山西汉代城址研究》，《暨南史学》2009 年

　　马保春：《晋国始封地研究述论》，《华夏考古》2012 年第 1 期

　　李建生、李夏廷：《辉县琉璃阁与太原赵卿墓相关问题》，《中国国家博物馆馆刊》2012 年第 2 期

后　　记

　　《晋阳古城研究》一书终于画上句号，即将付梓印刷。回首往事，感慨万千。笔者在2002~2006年负责晋阳古城的调查工作，5年奔波、夜思日为、铲释天书，在晋阳大地间找到不同时期城墙2万余米，我们对晋阳古城的认识有了新的提高；2007年以后，虽然笔者不再从事晋阳古城调查工作，但是仍关注其调查工作进展。根据年度阶段成果，调整着自己对晋阳古城的认识，10年的反思探索，笔者对晋阳古城的理解进一步加深。

　　截至目前，虽然晋阳古城大规模的考古工作已近20年，但是我们对晋阳古城的认识仍然停留在起步阶段，晋阳古城的四至范围、布局结构还需要进行猜测。笔者着手编写此小书时，好友们曾善意的建议，不要做这"出力不讨好"的事情，因为"推测的结果很容易被打脸"的。谢谢诸位同仁的好意，既然笔者关注晋阳古城调查工作，那么笔者愿意为晋阳古城的调查工作尽一点绵薄之力。

　　本书写作期间，得到了单位领导、同仁的大力支持和无私帮助；山西大学赵瑞民教授精心审阅、提出了许多真知灼见；出版社的责任编辑也提出不少中肯建议。在此，致以最诚挚的谢意！由于笔者水平有限，书中定有错误和不妥之处，敬请大家批评指正。

笔　者
2018年8月